水經注

四部備要

史部

上海中華書局據長沙王氏合校本校刊

桐鄉　陸費逵總勘
杭縣　高時顯
　　　吳汝霖輯校
杭縣　丁輔之監造

水經注卷三十　長沙王氏校本

後魏酈道元撰

淮水

淮水出南陽平氏縣胎簪山孫校曰史記索隱引作昭簪東北過桐柏山

山海經曰淮出餘山在朝陽東義鄉西孫校曰說文魏郡有䔲陽鄉讀若鐈今屬鄴本內黃北三十里尚書導淮自桐柏地理志曰南陽平氏縣王莽之平善也風俗通曰南陽平氏縣桐柏大復山在東南淮水所出也淮均也春秋說題辭曰淮者均其勢也釋名曰淮韋也韋繞揚州北界東至于海也爾雅曰淮爲滸然淮水與醴水同源俱導西流爲醴東流爲淮官本曰案此下近刻衍自字案朱趙有趙釋曰一清案下有說文潛流地下三十許里東出桐柏之大復山南

謂之陽口水南即復陽縣也闞駰言復陽縣胡趙作湖陽之樂
鄉也元帝元延二年置在桐柏大復山之陽故曰復陽也東觀
漢記曰朱祐少孤歸外家復陽劉氏山南有淮源廟廟前
有碑是南陽郭苞立又二碑竝是漢延熹中守令所造文辭鄙
拙殆不可觀趙釋曰集古錄曰桐柏廟碑磨滅雖不甚而文字斷續粗可考次蓋南陽太守修廟碑也其辭云延熹六年正月乙酉南陽太守中山盧奴君奴下
正闕一字當是其姓其後有頌亦可讀第不見太守姓名然不著他事惟修廟祀神爾朱氏彝尊曰碑云盧奴張君特未詳其名其碑甚完好疑爲後人所重摹一清案其一碑見隸釋第二
卷即道元所謂文辭鄙拙殆不可觀者也故經云東北過桐柏也淮水又東逕
義陽縣官本曰案此八字原本及近刻竝訛作經案朱訛趙改刊誤曰八字是注混作經縣南對固成山山
有水注流數丈洪濤灌山遂成巨井謂之石泉
水北流注于淮淮水又逕義陽縣故城南官本曰案此十字原
本及近刻竝訛作經案朱訛趙改刊誤曰十字是注混作經義陽郡治也世謂之白茅城官本曰案近刻脫之字案朱脫趙
增刊誤曰世謂下落之字其城圓而不方闞駰言晉太始中割南陽東鄙之安
昌平林平氏義陽四縣置義陽郡于安昌城又太康記晉書地

道記竝有義陽郡以南陽屬縣爲名漢武帝元狩四年（官本曰案元狩近刻訛作元光　案朱訛趙改）封北地都尉衞山爲侯國也　有九渡水注之水出雞翅山溪（朱趙作磎）澗瀠（朱趙作瀠）委沿遡九渡矣其猶零陽之九渡水（趙無水字）故亦謂之爲九渡焉于溪之東山有一水發自山椒下數丈素湍直注頽波委壑可數百丈望之若霏幅練矣下注九渡水九渡水又北流注于淮

東過江夏平春縣北

淮水又東油水注之（官本曰案此八字原本及近刻竝訛作經　案朱訛趙改刊誤曰八字是注混作經）水出縣西南油溪東北流逕平春縣故城南漢章帝建初四年（官本曰案章帝近刻訛作和帝　案朱訛趙改刊誤曰建初是章帝紀年子全見范史章八王傳和字誤）封子全爲王國　油水又東曲（官本曰案油水原本及近刻竝訛作淮水今改正　案朱趙同趙增逕字連下曲岸北爲句刊誤曰又東下落逕字）岸北有一土穴徑尺泉流下注沿波三丈（官本曰案沿下近刻衍流字　案朱衍趙刪刊誤曰）

流字衍文入于油水亂流南屈又東北注于淮淮水又東北逕城趙作成下同陽縣故城南漢高帝十二年封定侯奚意爲侯國王莽之新利也官本曰案新利近刻訛作利新趙改刊誤曰利新漢書地理志作新利 案朱訛魏城陽郡治淮水又東北與大木水合官本曰案此十字原本及近刻竝訛作經 案朱訛趙改刊誤曰十字是注混作經水西出大木山山即晉車騎將軍祖逖自陳留將家避難所居也 其水東逕城陽縣北而東入于淮淮水又東北流左會湖水官本曰案此十字原本及近刻竝訛作經 案朱訛趙改刊誤曰十字是注混作經傍川西南出窮溪得其源也淮水又東逕安陽縣故城南官本曰案此十一字原本及近刻竝訛作經 案朱訛趙改刊誤曰十一字是注混作經江國也嬴姓矣今其地有江亭春秋文公四年楚人滅江秦伯降服出次曰同盟滅雖不能救敢不矜乎官本曰案此下近刻衍地理志曰四字 案朱趙有漢乃縣之趙釋曰一清案今漢志無此文文帝八年官本曰案近刻訛作呂后八年 案朱趙同趙釋曰朱氏謀㙔箋曰孫云案史表文帝八年封封淮南厲王子劉勃爲侯國王莽之均夏也淮水又東得瀙口水源南出大

潰山官本曰案此十四字原本及近刻並截上八字訛作經下六字仍屬注文案朱訛趙改刊誤曰八字是注混作經孫校曰㴩水今在信陽州東東北
流翼帶三川亂流北注㴩水又北逕賢首山西
又北出東南屈逕仁順城南故義陽郡治分南陽置
也晉太始初以封安平獻王孚長子望本治在石城山上因梁
希趙釋曰一清案希字疑誤侵逼徙治此城梁司州刺史馬仙琕不守官本曰案梁近刻訛作齊
仙琕訛作鮮卑　案朱趙同趙釋曰一清案通鑑梁天監四年魏人聞蔡道恭卒攻義陽益急上遣寧朔將軍馬仙琕救義陽元英縱兵擊之仙琕大敗而還蔡靈恩勢窮降于魏魏置郢州
于義陽梁書本傳天監四年仙琕還南義陽太守封含洭縣伯仍督司州諸軍事正指此事注云馬鮮卑不知傳寫之誤也抑南北流聞之訛也齊字亦誤當作梁魏置郢
州也昔常珍奇自懸瓠遣三千騎援義陽行事龐定光屯于㴩
水者也㴩水東南流歷金山北山無樹木峻峭層峙
㴩水又東逕義陽故城北趙增縣字刊誤曰義陽下落縣字城在山上因倚
陵嶺周迴三里是郡昔所舊治城城南朱趙有一字十五步對門有天
井周朱趙有一字百餘步深一丈東逕鍾武縣故城南官本曰案近刻脫縣字
案朱脫趙增刊誤曰鍾武下落縣字本江夏之屬縣也王莽之當利縣矣又東逕石

城山北山甚高峻史記曰魏攻冥阨音義曰冥阨或言在鄳
縣葙山也案呂氏春秋九塞其一也孫校曰冥阨疑即武勝關溮水逕鄳縣
故城南建武中世祖封鄧邯爲鄳侯字官本曰案鄳下近刻衍縣字　案朱衍趙刪說見下　案蘇
林曰音盲官本曰案近刻脫案字　案朱脫趙增刊誤曰箋曰宋本作鄳縣侯衍去案字愚案非也鄳縣當作鄳侯案字仍存趙釋曰全氏曰六字注中注溮
水又東逕七井岡南又東北注于淮淮水又東
至谷口谷水南出鮮金山北流官本曰案此下近刻衍至字　案朱衍趙刪刊誤曰至字衍文
瑟水注之水出西南具山東北逕光淹城東而
北逕青山東羅山西俗謂之仙居水官本曰案近刻脫此六字　案朱脫趙增
刊誤曰羅山西下脫俗謂之仙居水六字名勝志引此文校補孫校曰仙居山在今縣南有水名龍泉河即仙居水也東北流注于谷
水谷水東北入于淮
又東過新息縣南官本曰案過近刻訛作逕　案朱訛趙改刊誤曰逕當作過孫校曰初學記引作過
淮水東逕故息城南春秋左傳隱公十一年鄭息有違
言息侯伐鄭鄭伯敗之者也淮水又東逕浮光山北官本

曰案此九字原本及近刻並訛作經案朱訛趙改刊誤曰九字是注混作經亦曰扶光山孫校曰浮扶音近浮從孚聲即弋陽山也官本曰案近刻脫陽字案朱脫趙增說見下出名玉及黑石堪爲碁其山俯映長淮每有光輝淮水又東官本曰案近刻脫此二十三字　案朱脫趙增刊誤曰寰宇記引此文作即弋陽山也出名玉及黑石堪爲碁其山俯映長淮每有光輝淮水又東今校補二十四字逕新息縣故城南應劭曰息後徙東故加新也王莽之新德也光武十九年封馬援爲侯國外城北門內有新息長賈彪廟孫校曰元和志賈君祠在縣北一里廟前有碑面南又有魏汝南太守程曉碑官本曰案曉近刻訛作堯　案朱訛趙改刊誤曰程堯當作程曉魏書程仲德傳云分封少子延及孫曉爲列侯曉嘉平中爲黃門侍郎裴松之註引世語曰曉字季明有通識隋書經籍志有程曉集二卷梁有錄一卷即其人也魏太和中蠻田益宗效誠官本曰案近刻訛作城　案朱訛趙改刊誤曰域當作誠立東豫州以益宗爲刺史淮水又東合慎水官本曰案慎下近刻衍縣字　案朱衍趙删刊誤曰縣字衍文水出慎陽縣西而東逕慎陽縣故城南縣取名焉朱箋曰史記索隱曰慎陽屬汝南如淳曰音震闞駰曰合作滇陽永平五年失印更刻遂誤以水爲心孫校曰元和志真陽縣本漢慎陽縣淮水經縣南去縣八十里慎水出縣西南二十里漢高帝十一年封欒說爲侯國穎陰劉陶爲縣長政化大行道不拾遺以病去官童謠歌曰悒然不樂思我劉

君何時復來安此下民見思如此應劭曰慎水所出東
北入淮慎水又東流積爲燋陂陂水又東南流
爲上慎陂又東爲中慎陂又東南爲下慎陂皆
與鴻郤陂水散流其陂首受淮川左結鴻陂漢
成帝時翟方進奏毀之建武中汝南太守鄧晨
欲脩復之知許偉君曉知水脈召與議之偉君
言成帝用方進言毀之尋而夢上天天帝怒曰
何敢趙作故敗我濯龍淵官本曰案龍近刻訛作子 案朱趙作子趙釋曰一清案後漢書許楊傳作濯龍淵是後
民失其利時有童謡曰敗我陂翟子威反乎覆
官本曰案近刻訛作及子覆 案朱趙同趙釋曰一清案後漢書作反乎覆水經多引異文可並存也陂當復明府興復廢
業童謡之言將有徵矣朱箋曰漢書汝南舊有鴻隙大陂郡以爲饒成帝時關東數水陂溢爲害翟方進爲相奏決去
陂水有童謡曰壞陂誰翟子威飯我豆食羹芋魁反乎覆陂當復誰云者兩黄鵠遂署都水掾起塘四百餘
里百姓得其利陂水散流下合慎水而東南逕

息城北又東南入淮官本曰案又東下近刻衍逕字　案朱衍趙刪增流字刊誤曰逕字衍文南下落流字謂之慎口淮水又東與申陂水合水上承申陂于新息縣北東南流分爲二水一水逕深丘西又屈逕其南南派爲蓮湖水南流注于淮淮水又左迆流結兩湖謂之東西蓮湖矣淮水又東右合壑水官本曰案此八字原本及近刻竝訛作經　案朱訛趙改刊誤曰八字是注混作經水出白沙山孫校曰白沙關在光州東北逕柴亭西俗謂之柴水又東北流與潭溪水合水發潭谷東北流右會柴水柴水又東逕黃城西　故弋陽縣也城內有二城西即黃城也　柴水又東北入于淮謂之柴口也淮水又東北申陂枝水注之官本曰案此十一字原本及近刻竝訛作經　案朱訛趙改刊誤曰十一字是注混作經水首受陂水于深丘北東逕釣臺南　臺在水曲之中臺北有琴臺又東逕陽亭南東南合淮淮水又東逕淮陰亭

北又東逕白城南官本曰案此十五字原本及近刻並訛作經 案朱訛趙改刊誤曰十五字是注混作經楚白公勝之邑也東北去白亭十里官本曰案東上近刻衍又字 案朱趙有又十上並有一字淮水又東逕長陵戍南又東青陂水注之官本曰案此十六字原本及近刻並訛作經 案朱訛趙改刊誤曰十六字是注混作經分青陂東瀆東南逕白亭西又南于長陵戍東東南入于淮淮水又東北合黃水官本曰案此八字原本及近刻並訛作經 案朱訛趙改刊誤曰八字是注混作經水出黃武山東北流木陵關水注之趙釋曰全氏曰案木陵即左傳之穆陵南史俱作木水導源木陵山官本曰案近刻脫源字 案朱脫趙增刊誤曰導下落源字西北流注于黃水黃水又東逕晉西陽城南又東逕光城南官本曰案逕下近刻衍南字 案朱趙有趙下南字連下光城爲文光城左郡治官本曰案近刻脫城左二字 案朱趙無又東北逕高城南故弦國也官本曰案弦下原本及近刻並衍高字今改正 案朱趙同趙釋曰全氏曰弦高是鄭商安得有國且非鄭地也將無誤記江黃道柏之姻而妄係以名又東北逕弋陽郡東有虞丘郭南有子胥廟官本曰案胥近刻訛作相 案朱訛趙改刊誤曰子相當作子胥初學記校黃水又東北入于淮謂之黃口淮水又東北逕褒信縣

故城南而東流注也官本曰案注下近刻衍之者二字　案朱趙有

又東過期思縣北孫校曰今固始

縣故蔣國周公之後也春秋文公十年楚王田于孟諸期思公復遂爲右司馬楚滅之以爲縣趙釋曰全氏曰道元似以期思公卽蔣君之後而楚滅之誤也是蓋楚之縣尹故稱公耳漢高帝十二年以封賁赫爲侯國城之西北隅有楚相孫叔敖廟廟前有碑趙釋曰一清案隸釋楚相孫叔敖碑云楚相孫君諱饒字叔敖本是縣人六國時期思屬楚碑以漢延熹二年五月廿八日立及碑陰集古錄云孫叔敖碑云名饒字叔敖而史記不著其名見于他書者亦皆曰叔敖而已微斯碑後世遂不復知其名饒也洪适曰碑在今光州延熹二年固始令段光爲叔敖作廟所立左氏傳蔿敖爲艾獵杜預皆以爲叔敖他書但云孫叔敖此碑獨言其名饒未知何據劉昌詩蘆浦筆記云楚相孫君碑不見書撰人名字攷史記本傳列于循吏之首獨載改幣高梱事爲詳而碑則略之埋蛇陰德僅書于劉向新序屬子云云則在優孟傳然其文意皆不同碑謂生于季末仕于靈王則繆矣且莊之後爲共爲康爲郟敖歷三世凡五十年始爲靈安得仕于靈卒後數年而莊復封其子耶六一先生跋喜其得叔敖之名兼以集錄二十年求之博且勤乃得之故不暇訂正耳續金石錄云碑文可議者三如云叔敖爲相庶人有曾閔貞孝之行又云繼伍舉子文之統又云仕于靈王卒後數年莊王封之夫叔敖相楚當魯宣公時曾閔在定哀之際援後贊前猶作文者比擬之病至伍舉後于敖四五十年直云繼其統何耶況靈王爲莊王之曾孫反序在前舛繆極矣彼云名饒未必有所據也毛奇齡經問曰張燧問淮安閻氏謂孫叔敖卽宣十一年楚之令尹蔿艾獵也艾獵楚公族卽蔿賈之子並非處士起家爲楚莊所舉用者此可信與曰孫叔敖自是處士凡荀子呂覽史記以及劉向說苑新序列女傳皆明載其人趙岐舊註原是有據史記孫叔敖傳謂叔敖楚之處士虞邱相薦于王而代爲楚相未詳爲何所人也唯荀

子呂覽皆有孫叔敖爲期思之鄙人語考期思本蓼國地卽春秋寢邱也漢名寢縣東漢名固始楚子于宣八年滅蓼而宣十二年卽有孫叔敖之名見于策書則以蓼名期思必蓼滅而後期思之鄙人始得用虞邱之薦而舉爲令尹若云楚公族其誤始于杜預服虔之註左傳而孔氏正義不能辨正左傳宣十一年有令尹蔿艾獵城沂事其明年晉楚戰邲又有令尹孫叔敖不欲戰事以爲兩年相距不甚遠而只此令尹必屬一人不知隔歲易官在列國多有之左氏既曰令尹孫叔敖不欲又曰若事得捷則孫叔爲無謀矣一稱敖名一稱叔字是必氏孫字叔而敖其名與蔿賈之子明屬兩人乃其所大誤者則以戰邲時隨武子稱有蔿敖而杜預以爲卽兼稱也其時爲敖不在軍楚制有令尹太宰二官令尹極尊太宰極卑孫叔令尹豈得與蔿敖太宰合作一人也又章懷後漢書註引皇覽曰楚大夫子思冢在當塗縣東山鄉西去縣四十里子思造芍陂子思似是孫叔敖之字然則非名饒字叔敖矣

淮水又東北淠水注之官本曰案此九字原本及近刻並訛作經　案朱訛趙改刊誤曰箋曰淠一作渒案非也淠水卽沘水淠沘音同九字是注混作經水出弋陽縣南垂山西北流歷陰山關逕二城間舊有賊難軍所頓防官本曰案所下近刻衍謂字　案朱衍趙刪刊誤曰謂字衍文西北出山又東北流逕新城戍東又東北得詔虞水口西北去弋陽虞丘郭二十五里水出南山東北流逕詔虞亭東而北入淠水又東北注淮俗曰白鷺水孫校曰說文箄水在丹陽卽此

又東過原鹿縣南官本曰案近刻脫又字　案朱趙無汝水從西北來注之

縣即春秋之鹿上也左傳僖公二十一年宋人爲鹿上之盟以求諸侯于楚建武十五年世祖更封侍中執金吾陰鄉侯陰識爲侯國者也

又東過廬江安豐縣東北決水從北來注之

廬江故淮南也漢文帝十六年別以爲國應劭曰故廬子國也決水自舒蓼北注不于北來也安豐東北注淮者窮水矣又非決水皆誤耳淮水又東谷水入焉官本曰案此八字原本及近刻並訛作經案朱訛趙改刊誤曰八字是注混作經水上承富水東南流世謂之谷水也東逕原鹿縣故城北城側水南谷水又東逕富陂縣故城北俗謂之成閭亭非也地理志官本曰案近刻衍一曰字案朱趙有汝南郡有富陂縣建武二年世祖改封平鄉侯王霸爲富陂侯十三州志曰漢和帝永元九年分汝陰置多陂塘以溉稻故曰富陂縣也趙釋曰沈氏曰漢志續志後漢書本傳皆作波波陂字通用谷水又東于

汝陰城東南注淮（官本曰案近刻脫淮字　案朱脫趙增刊誤曰箋曰注下當有之字案不當有之字于文是落淮字耳）淮水又東北左會潤水（官本曰案此九字原本及近刻竝訛作經　案朱訛趙改刊誤曰九字是注混作經）水首受富陂東南流爲高塘陂又東積而爲陂水東注焦陵陂陂水北出爲鯛陂陂水潭漲引瀆北注汝陰四周隍塹下注潁水焦湖東注謂之潤水逕汝陰縣東逕荊亭北而東入淮（官本曰案近刻脫淮字　案朱脫趙增于淮二字刊誤曰而東入下落于淮二字胡渭校補）淮水又東北窮水入焉（官本曰案此九字原本及近刻竝訛作經　案朱訛趙改刊誤曰九字是注混作經）水出六安國安風縣窮谷（官本曰案風近刻訛作豐下同　案朱趙作豐下同）春秋左傳楚救灊司馬沈尹戌與吳師遇于窮者也（官本曰案近刻窮下衍谷字　案朱趙有）川流泄注于決水之右北灌安風之左世謂之安風水亦曰窮水音戎竝聲相近字隨讀轉（趙釋曰全氏曰十字注中注）流結爲陂謂之窮陂塘堰雖淪猶用不輟陂水四分農事用康北流注于淮京相璠曰今

安風有窮水北入淮淮水又東爲安風津水南有城故安風都尉治後立霍丘戍淮中有洲官本曰案近刻重一淮字案朱重趙刪刊誤曰淮字重文宜衍俗號關洲蓋津關所在故斯洲納稱焉魏書國志有曰司馬景王征毋丘儉使鎮東將軍豫州刺史諸葛誕官本曰案東近刻訛作西　案朱訛趙改刊誤曰鎮西當作鎮東從安風津先至壽春儉敗與小弟秀藏水草中安風津都尉部民張屬斬之傳首京都即斯津也趙釋曰一清案漢志六安國有安豐縣莽曰美豐又有安風縣莽曰安風亭蓋西京六安國治安風故莽改國曰安風縣曰安風亭也魏收地形志揚州有安豐郡霍州有安豐郡治步洛城方輿紀要安風城在霍邱縣西南三十里郡國志云安風侯國蓋後漢以封竇融之國都也而別有安豐縣三國魏置安豐郡治安風縣晉仍爲郡治杜佑曰霍邱城北有安風津曹魏安風都尉理毋丘儉敗走安風津見殺處也或訛風爲豐今注云云直是誤文

又東北至九江壽春縣西沘水泄水合北注之官本曰案沘水泄水原本及近刻並訛作泚水洪水今改正　案朱訛趙改沘仍洪增流字刊誤曰此廬江灊縣之沘水也泚字誤合北下落流字趙釋曰全氏曰洪水當作泄水又東頰水從西北來流注之

淮水又東左合沘口官本曰案近刻訛作泚口　案朱訛趙改刊誤曰泚口當作沘口又東逕

中陽亭北爲中陽渡水流淺礙可以厲也淮水
又東流與潁口會東南逕蒼陵城北又東北流
逕壽春縣故城西官本曰案蒼陵城北近刻訛作倉陵北又此二十七字原本及近刻竝訛作經　案朱訛趙改刊誤曰二十六字是
注混作經又曰方輿紀要云壽州西北有蒼陵城魏書地形志云壽春故楚有倉陵城是也倉陵下落城字　縣即楚考烈王自陳徙此
秦始皇立九江郡治此兼得廬江豫章之地故以九江名郡漢
高帝四年爲淮南國孝武元狩六年復爲九江焉文穎曰史記
貨殖傳曰淮以北沛陳汝南南郡爲西楚彭城以東東海吳廣
陵爲東楚衡山九江江南豫章長沙爲南楚是爲三楚者也趙釋
曰一清案孟康曰舊名江陵爲南楚吳爲東楚彭城爲西楚師古曰孟說是　淮水又北左合椒水官本曰案此八字原本及
近刻竝訛作經　案朱訛趙改刊誤曰八字是注混作經　水上承淮水東北流逕蚍城南官本
曰案城近刻訛作地　案朱訛趙改刊誤曰地當作城　又歷其城東亦謂之清水東北
流注于淮水謂之清水口者是此水焉官本曰案此四字近刻作左合
椒水焉五字係後人妄改　案朱訛趙增也字删左合椒水焉五字刊誤曰者下落也字全氏云左合椒水焉五字羨文蓋逕蚍城南者即椒水也何合之有

又東過壽春縣北肥水從縣東北流注之

淮水于壽陽縣西北官本曰案晉孝武改壽春曰壽陽肥水從城西而北入于淮官本曰案近刻脫西字案朱同趙而改西刊誤曰而當作西謂之肥口淮水又北夏肥水注之趙釋曰全氏曰漢志沛郡城父縣夏肥水東南至下蔡入淮此別是一水與九江成德之肥水無與也近志稱肥水曰東肥夏肥水曰西肥水上承沙水于城父縣右出東南流逕城父縣故城南王莽之思善也縣故焦夷之地春秋左傳昭公九年楚公子棄疾遷許于夷寔城父矣取州來淮北之田以益之伍舉授許男田官本曰按男近刻訛作夷案朱趙同杜預曰此時改城父爲夷故傳寔之者也然丹遷城父人于陳以夷濮西田益之官本曰按近刻脫此十五字案朱趙無言夷田在濮水西者也然則濮水卽沙水之兼稱得夏肥之通目矣漢桓帝永壽元年封大將軍梁冀孫桃爲侯國也官本曰按也上近刻衍者字案朱趙有趙釋曰沈氏曰是永興二年夏肥水自縣

又東逕思善縣之故城南漢章帝章和二年分城父立夏肥水又東爲高陂又東爲大㶟陂官本曰按近刻訛作天淙陂案朱趙同趙釋曰一清按天淙陂潁水注作大㶟陂字形相近水出分爲二流南爲夏肥水官本曰按近刻脫夏字案朱脫趙增刊誤曰肥水上落夏字下雞水又會肥水亦落夏字北爲雞陂夏肥水東流官本曰按近刻脫水字案朱脫趙增刊誤曰夏肥下落水字左合雞水水出雞陂東流爲黃陂官本曰按近刻脫流字案朱趙無又東南流積爲茅陂又東爲雞水呂氏春秋曰宋人有取道者其馬不進投之雞水是也雞水右會夏肥水官本曰按右近刻訛作又脫夏字案朱趙作又朱脫夏字趙增說見上而亂流東注俱入于淮淮水又北逕山硤中謂之硤石官本曰按此十二字原本及近刻竝訛作經案朱訛趙改刊誤曰十二字是注混作經對岸山上結二城以防津要西岸山上有馬跡世傳淮南王乘馬昇僊所在也今山之東南石上有大小馬跡朱趙有一字十餘所仍今存焉淮水又北逕下蔡縣故城東本州來之城也吳季札始封延陵後邑州來故曰延州來矣春

秋哀公二年官本曰按哀近刻訛作襄　案朱訛趙改蔡昭侯官本曰按近刻訛作成公　案朱趙同趙釋曰全氏祖望曰是昭侯其子乃成侯也且蔡亦無稱公者自新蔡遷于州來謂之下蔡也淮之東岸又有一城卽下蔡新城也官本曰按近刻脫卽字　案朱脫趙增刊誤曰下蔡上落卽字寰宇記校增二城對據翼帶淮瀆淮水東逕八公山北官本曰按近刻脫公字　案朱脫趙增刊誤曰當作八公山落公字山上有老子廟淮水歷潘城南置潘溪戍戍東側潘溪吐川納淮更相引注又東逕梁城臨側淮川川左有湄城淮水左迤爲湄湖淮水又右納洛川于西曲陽縣北水分閻溪北絶橫塘又北逕蕭亭東官本曰按近刻脫又字　案朱脫趙增刊誤曰北逕上落又字又北鵲甫溪水入焉水出東鵲甫谷西北流逕鵲甫亭南西北流注于洛水北逕西曲陽縣故城東　王莽之延平亭也應劭曰縣在淮曲之陽下邳有曲陽故是加西也趙釋曰一清按漢志九江郡曲陽縣莽曰延平亭東海郡曲陽縣莽曰從平師古注兩引應劭在淮曲之陽語此是九江之曲陽續志始加西字東海之曲陽續志改隸下邳魏書地形志彭沛二郡領南陽中陽洛陽三縣南陽縣有曲陽城是也洛陽卽洛澗之陽也洛澗北歷秦墟

下注淮謂之洛口經所謂淮水逕壽春縣北肥水從縣東北注者也（官本曰按近刻脫從字　案朱脫趙增刊誤曰肥水下落從字）蓋經之謬矣考川定土即實爲非是曰洛澗非肥水也淮水又北逕莫邪山西（官本曰按此九字原本及近刻並訛作經　案朱訛趙改刊誤曰九字是注混作經）山南有陰陵縣故城漢高祖五年項羽自垓下從數百騎夜馳渡淮至陰陵迷失道左陷大澤漢令騎將灌嬰以五千騎追及之于斯縣者也案地理志王莽之陰陸也後漢九江郡治時多虎災百姓苦之南陽宗均爲守（官本曰按宗近刻訛作宋　案朱趙作宋朱箋曰謝承漢書云南陽宗資祖父均趙明誠金石錄云宗資墓在南陽有天鹿辟邪知宋均當作宗均也趙釋曰朱氏謀㙔箋曰按謝承書南陽宗資祖父均知宋當作宗范書作宋均）退貪殘進忠良虎悉東渡江

又東過當塗縣北過水從西北來注之（孫校曰初學記引作渦水）

淮水自莫邪山東北逕馬頭城北　魏馬頭郡治也故當塗縣之故城也呂氏春秋曰禹娶塗山氏女不以私害公

自辛至甲四日復往治水故江淮之俗以辛壬癸甲爲嫁娶日
也禹墟在山西南官本曰按墟近刻訛作娶案朱訛趙改刊誤曰娶當作墟縣卽其地也地理志曰
當塗侯國也魏不害以圉守尉捕淮陽反者公孫勇等官本曰按近刻訛作
者案朱訛趙改漢以封之趙釋曰一清按漢表當塗侯魏不害以圉守尉捕反者淮陽胡倩侯又轅陽侯江喜以圉嗇夫捕反者故城父令公孫勇侯俱以征和二
年十一月封此從褚表故當以班史爲是江喜褚作江德王莽更名山聚也淮水又東北濠水
注之官本曰按此九字原本及近刻竝訛作經案朱訛趙改刊誤曰九字是注混作經趙釋曰全氏曰此尙未是鍾離之濠水乃元和志所謂西濠者也在懷遠縣界
水出莫邪山東北溪官本曰按溪上近刻衍之字案朱同趙移改刊誤曰之字當移在東北上溪水
西北引瀆逕禹墟北又西流注于淮淮水又北
沙水注之官本曰按此八字原本及近刻竝訛作經案朱訛趙改刊誤曰八字是注混作經經所謂蒗蕩朱趙作蕩
渠也淮之西有平阿縣故城王莽之平寧也建武十三年世
祖更封耿阜爲侯國郡國志曰平阿縣有塗山官本曰按有下近刻衍當字案朱趙有
淮出于荊山之左趙淮改渠刊誤曰淮當作渠當塗之右奔流二山
之間而揚濤北注也官本曰按而近刻訛作西也訛作之案朱同趙改而存之刊誤曰西北堂書鈔引此文作而春

秋左傳哀公十趙作七年大夫對孟孫曰禹會諸侯于塗山執玉帛者萬國杜預曰塗山在壽春東北非也余按國語曰吳伐楚墮會稽獲骨焉節專車吳子使來聘且問之客執骨而問曰官本曰按近刻訛作之案朱趙作之敢問骨何爲大仲尼曰丘聞之昔禹致羣神于會稽之山防風氏後至禹殺之其骨專車此爲大也蓋丘明親承聖旨錄爲實證矣又案劉向說苑辨物王肅之敘孔子廿二世孫孔猛所出先人書家語並出此事故塗山有會稽之名考校羣書及方土朱箋曰一作士之目疑非此矣蓋周穆之所會矣淮水于荊山北過水東南注之官本曰按東近刻訛作自案朱趙作自又東北逕沛郡義城縣東司馬彪曰後隸九江也

又東過鍾離縣北

世本曰鍾離嬴姓也應劭曰縣故鍾離子國也楚滅之以爲縣春秋左傳所謂吳公子光伐楚拔鍾離者也王莽之蠶富也

濠趙作濠下同水出陰陵縣之陽亭北趙釋曰全氏曰此所謂東濠也寰宇記云出鍾離縣南濠塘山二濠相近然東濠爲大小屈有石穴不測所窮言穴出鍾乳所未詳也濠水東北流逕其縣西又屈而南轉東逕其城南又北歷其城東逕小城而北流注于淮淮水又東逕夏丘縣南官本曰按此九字原本及近刻並訛作經案朱訛趙改刊誤曰九字是注混作經又東澮水入焉水首受蒗蕩渠于開封縣史記韓釐王二十一年使暴鳶救魏爲秦所敗鳶走開封者也東南流逕陳留北又東南官本曰按近刻脫入焉至北四十六字案朱趙無西入九里注之官本曰按此六字脫誤未詳澮水又東南流逕雍丘縣故城南又東逕承匡城又東逕襄邑縣故城南故宋之承匡襄牛之地趙釋曰一清按漢志注應劭以陳留襄邑爲春秋之襄牛師古引圈稱宋曰襄邑宋地本承匡襄陵鄉應說誤也道元蓋惑于仲瑗不能別也襄公之所葬故號襄陵矣竹書紀年梁惠成王十七年宋景敾官本曰按近刻訛作公今竹書作鼓案朱作公趙改鼓刊誤曰景鼓黃省曾本作景公誤也史記十二諸侯年表宋終于景公之四十年實周敬王之四十三年也年表云六十四年辛宋

世家同蓋卒于周元王之二十四年六國表魏惠王十七年爲周顯王十五年去景公之卒已九十二年矣今從吳琯本所改考正之景鼓之族疑出景公以謚爲氏者也衞公
孫倉會齊師圍我襄陵十八年惠成王以韓師敗諸侯師于襄
陵官本曰按近刻脫敗字此句之下有縣字今竹書作縣于襄陵　案朱脫衍趙增刪刊誤曰韓師下落敗字縣字衍文孫潛校正今本竹書紀年作惠成王以韓師諸侯師縣于襄
陵繆大齊侯使楚景舍來求成官本曰按此下近刻有公會齊宋之圍六字原本及竹書皆無此語　案朱趙有郎于此
也西有承匡城春秋會于承匡者也秦始皇以承匡卑溼徙縣
于襄陵更爲襄邑官本曰按此下近刻衍也字　案朱趙有王莽以爲襄平也漢桓帝建
和元年封梁冀子胡狗爲侯國趙釋曰全氏曰按胡狗即梁胤當是其小字陳留風俗傳曰
縣南有渙水故傳曰睢渙之間出文章天子郊廟御服出焉尚
書所謂厥篚織文者也趙釋曰禹貢雖指曰厥篚織文疏云漢世陳留襄邑縣置服官使制作衣服是兗州綾錦美也按水經注引陳留風
俗傳云云襄邑在豫域不當引兗篚爲證疏承其繆渙水又東南逕已吾縣故城南又
東逕鄫城北　春秋襄公元年經書晉韓厥帥師伐鄭魯仲
孫蔑會齊曹邾杞次于鄫杜預曰陳留襄邑縣東南有鄫城
渙水又東南逕鄢城北新城南又東南左合明

溝溝水自蓬（趙作逢）洪陂東南流謂之明溝下入渙水又逕亳城北帝王世記（趙作紀）曰穀熟爲南亳即湯都也十三州志曰漢武帝分穀熟置春秋莊公十二年（官本曰按二近刻譌作三　案朱訛趙改）宋公子御說奔亳者也（官本曰按奔下近刻衍于字　案朱趙有）渙水東逕穀熟城南漢光武建武二年封更始子歆爲侯國又東逕楊亭北（趙楊改陽刊誤曰楊亭當作陽亭）春秋左氏傳襄公十二年楚子囊秦庶長無地伐宋師于楊梁以報晉之取鄭也京相璠曰宋地矣今睢陽東南三十里有故楊梁城（官本曰按近刻脫城字　案朱同趙刪今增城楊改陽刊誤曰今字衍文楊梁下落城字）今曰陽亭也俗名之曰緣城非矣西北去梁國八十里渙水又東逕沛郡之建平縣故城南漢武帝元鳳元年（官本曰按近刻脫元鳳二字　案朱脫趙增武改昭刊誤曰漢書功臣表杜延年以昭帝元鳳元年封是注有缺誤今改正）封杜延年爲侯國王莽之田平也又東逕酇縣故城南春秋襄公十年公會諸侯及齊世子光于鄫（朱箋曰吳本作鄫誤按左傳皆作會于相古文相作鄫應劭讀作嵯漢地志沛郡酇縣注酇本作鄫今爲改正）今其地

鄙聚是也王莽之鄭治矣趙鄭作贊釋曰一清按漢志沛郡酇縣莽曰贊治應劭曰音嵯師古曰此縣本為鄙應音是也中古以來借酇字為之耳讀皆為鄙而莽呼為贊治則此縣亦有贊音索隱以為蕭何所封邑班固泗水亭碑云文昌四友漢有蕭何序功第一受封于酇以韻而言似非南陽之酇又曰何封實在南陽非沛縣也說者引江統徂淮賦以為證此乃統之疏繆不可考覈耳後說是渙水又東南逕費亭南漢建和元年封中常侍沛國曹騰為侯國騰字季興譙人也永初中定桓帝策封亭侯此城即其所食之邑也渙水又東逕銍縣故城南昔吳廣之起兵也使葛嬰下之渙水又東苞水注之水出譙城北白汀陂官本曰按白近刻訛作自案朱訛趙改增水字刊誤曰出上落水字自當作白陂水東流逕酇縣南又東逕鄲縣故城南朱箋曰漢志沛郡有酇縣又有鄲縣孟康曰鄲音多漢景帝中元年封周應為侯國王莽更之曰單城也官本曰按單近刻訛作留案朱趙作留趙刊誤曰按留城漢書分註作單城是也宋祁謂鄲有留音非也宋書索虜傳云步尼公進軍清東屯留城此春秋傳侵宋呂留之留漢縣屬楚國沛郡之鄲縣蘇林音多寒反不當作留音也音多趙釋曰全氏曰二字注中注沈氏曰漢書周緤傳景帝中元年封緤子應為鄲侯蘇林音多寒反讀如邯鄲之鄲也史記周緤傳亦引蘇音則但曰音多漢志引孟康之音亦曰多丁度遂造為當何反之音以附會之觀是注則六朝本已如是不始于小顏小司馬也又宋祁曰音留蓋承六朝誤本以莽所改之單城為留城之繆若作留音則又添一疑網轉相迷惑不可窮詰矣又東逕嵇山北嵇氏故居嵇康

本姓奚官本曰按近刻脫康字案朱脫趙增刊誤曰嵇下落康字會稽人也先人自會稽遷于譙之銍縣改爲嵇氏官本曰按改近刻訛作故案朱訛趙改刊誤曰故三國志註引虞預晉書作改取稽字之上以爲姓蓋志本也嵇氏譜曰譙有嵇山家于其側遂以爲氏縣魏黃初中文帝以酇城父山桑銍置譙郡故隸譙焉趙釋曰一清按晉志云魏武分沛立譙郡宋志云魏明帝分立又引王粲詩以證是建安中立然則武帝是也注以爲黃初蓋文帝受禪之後建立五都譙亦其一耳苞水東流入渙

渙水又東南逕蘄縣故城南地理志曰故甀鄉也官本曰按甀近刻訛作垂案朱作垂趙改䍋刊誤曰垂漢書作䍋師古曰音直恚反又高帝紀十二年冬十月上破布軍于會缶孟康曰音儈保邑名屬沛國蘄縣蘇林曰缶音䍋師古曰會音工外反缶音丈瑞反蘇音是也此字本作䍋而轉寫者誤爲缶字耳音保非也黥布傳正作䍋字此足明其不作缶也史記高祖紀作會甀裴駰曰漢書音義音儈保邑名甀直僞反黥布傳索隱曰上古外反下持瑞反吳王濞傳索隱曰會音古兌反甀音錘以是知漢紀缶字音保誠誤也漢高帝破黥布于此縣舊都尉治王莽之蘄城也水上有古石梁處遺基尚存渙水又東逕穀陽縣左會八丈故瀆官本曰按左近刻訛作右案朱趙作右瀆上承洨水南流注于渙渙水又東逕穀陽戍南又東南逕穀陽趙有縣字故城東北右與解水會水上承縣西

南解塘東北流逕穀陽城南卽穀水也應劭曰城在穀水之陽官本曰按近刻脫此二字　案朱脫四字趙增刊誤曰城在下落穀水之陽四字漢志校補案趙以原本穀水下屬故云脫四字也又東北流注于渙趙釋曰全氏曰先大父贈公曰渙讀如濊胡三省通鑑注引地形志穀陽郡建城縣有濊水丁度曰濊呼外反一作渙其音同今人呼爲澮水卽濊水也渙水又東南逕白石戍南又逕虹城南官本曰按近刻脫又字虹訛作蚿　案朱趙無又字趙蚿改蚍刊誤曰蚿字誤當作蚍卽地理志沛郡蚍縣續志作虹洨水注之水首受蘄水于蘄縣東南流逕穀陽縣八丈故瀆出焉又東合長直故溝趙改瀆刊誤曰溝當作瀆下同溝上承蘄水南會于洨洨水又東南流逕洨縣故城北官本曰按逕近刻作于　案朱趙作于縣有垓下聚漢高祖破項羽所在也王莽更名其縣曰肴城官本曰按肴近刻訛作育　案朱趙同趙釋曰一清按漢志注作有成竝誤也此是莽改洨縣曰肴城耳師古曰洨音肴是也應劭曰洨水所出音絞經之絞也趙釋曰全氏祖望曰六字注中注洨水又東南與渙水亂流而入于淮官本曰按近刻脫與渙水亂流五字及而字　案朱趙無故應劭曰洨水南入淮淮水又東至巉石山潼水注之水首受

潼縣西南潼陂縣故臨淮郡之屬縣王莽改曰成信矣南逕沛國夏丘縣絕蘄水又南逕夏丘縣故城西（官本曰按近刻脫水又南三字　案朱趙無）王莽改曰歸思也又東南流逕臨潼戍西又東南至𪊕石（朱無山字與官本同趙增刊誤曰𪊕石下落山字）西南入淮淮水又東逕浮山（官本曰按此七字原本及近刻並訛作經　案朱訛趙改刊誤曰七字是注混作經）山北對𪊕石山梁氏天監中立堰于二山之間逆天地之心乖民神之望自然水潰壞矣（官本曰按壞近刻訛作淮　案朱趙作淮朱箋曰梁書康絢傳曰魏降人王足陳計求堰淮水以灌壽陽高祖然之發徐揚人率二千戶取五丁以築之假絢節都督淮上諸軍事並護堰作人及戰士有衆二十萬於鍾離南起浮山北抵𪊕石依岸以築土合脊於中流天監十四年堰將合淮水漂疾復決潰用鐵數千萬斤沈于堰所伐樹爲井幹塡以巨石加土其上士卒死者十七八明年四月堰乃成其長九里下闊百四十丈天監十五年九月淮堰壞死者十餘萬口）淮水又東逕徐縣南歷澗水注之（官本曰按此十三字原本及近刻並訛作經　案朱訛趙改刊誤曰十三字是注混作經）導徐城西北徐陂（趙增水字刊誤曰導上落水字）陂水南流絕蘄水逕歷澗戍西（官本曰按戍近刻訛作水　案朱趙作水）東南流注于淮淮水又東池水注之（官本曰按此八字原本及近刻並訛作經　案朱訛趙改刊誤曰八字是

注混作經水出東城縣東北流逕東城縣故城南漢以
數千騎追羽羽帥二十八騎引東城官本曰按近刻脫一羽字　案朱脫趙增刊誤曰于文當重一羽字因
四隤山官本曰按山近刻訛作出　案朱訛趙改刊誤曰漢書項籍傳云因四隤山而爲圜陣外嚮孟康曰四下隤隴也斬將而去即此
處也史記孝文帝八年官本曰按近刻訛作孝惠八年　案朱趙同封淮南厲王子劉良爲
侯國官本曰按良近刻訛作賜　案朱趙作賜趙釋曰朱氏謀𡍩箋曰劉良爲東城侯劉賜爲陽周侯地理志王莽
更名之曰武城也池水又東北流歷二山間東北
入于淮謂之池河口也官本曰按近刻脫河字　案朱趙無趙釋曰全氏曰按胡三省曰今招信軍盱眙縣西淮陵城
臨池河池河過淮陵城西北入淮謂之池河口淮水又東蘄水注之官本曰按此八字原本及近刻並訛作經　案朱訛趙改
刊誤曰八字是注混作經水首受睢水于穀熟城東北東逕建城
縣故城北漢武帝元朔四年封長沙定王子劉拾爲侯國趙釋
曰一清按索隱曰表在豫章道元于贛水篇已引之此誤也王莽之多聚也趙釋曰一清按漢志豫章郡建成縣莽曰多聚道元誤以沛郡之建成當之
蘄水又東南逕蘄縣縣有大澤鄉陳涉起兵于此篝火
爲狐鳴處也南則洨水出焉蘄水又東南北八丈

故瀆出焉官本曰按北下近刻衍入字瀆訛作溝　案朱同趙存入溝改瀆刪出焉二字刊誤曰籤曰克家云當作八丈故瀆按出焉二字衍文又東流長直故溝出焉官本曰按長直上近刻衍南北二字溝訛作瀆　案朱同趙改又東南流刪北字刊誤曰當作又東南流北字衍文又東入夏丘縣東絕潼水逕夏丘縣故城北又東南逕潼縣南又東流入徐縣趙增南字刊誤曰又東東下落南字又東絕歷澗又東逕大徐縣故城南又東趙有流字注于淮淮水又東歷客山趙釋曰沈氏曰盱眙山古謂之客山逕盱眙縣故城南官本曰按此十四字原本及近刻竝訛作經　案朱訛趙改南朱趙作西刊誤曰十四字是注混作經趙釋曰一清按西字胡渭本作南地理志曰都尉治漢武帝元朔元年封江都易王子劉蒙之趙釋曰一清按史表作劉象之此從漢表爲侯國王莽更名之曰匡武趙釋曰一清按漢志作武匡淮水又東逕廣陵淮陽城南官本曰按廣陵下近刻衍歷字復脫南字　案朱趙同城北臨泗水官本曰按近刻脫城字　案朱脫趙增刊誤曰北上落城字阻于二水之間述征記淮陽太守治自後置戍縣亦有時廢興也

又東北至下邳淮陰縣西孫校曰淮陰漢屬臨淮不屬下邳泗水從西北

來流注之
淮泗之會卽角城也左右兩川翼夾二水決入
之所所謂泗口也
又東過淮陰縣北中瀆水出白馬湖東北注之
淮水右岸卽淮陰也城西二里有公路浦 昔袁
術向九江將東奔袁譚路出斯浦因以爲名焉 又東逕淮
陰縣故城北北臨淮水趙北臨上增城字 漢高帝六年封韓信爲侯
國王莽之嘉信也昔韓信去下鄉而釣于此處也城東有兩冢
西者卽漂母冢也周迴數百步高十餘丈昔漂母食信于淮陰
信王下邳蓋投金增陵以報母矣東一陵卽信母冢也 縣有
中瀆水首受江于廣陵郡之江都縣 縣城臨江應
劭地理風俗記曰縣爲一都之會故曰江都也縣有江水祠俗
謂之伍相廟也子胥但配食耳歲三祭與五岳同趙釋曰全氏曰子胥爲浙江神今錢

塘吳山祠廟香火甚盛而大江之上杳然不知其亦主風濤之患也觀范史張禹傳及章懷注所引水經注逸文可見故山謙之南徐州記其于廣陵之曲江亦俱以爲大江而不專主浙江非盡無說也**舊江水道也**官本曰按近刻脫江字案朱脫趙增刊誤曰舊下落江字**昔吳將伐齊**

北霸中國自廣陵城東南築邗城城下掘深溝

謂之韓江亦曰邗溟溝自江東北通射陽湖地

理志所謂渠朱作築箋曰地理志江都有渠水趙改渠**水也西北至末口入淮**官本曰按西近刻訛作而又脫入字案朱訛脫趙改增刊誤曰而當作西末口下落入字胡渭校正趙釋曰一清按漢志廣陵國江都縣渠水首受江北至射陽入湖禹貢錐指曰閻百詩四書釋地曰左傳哀公九年吳城邗溝通江淮杜預明謂于邗江築城穿溝東北通射陽湖西北至末口入淮乃引江達淮與孟子排淮入江不合直至隋文帝開皇七年丁未開山陽瀆煬帝大業元年丁丑開邗溝皆自山陽至揚子入江水流與前相反蓋孟子後九百餘歲其言始驗若預爲之兆者亦一異事又云漢志江都渠水首受江北至射陽入湖水經注中瀆水首受江自廣陵至山陽入淮是其水乃自南入北非自北入南也且以邗溝既開言之孟子云淮注江非誤然班固言渠水入湖而不言入淮頗有分判撰水經者乃云淮水過淮陰縣北中瀆水出白馬湖東北注之酈道元遂以此水直至山陽口入淮而其說牢不可破矣竊疑高郵寶應地勢最卑若釜底然邗溝首受江水東北流至射陽湖而止杜預云自射陽西北至末口入淮此不過言由江達淮之糧道耳路可通淮而水不通淮也水經殆不如地志之確今按江淮自吳闕邗溝以後水流逕通但與隋人所開有順逆之分胡氏云路可通淮水不通淮語亦有病末口今注疏本作宋口非是**自永和中江都水斷其水上承歐陽埭**官本曰按近刻脫埭字案朱趙無趙釋曰全氏曰胡三省曰江淮之間地名歐陽見于史者非一處吳喜使蕭道成留軍歐陽在淮陰界裴邃拒長孫稚欲營歐陽則在壽春境上蕭正美

爲侯景柵歐陽斷援軍在今眞州界邗溝之所承也而會稽郡烏程縣亦有歐陽引江入埭六十里至廣陵城楚漢之間爲東陽郡高祖六年爲荆國十一年爲吳城即吳王濞所築也景帝四年更名江都武帝元狩三年更曰廣陵王莽更名郡曰江平縣曰定安官本曰按近刻脫更名二字　案朱脫趙增定安改安定刊誤曰王莽下落更名二字定安漢書地理志作安定城東水上有梁謂之洛橋中瀆水自廣陵北出武廣湖東陸陽湖西二湖東西相直五里官本曰按此二湖在今高郵州南水出其間下注樊梁湖官本曰按湖在高郵州西北五十里舊道東北出至博芝射陽二湖西北出夾邪朱趙作耶下同乃至山陽矣至永和中患湖道多風陳敏因穿樊梁湖北口下注津湖逕渡官本曰按津湖在今寶應縣南六十里　趙釋曰一清按魏書蔣濟傳作精湖湖在今山陽渡十二里方達北口官本曰按此謂津湖之北口直至夾邪興寧中復以津湖多風又自湖之南口官本曰按近刻南下衍北字此謂津湖之南口　案朱衍趙刪刊誤曰北字衍文胡渭校沿東岸二十里穿渠入北口自後行者不

復由湖故蔣濟三州論曰趙釋曰一清按蔣子通作三州論本淮詩人淮有三洲之義言水淺也淮湖紆遠水陸異路山陽不通陳敏穿溝官本曰按近刻脫敏字案朱脫趙增刊誤曰是陳敏穿溝落敏字更鑿馬瀨百里渡湖者也趙馬上增白字刊誤曰馬上補白字自廣陵出山陽白馬湖逕山陽城西卽射陽縣之故城也應劭曰在射水之陽漢高祖六年封楚左令尹項纏趙釋曰一清按師古曰卽項伯爲侯國也王莽更之曰監淮亭世祖建武十五年封子荊爲山陽公治此十七年爲王國趙釋曰一清按方輿紀要淮安府山陽縣下云漢臨淮郡射陽縣地後漢屬廣陵郡晉義熙中置縣爲山陽郡治以境內有山陽津而名又云山陽瀆在淮安府城東古邗溝也其入淮處謂之末口後漢書山陽王荊光武帝子初封山陽公進爵爲王後以西羌反徙封廣陵曰廣陵思王也荊封本不在淮南酈氏蓋以廣陵地近致誤而不知山陽郡縣之名起于典午潛邸劄記曰後漢河內郡有山陽縣又山陽郡治昌邑荊封或郡或邑不可定唯其爲金鄉之山陽或河內之山陽方以西羌有警徙居東南廣陵若如今山陽去廣陵三百里耳何取乎其徙封一清按范史廣陵思王傳荊以飛書事顯宗遣其出止河南宮是未嘗就國也時西羌反荊不得志冀天下有變私迎能星者與之謀議帝聞之乃徙封廣陵遺之國蓋荊潛居京邸包藏禍心是以屏之遠方以絕其邪謀東京皇子皆封郡王則似金鄉之山陽爲是酈氏言之未明遂啓後人之惑爾城本北中郎將庾希所鎭中瀆水又東官本曰按近刻脫水字案朱脫趙增刊誤曰中瀆下落水字謂之山陽浦又東入淮謂之山

陽口者也

又東兩小水流注之

淮水左逕泗水國南故東海郡也徐廣史記音義曰泗水國名漢武帝元鼎四年官本曰按近刻訛作三年　案朱趙作三初置都淩官本曰按近刻訛作鄉下衍四年二字　案朱趙同封常山憲王子思王商爲國官本曰按近刻脫封字　案朱脫趙增刊誤曰四年下落封字趙釋曰沈氏曰漢志云元鼎四年別爲泗水國而表作二年封已自不合是注又復參差史記漢興以來將相名臣年表商以四年封則志是而表非也又泗水國無鄉縣其都卽淩縣善長亦誤地理志曰王莽更泗水郡爲水順官本曰按近刻訛作順水　案朱趙作順水淩縣爲生淩官本曰按近刻訛作陵縣爲生夌　案朱同趙陵改淩

淩水注之水出淩縣東流逕其縣故城東而東南流注于淮寔曰淩口也官本曰按近刻脫淩字　案朱脫趙增寔改是刊誤曰寔當作是曰下落淩字應劭曰淩水出縣西南入淮卽經之所謂小水者也朱之在謂下趙改刊誤曰之字當移在卽經下

又東至廣陵淮浦縣入于海

趙釋曰禹貢錐指曰淮浦漢屬臨淮郡其故城在今淮安府安東縣西地理志云淮水至淮陵入海註疏本訛爲睢陵唯水經云至淮浦縣入海又曰淮陵故城在今盱眙縣西八十五里此地距海甚遙淮何得于縣界入海也淮陵乃淮陰之訛又云淮陰去海一百四五十里而志云

淮陰入海者亦猶江都去海甚遠而淵氏道下云江水東南至江都入海不言海陵也全氏曰東樵之言非也地志以淮水之入海系之淮陵而以淮水所分之游水系之淮浦水經則但言淮浦以游水卽淮水也漢志水經其實一也說者謂盱眙去海尚遠不知淮水至此而止其東卽枝分之游水故班固曰淮陵也何得改曰淮陰乎一清按山海經海內東經淮水出餘山餘山在朝陽東義鄉西入海淮浦北與水經應

應劭曰淮崖也官本曰按近刻訛作浦岸也案朱同趙改淮涯刊誤曰浦岸字誤漢書地理志注作淮涯蓋臨側淮瀆朱無臨字趙增刊誤曰蓋下落臨字又瀆朱趙作濆故受此名淮水逕縣故城東官本曰按逕近刻訛作出案朱趙作出朱無東字趙增刊誤曰故城下落東字武進丁履恆游水疏證曰淮浦故城在今淮安府安東縣西王莽更名之曰淮敬淮水于縣枝分北爲游水歷朐縣與沭合朱沭作沐趙改刊誤曰沐當作沭卽沭水也又逕朐山西官本曰按逕近刻訛作匡案朱訛趙改刊誤曰箋曰匡字譌未詳按當作逕山側有朐縣故城秦始皇三十五年于朐縣立石海上以爲秦之東門趙釋曰一清按漢志云秦始皇立石海上以爲東門闕古今註云闕觀也說文云門觀也蓋古象魏之制秦皇立石海上狀如宮門之闕也史記始皇紀云立石東海上朐縣界中以爲秦東門据此是無闕字丁履恆曰沭水新渠既入淮陽宿預縣注泗其故瀆自下堰東南逕司吾城東又東南歷柤口城中東南至朐縣入游注海寰宇記朐山在縣南二里按舊圖經云秦始皇東巡之朐山界漢朐縣蓋以山得名今海州城南四里有朐山酈注所謂山側有朐縣故城是也（寰宇記古盧王城在城西九里按輿地志云舊朐縣今海州是也）崔琰述初賦曰倚高艫以周眄兮觀秦門之將將者也東北

海中有大洲（趙作州下同）謂之郁洲山海經所謂郁山（趙釋曰一清按今本山海經作郁州）在海中者也言是山自蒼梧徙此云山上猶有南方草木今郁州治故崔季珪之敘述初賦言郁州者故蒼梧之山也心悅而怪之聞其上有僊士石室也乃往觀焉（官本曰按近刻脫焉字　案朱作所趙改焉刊誤曰箋曰所字衍按孫潛校改焉）見一道人獨處休休然不談不對顧非己及也即其賦所云吾夕濟于郁洲者也（趙釋曰一清按寰宇記東海縣下引水經注曰朐縣東北海中有大洲謂之郁州有道者學徒十人游于蒼梧鬱州之上數百年皆得至道其山自蒼梧徙至東海上今猶有南方草木生焉故崔琰述初賦曰郁州者故蒼梧之山也古老傳言此島人皆先是麋家之隸今存牛欄一村舊是麋家莊牧猶枯祭之呼曰麋郎臨祭之日必著犁鏵執耕鞭又言初娶婦者必先見麋郎否則爲祟此等文句今皆缺失矣）游水又北逕東海利成縣故城東（官本曰按成近刻訛作城東上衍之字　案朱訛趙改並有之字）故利鄉也漢武帝元朔四年封城陽共王子嬰爲侯國王莽更之曰流泉（丁履恆曰寰宇記利成漢縣故城在今縣（宋懷仁縣）西六十里）游水又北歷羽山西地理志曰羽山在祝其縣東南尚書曰堯疇咨四岳得舜（官本曰按疇咨近刻訛作時曰　案朱趙同趙釋曰全氏曰時曰二字當作疇咨之誤）進十六族殛鯀于羽山是爲檮杌與驩兜

三苗共工同其罪故世謂之四凶鯀既死其神化爲黃熊官本曰按近刻訛作龍 案朱趙作龍朱箋曰龍字誤晉語作黃能韋昭注能似熊宋庠音釋云能乃來反字林云能足似鹿又爲鼈類東海人祭禹廟不用熊白及鼈爲膳汲冢晉春秋云平公疾夢朱羆窺屏則又變能爲羆矣趙刊誤曰箋曰黃龍字誤按非也黃龍字見山海經郭璞註之開筮趙釋曰全氏曰按晉語作黃能韋昭注云能似熊宋庠云能乃來反汲冢晉春秋又作朱羆若黃龍則見于山海經郭注之開筮入于羽淵是爲夏郊三代祀之故連山易曰有崇伯鯀伏于羽山之野者是也

游水又北逕祝其縣故城西春秋經書夏公會齊侯于夾谷左傳定公十年公及齊平會于祝其實夾谷也服虔曰地二名王莽更之曰猶亭丁履恆曰寰宇記羽山在朐縣西北九十里故祝其城在懷仁縣南四十二里平地顧祖禹方輿紀要祝其城在縣西五十里今縣治西四十餘里興寧鎮有夾谷山其西十餘里有古城周四五里內有民居城址宛然當即祝其故城其地接壤山東沂州府與寰宇記引太康志在郯東九十里者正合羽山恰在其南縣之東有夾口浦

游水左逕琅邪計斤縣故城之西官本曰按計斤原本及近刻並訛作即丘今改正 案朱訛趙改刊誤曰即邱字誤當作計斤漢書地理志琅邪郡有計斤縣若即邱則東海之屬縣也趙釋曰一清按計斤縣杜預謂之計基城樂史云即左傳所謂介根城皆音之轉耳丁履恆曰寰宇記計斤城在高密縣東南四十里地理志曰莒子始起于此後徙莒有鹽官故世謂之南莒也

游水又東北逕贛榆縣北丁履恆曰魏書地形志懷仁縣有吳山魏

山莒城（今縣治西十五里有莒城西北三十餘里有大吳山小吳山寰宇記懷仁山在縣北四十里其山無草木生志以爲當卽魏山）歸義縣有廬山鹽倉二縣並漢贛榆縣地（寰宇記海州懷仁縣本漢贛榆縣地懷仁故城在縣西二十三里歸義故城在縣北二十五里）今縣治北三十里朱汪鎭有廬山山下有土城當是贛榆故城寰宇記所云贛榆故城在東海縣東北五十里靑山之陰故城猶存者是也（志稱靑山治北四十里一名廬山唐武德四年置靑山縣於此山之麓）其東十餘里龍王廟鎭別有鹽倉城周里餘寰宇記引郡國縣道記曰贛榆城在懷仁縣東北三十里一名鹽倉城李吉甫元和郡縣志亦以鹽倉城爲贛榆故城皆誤

東側巨海有秦始皇碑在山上去海朱趙有一字百五十步潮水至加其上三丈去則三尺所見東北傾石長一丈八尺廣五尺厚三尺八寸一行朱趙有一字十二字

游水又東北逕紀鄣故城南春秋昭公十九年齊伐莒莒子奔紀鄣莒之婦人怨莒子之害其夫老而託紡焉取其纑而夜縋縋絕鼓譟城上人亦譟莒共公懼啓西門而出齊遂入紀故紀子帛之國穀梁傳曰吾伯姬歸于紀者也杜預曰紀鄣地二一名東海贛榆縣東北有故紀城卽此城也官本曰按城近刻訛作水案朱訛趙改刊誤曰水當作城丁履恆曰寰宇記紀鄣城在懷仁縣東北七十五里地近海周一里餘今縣北四十餘里石橋鎭東贛縣海口中每潮落往往見城形相傳卽紀鄣城址江南通志謂在贛榆縣東北七十五里乃沿樂史之文而譌者也（懷仁縣故城在今縣西二十三里）

游水東北入海舊吳之

燕代山常泛巨海憚其濤險更沿溯是瀆由是出地理志曰游水自淮浦北入海爾雅曰淮別爲滸游水亦枝稱者也丁履恆曰案游水自今安東縣西枝分北流經海州合沭入贛榆縣西南境東北流至縣治北入海去漣水百數十里（方輿紀要漣河在州西南上引沂水及桑墟湖之水經石湫鎮及州東南三十里之黑土灣渡入海）唐仲冕海州志因沭水注有至朐縣入游注海之文而沭水又分流入漣（寰宇記北漣水西從海州沭陽沭水分流南入縣界在沭陽名漣水入縣界名北漣水南流四十九里與南漣水合流）遂誤指漣河謂卽游水今據左傳漢志魏書及寰宇記諸書疏證酈注條分縷晰不特游水故道昭然可見並贛榆縣境諸故城遺迹亦瞭如指掌矣（寰宇記漣水軍北至海州朐山縣決水溝一百四十七里中流爲界至海州東門二百二十七里西北至竹墟村西一百七里與海州沭陽縣分界漣水縣漢厹猶縣地今宿預也大海在縣東北一百四十里）

水經注卷三十

水經注卷三十一　長沙王氏校本

後魏酈道元撰

滍水　清水　濦水　灈水

瀙水　潕水　溳水

滍水出南陽魯陽縣西之堯山趙釋曰全氏曰按左傳云楚子上與晉師夾泜而軍杜預曰泜水出魯陽縣東經襄城定陵入汝卽滍水也蓋音同字異耳

堯之末孫劉累以龍食帝孔甲孔甲又求之不得累懼而遷于魯縣立堯祠于西山謂之堯山故張衡南都賦曰奉先帝而追孝立唐祠于堯山　堯山在太和川太和城東北滍水出焉張衡南都賦曰其川瀆則滍澧藥濜發源巖穴布濩漫汗漭沆洋溢總括急趣箭馳風疾者也滍水又歷太和川東逕小和川又東溫泉水注之水出北山阜七源奇發官本曰按近刻脫阜字源訛作泉　案朱脫訛趙增

改刊誤曰北山下落阜字寰宇記校增泉當作源炎熱特甚闞駰曰縣有湯水可以
療疾官本曰按近刻疾下有矣字　案朱趙有湯側又有寒泉焉地勢不殊而
炎涼異致雖隆火盛日肅若冰谷矣渾流同溪
南注湍水官本曰按南下近刻有流字案朱有趙刪刊誤曰流字衍文湍水朱趙不重湍水二字又東逕胡
木山東流又會溫泉口水出北山阜炎勢奇毒
痾疾之徒無能澡其衝漂救癢者朱趙癢竝作養刊誤曰箋曰白氏六帖作救癢按癢
本作養荀子榮辱篇骨體膚理辨寒暑疾養凡从疒後人所加咸去湯十許步別池然後可入
湯側有石銘云皇女湯可以療萬疾者也故杜
彥達云然如沸湯可以熟米飲之愈百病官本曰按飲之近刻
訛作飯而　案朱同箋曰一作飲之趙改飲之道士清身沐浴一日三飲官本曰按近刻　案朱訛作飯
作飯箋曰一作飲趙改飲多少自在四十日後身中萬病愈三蟲
死學道遭難逢危終無悔心可以牢神存志即
南都賦所謂湯谷湧其後者也然宛縣有紫山

山東有一水東西十五里南北二百步湛然沖滿無所通會冬夏常温世亦謂之湯谷也非魯陽及南陽之縣故也（趙釋曰一清按漢志宛魯陽俱屬南陽郡何以云非魯陽及南陽之縣殊不可解酈蓋以宛有湯谷魯陽亦有之南都賦所云是宛之湯谷非魯陽之湯水西京南陽治宛而王莽更宛曰南陽故亦或有直稱宛爲南陽之縣也然文義特晦）張平子廣言土地所苞明非此矣湍水又東房陽川水注之水出南陽雉縣西房陽川北流注于湍湍水之北有積石焉世謂女靈山其山平地介立不連岡以成高峻石孤峙不託勢以自遠四面壁絕極能靈舉遠望亭亭狀若單樓插霄矣北面有如頹落劣得通（朱作道箋曰當作通步趙改通）步好事者時有扳陟耳湍水又與波水合水出霍陽西川大嶺東谷俗謂之歇馬嶺川曰廣陽川非也即應劭所謂孤山波水所出也馬融廣成頌曰浸以波溠其水又南逕蠻城下蓋蠻別邑也俗謂之麻城非也波水又

南分三川于白亭東而俱南入湍水湍水自下兼波水之通稱也是故闕駰有東北至定陵入汝之文趙釋曰全氏曰周禮豫州其川滎洛其浸波溠康成師古皆不知波水所在而以滎波之波當之後人或疑其非而以爾雅洛出爲波之波當之不知滎洛既爲川矣不應復以其支流爲浸也波水自當以出霍陽由湍入汝之波爲是此可補入周禮注中湍水又東逕魯陽縣故城南城卽劉累之故邑也有魯山官本曰按近刻脫山字　案朱脫趙增刊誤曰有魯下落山字漢書地理志校增縣居其陽故因名焉王莽之魯山也趙釋曰一清按今漢志無此文昔在于楚文子守之與韓溝戰官本曰按溝近刻作構下有難字　案朱趙同有返景之誠內有南陽都鄉正衞爲碑趙釋曰隸釋跋曰都鄉正衞彈碑水經作衞爲靈帝中平二年立在汝州昆陽城中水經魯陽縣有南陽都鄉正衞爲碑平氏縣有南陽都鄉正衞彈勸碑此則其一也趙氏誤認衞爲街遂云莫曉其爲何碑予考其文則縣令寧陵君承昆陽喪亂之餘慇繇役之害結單言府班董科例收其舊直臨時募顧不煩居民太守東郡王褒丞濟陰華林優卹民隱爲之立約自是之後吏無苛擾之煩野無愁痛之聲其大略如此又云因民所利斯所謂惠康之策又有輕賦斂及役艱苦之語頌則美其輕賦均約蓋是紀述守令繇役條教也前書食貨志月爲更卒已復爲正注云更卒謂給郡縣一月而更者正卒謂給中都官者衞宏漢官舊儀民年二十三爲正一歲爲衞士一歲爲材官習射御騎馳戰陣又云民給正衞材官年五十六老衰乃得免爲民酸棗令劉熊碑云慇念烝民勞苦不均爲作正彈造設門更此云都鄉正衞彈者與劉君碑同困學紀聞曰周禮里宰以歲時合耦于耡注云耡者里宰治處也若今街彈之室于此合耦使佐助疏謂漢時在街置室檢彈一里之民金石錄有中平二年正月都鄉正街彈碑在昆陽城中趙明誠失于攷禮注而酈道元注水經洪氏隸釋皆

以街爲衞又誤矣漢書食貨志言古制云春將出民里胥平旦坐于右塾鄰長坐于左塾畢出然後歸夕亦如之里胥之塾其卽里宰所謂耡者與續金石錄云周禮里宰合耦于耡鄭元謂耡者里宰治處也若今街彈之室疏云漢時在街置室檢彈一里之民于此水經建寧三年改新豐爲都鄉而百官志凡州所監爲都都鄉者都邑之鄉若今之關廂也故鄉曰某鄉而都鄉則無地名封爵有都鄉侯在關內侯之上正者漢官舊儀云民年二十三爲正一歲以爲衞士一歲爲材官騎士前漢食貨志月爲更卒已復爲正師古曰更卒給郡縣一月而更正卒爲給中都官者此都鄉之正也周禮于耡合耦以勸農漢人于街彈之室糾彈不法昆陽當亂喪之餘徭役煩苦郡守縣令班董科條收其舊直臨時顧募不煩居民立碑于街彈公所以頌其德也洪氏云趙氏誤認衞字爲街改名街彈碑亦引衞宏漢官舊儀爲證無論街彈見于註疏若衞士乃正卒一歲以後所遷之名又一歲爲材官騎士百官志註云凡八月都尉令長相丞尉課試殿最非若正卒亭長之所得糾彈也況去士字似不成語予意仍題街彈爲得洪氏碑目云水經作衞爲譌作街彈按水經魯陽縣有南陽都鄉正衞爲碑衞爲似人姓名在魯陽非昆陽也如以衞字屬之上文則爲碑二字題額又何說乎又引劉熊碑愍念烝民勞苦不均爲作正彈按三國志吳張淑爲司直表正彈曲二十人專司不法與劉碑之正彈同非此碑之正係卒夫之名也況洪之所辨乃衞字若引劉碑則正彈連合又何關涉乎巵林曰水經注魯陽縣有南陽都鄉正衞爲碑平氏縣有南陽都鄉正衞彈勸碑衞之與街豈可強傅者按鄭元駁許愼異義曰周禮六十十五皆征之使爲胥徒給公家之事如今之正衞耳又張晏漢書注曰監門里正衞也正衞自是漢魏微官秩若封人仕同里宰不得以解街彈之室也

滍水右合魯陽關水水出魯陽關外分頭山橫嶺下夾谷東北出入滍滍水又東北合牛蘭水水發縣北牛蘭山東南逕魯陽城東 水側有漢陽侯焦立碑 牛蘭水又東南與柏樹溪水合水出魯

山北峽谷中東南流逕魯山西而南合牛蘭水
又東南逕魯山南闞駰曰魯陽縣今其地魯山是也水
南注于滍滍水東逕應城南故應鄉也應侯之國詩
所謂應侯順德者也彭水注之俗謂之小滍水水出
魯陽縣南彭山蟻堨東麓北流逕彭山西下有
彭山廟廟前有彭山碑漢桓帝元嘉二年杜仲長立趙釋曰一清按范史桓帝紀元
嘉紀元僅二年至明年夏五月改元曰永興不得云三年也或碑以春立在未改元之先此與成陽靈臺碑正同彭水逕其西北漢
安邑長尹儉墓東冢西有石廟廟前有兩石闕闕東有
碑闕南有二獅子相對南有石碣二枚石柱西南有兩石羊中
平四年立彭水又東北流直應城南而入滍滍水
又左合橋水水出魯陽縣北特山朱作東箋曰宋本作北特山趙改山東
南逕應山北又南逕應城西地理志曰故父城縣之
應鄉也周武王封其弟爲侯國應劭曰韓詩外傳稱周成王與

弟戲以桐葉爲圭曰吾以封汝周公曰天子無戲言王乃應時而封故曰應侯鄉亦曰應鄉按呂氏春秋云成王以桐葉爲圭封叔虞非應侯也汲郡古文殷時已有應國非成王矣 趙釋曰一清按呂氏春秋以下是臣瓚說見漢志注師古曰武王之弟自封應國非桐圭之事應氏之說蓋失之焉又據左氏傳云邘晉應韓武之穆也則應侯武王之子又與志說不同 戰國范雎所封邑也 謂之應水湍水又東逕犨縣故城北左傳昭公元年冬楚公子圍使伯州犂城犨是也 出于魚齒山下 春秋襄公十八年楚伐鄭次于魚陵涉于魚齒之下甚雨楚師多凍役徒幾盡 官本曰按役徒近刻作徒役 案朱趙同 晉人聞有楚師師曠曰不害吾驟歌北風又歌南風南風不競多死聲楚必無功矣所涉即湍水也水南有漢中常侍長樂太僕吉成侯州苞冢 官本曰按近刻脫成字州字 案朱脫趙增刊誤曰金石錄漢隸字源引此文俱作吉成侯州苞今校補 冢前有碑基西枕岡 趙基改墓刊誤曰基隸釋作墓 城開四門門有兩石獸墳傾墓毀碑獸淪移人有掘出一獸猶全不破甚高壯頭去地減一丈許作制甚工左膊上刻

作辟邪字門表㶚上起石橋歷時不毀其碑云六帝四后是諮是諏蓋仕自安帝沒于桓后于時閹閹擅權五侯暴世割剝公私以事生死夫封者表有德碑者頌有功自非此徒何用許爲石至千春不若速朽苞墓萬古祇彰誚辱嗚呼愚亦甚矣趙釋曰金石錄跋尾曰吉成侯州輔碑名字已殘闕其額題云漢故中常侍長樂太僕吉成侯州君之銘輔姓名見范氏後漢書宦者傳以定策立桓帝與曹騰等七人同時封爲亭侯今此碑載當時詔書有云其封輔爲葉吉成侯以此知其名輔而酈道元注水經云㴩水南有漢中常侍長樂太僕吉成侯州苞冢冢前有碑其辭云六帝四后是諮是諏今驗其詔文實有此語獨以輔爲苞蓋水經之誤當取漢史及此碑爲正一清按輔碑載隸釋其碑闕姓與字輔字無殘闕趙德甫云名字殘闕蓋搨本未善耳碑文云特以才明敏達拜小黃門遷事和熹后孝安思皇后時爲大宮令孝順皇帝踐祚復拜小黃門遷藏府令當拜中常侍讓與同郡錡任後以病孫位起家復拜謁者令中尚方令遷中常侍遭順帝棄天下扶佐孝沖孝質帝兼領黃門令順烈皇后攝政拜長樂太僕遭孝質無嗣乃定冊帷幕援立聖主有定社稷之勳建和二年七月己巳封爲葉吉成侯和平中復拜大長秋永壽二年十二月丙子薨其銘詞所謂六帝四后是諮是諏者也洪氏曰葉吉成者葉縣之吉成亭也又碑陰有故京兆尹延篤叔堅名字洪氏曰州輔碑目自漢陽太守而下四十有九人其人稱邑曰冠軍曰宛曰章陵曰新野曰比陽曰魯陽皆南陽之邑餘人惟延篤有傳乃南陽犨人則不稱邑者犨之人也碑云鄉人姻族相與刊石則又知輔爲犨縣人也又金石錄跋尾云余初得州君墓碑又覽水經所載意此字猶存會故人董之明守官汝潁閒因託訪求之特以見寄其一辟邪道元所見也其一乃天祿字差大皆完好可喜之明又云天祿近歲爲村民所毀辟邪雖存然字畫已殘闕難辨㴩水

又東犨水注之俗謂之秋水非也水有二源東

源出其縣西南踐犢山東崖下水方五十許步不測其深東北流逕犨縣南又東北屈逕其縣東而北合西源水（官本曰按源近刻訛作流　案朱趙作流）西源出縣西南頳山北阜下東北逕犨城西又屈逕其縣北東合右水（官本曰按右近刻訛作二　案朱趙作二）亂流北注于滍漢高祖入關破南陽太守呂齮于犨東即于是地滍水之陰也滍水又東南逕昆陽縣故城北昔漢光武與王尋王邑戰于昆陽敗之走者相騰踐奔殪百餘里閒（官本曰按近刻脫閒字　案朱趙無）會大雨如注滍川盛溢（官本曰按川近刻作水　案朱同趙改）虎豹皆股戰士卒爭赴溺死者以萬數水爲不流王邑嚴尤陳茂輕騎皆乘尸而度（趙作渡）矣

東北過潁川定陵縣西北又東過郾縣南東入于汝

滍水東逕西不羹亭南亭北背汝水于定陵城北

東入汝郾縣在南不得過

淯水出弘農盧氏縣支離山官本曰按支近刻作攻　案朱趙作攻趙刊誤曰箋曰孫按山海經云支離之山淯水出焉按方輿紀要云郡志云淯水出嵩山縣雙雞嶺雙雞蓋攻離之譌然方俗之稱字隨讀改山海經作支離字形之近也東南過南陽西鄂縣西北又東過宛縣南趙釋曰一淯按漢志弘農郡盧氏縣下云熊耳山右有育水南至順陽入沔考酈注以均水當之其出弘農盧氏縣攻離山之淯水方輿紀要云俗名白河逕內鄉縣東境又東南流至南陽府城東繞城南達于新野縣府境諸水悉會焉又南至光化縣東北又東逕故鄧城東南而入于漢水地理志亦云南陽酈縣育水出西北南入漢與道元注正同二水源流既不相甚遠而名稱又復相似故詳辨之如此

淯水導源趙增宏農二字刊誤曰導源下落宏農二字全氏校增東流逕酈縣故城北郭仲產曰酈縣故城在支離山東南官本曰按近刻訛作故城南在攻離山東　案朱同趙刪南仍攻酈舊縣也三倉曰樊鄧酈酈有二城北酈也官本曰按後魏析置南北酈湍水逕南酈城東淯水逕北酈城北漢祖入關下淅酈卽此縣也淯水又東南流歷雉縣之衡山官本曰按近刻脫歷字之下衍雉字朱同趙增歷存雉刊誤曰流下落歷字　案東逕百章郭北又東魯陽關水注之水出魯陽縣南分水嶺南水自嶺南流北水從嶺北注故世俗謂此嶺爲分

頭也其水南流逕魯陽關 左右連山插漢秀木干雲

是以張景陽詩云朝登魯陽關峽路峭且深亦司馬芝與母遇

賊處也 朱箋曰魏志司馬芝字子華河內溫人也少爲書生避亂荆州於魯陽山遇賊同行者皆棄老弱走芝獨坐守老母賊至以刃臨芝芝叩頭曰母老唯在諸君賊曰此孝子也殺之不義遂得免官至大司農 關水歷雉衡山西南逕皇后城西 建

武元年世祖遣侍中傅俊持節迎光烈皇后于淯陽俊發兵三

百餘人宿衞皇后道路歸京師蓋稅舍所在故城得其名矣山

有石室甚飾潔相傳名皇后浴室又所幸也 關水又西南

逕雉縣故城南 昔秦文公之世有伯陽者 官本曰按伯陽近刻訛作陽伯 案朱訛趙改 刊誤曰陽伯當作伯陽詳渭水篇刊誤 逢二童曰舀曰被 官本曰按近刻訛作彼 案朱訛趙改 二 朱趙作兩 童二雉也

得雌者霸雄者王二童翻飛化爲雙雉 趙釋曰一清按史記索隱引列異傳曰陳倉人得異物以獻之道遇二童子云此名爲媦在地下食死人腦媦乃言曰彼童子名陳寶得雄者王得雌者霸宋書符瑞志媦作猥晏公類要引此注是舀與被乃兩童子名可與郊祀志互證 光武

獲雉于此山以爲中興之祥故置縣以名焉 朱箋曰按列異傳云陳倉人得異物獻之道遇二童子云此名爲媦在地下食死人腦媦乃言彼二童子名陳寶得雄者王得雌者霸乃逐童子化爲雉秦穆公大獵果獲其雌搜神記所引正同但云其雄者飛至南陽秦表其地爲雉縣後光

武起於南陽此注𠣾曰以下似有缺文趙釋曰一清按漢志南陽郡雉縣師古曰舊讀雉音弋爾反而太康地志云卽陳倉人所逐二童子名寶雞者雌止陳倉爲石雄止此縣故名雉縣疑不可據也顏說是也蓋雉縣西京已有之是注云光武中興置縣亦非搜神記以爲秦縣得之關水又屈而東南流注于淯淯水又東南流逕博望縣故城東官本曰按縣下近刻衍西北二字　案朱衍趙删刊誤曰西北二字衍文郭仲產曰在郡東北百二十里官本曰按近刻脫在字　案朱脫趙增刊誤曰郡上落在字又朱趙百上有一字漢武帝置校尉張騫隨大將軍衞青西征爲軍前導相望水草得以不乏元光六年封騫爲侯國地理志南陽有博望縣官本曰按志下近刻衍曰字又脫博字　案朱趙有曰字朱無博字趙增刊誤曰當作博望縣落博字王莽改之曰宜樂也淯水又東南逕西鄂趙有縣字故城東應劭曰江夏有鄂故加西也昔劉表之攻杜子緒于西鄂也功曹柏孝長官本曰按柏近刻訛作伯　案朱訛趙改刊誤曰箋曰九州春秋曰時柏季長在城中按魏書注引九州春秋正作柏孝長季字誤刻也聞戰鼓之音懼而閉戶蒙被自覆漸登城而觀言勇可習也淯水又南官本曰按淯近刻訛作清　案朱訛趙改刊誤曰清水當作淯水洱水注之水出弘農郡盧氏縣之熊耳山東南逕酈縣北東南逕房陽城北漢哀帝四年

封南陽太守孫寵爲侯國趙釋曰一清按漢表作方陽云在龍亢俗謂之房陽川又逕西鄂縣南水北有張平子墓墓之東側墳有平子碑文字悉是古文篆額是崔瑗之辭盛弘之郭仲產竝云夏侯孝若爲郡薄其文復刊碑陰爲銘然碑陰二銘乃是崔子玉及陳翕耳而非孝若悉是隸字二首竝存嘗無毀壞又言墓次有二碑今惟見一碑或是余夏景驛途官本曰按景近刻作逕訛趙改刊誤曰逕隸釋作景案朱疲而莫究矣趙釋曰一清按隸釋跋曰世所傳凡百君子者卽平子篆碑其石已中斷合向城後碑始能成文此刻有夏侯湛姓名而云書之碑側蓋酈氏考之不詳又金石文有河閒相張平子碑具載其辭趙明誠金石錄亦有之此卽崔瑗之作隸釋載孝若之文而略子玉之撰蓋搜錄之漏也水南道側有二石樓相去六七丈雙跱齊竦高可丈七八柱圓圍二丈有餘石質青綠光可以鑒其上欒櫨承栱官本曰按欒近刻訛作鑾案朱訛趙改雕簷四注官本曰按近刻訛作柱案朱趙作柱窮巧綺刻妙絕人工題言蜀郡太守姓王字子雅南陽西鄂人趙釋曰一清按樂史云是北齊時人恐非有三女無男而家累千金父沒當葬女自相謂曰先君生我姊妹無男兄弟今當安神玄宅翳靈后土冥冥絕

後何以彰吾君之德各出錢五百萬一女築墓二女建樓以表孝思銘云墓樓東平林下近墳墓官本曰按下近刻作不案朱訛趙改刊誤曰不隸釋作下而不能測其處所矣洱水又東南流注于淯水世謂之肆水官本曰按近刻脫此二字案朱脫趙增刊誤曰謂之下落肆水二字肆洱聲相近非也地理志曰熊耳之山出三水洱水其一焉東南至魯陽入沔是也趙釋曰一清按三水謂伊水淯水即水經之均水也又有洱水漢志云過郡二行六百里師古曰洱音耳過郡二謂弘農及南陽也淯水又南逕預山東山上有神廟俗名之爲獨山也山南有魏車騎將軍黃權夫妻二冢地道潛通其冢前有四碑其二魏明帝立二是其子及臣吏所樹者也淯水又西南逕史定伯碑南又西爲瓜里津水上有三梁謂之瓜里渡自宛道途東出堵陽西道方城官本曰按堵近刻訛作赭西訛作而案朱趙作赭而趙改西刊誤曰全氏云漢志續志晉志皆作堵陽魏收志始作赭陽然水經舊本仍作堵陽章懷注引水經注云堵水南逕小堵鄉可證也世本忽堵忽赭不亦惑乎予謂六朝後魏改堵爲赭道元於沔水篇作堵于瀙淯水篇改從赭各存所是正無取乎從同也而孫潛校改西建武三年世祖自堵陽西入破虜

將軍鄧朱作劉箋曰後漢書作鄧奉趙改鄧奉怨漢掠新野拒瓜里上親搏戰降之夕陽下遂斬奉郡國志所謂宛有瓜里津官本曰按里下近刻有野字案朱有趙刪刊誤曰野字衍文夕陽聚者也阻橋卽桓溫故壘處溫以升平五年與范汪衆軍北討所營官本曰按所近刻訛作列　案朱趙作列趙刊誤曰箋曰按晉書穆帝本紀桓溫遣諸將討河北在永和五年而范汪傳云桓溫北伐令汪率文武出梁國以失期免爲庶人卒于家本紀范汪之廢則在升平三年與此互異按晉書穆帝紀永和五年桓溫北伐乘石遵之亂也十年伐關中討苻健也十二年又北伐則征姚襄也海西公太和四年又北伐慕容暐蓋不僅永和五年一役而已范汪之廢溫公通鑑目錄書于升平五年而穆帝紀升平五年又無廢汪事汪廢在哀帝紀之冬十月卽升平五年之冬十月也汪傳以爲溫令汪率文武出梁國似是討姚襄事溫傳所云以譙梁水道既通請徐豫兵乘淮泗入河是也然升平五年春正月北中郎將都督青徐兗冀幽五州諸軍事徐兗二州刺史郗曇卒二月以范汪代之又在伐姚襄之後豈溫以汪勢既盛忌之追論前事而廢之耶朱氏以汪廢在升平三年三豈五之誤刻耶淯水又西南逕晉蜀郡太守鄧義山墓南又南逕宛城東其城故申伯之都官本曰按城近刻作地　案朱趙作地朱都作國趙改刊誤曰國黃省曾本作都楚文王滅申以爲縣也秦昭襄王使白起爲將伐楚取郢卽以此地爲南陽郡改縣曰宛王莽更名郡曰前隊縣曰南陽劉善曰在中國之南而居陽地故以爲名大城西南隅卽古宛城也荊州刺史治故亦謂之荊

州城今南陽郡治大城其東城內有舊殿基官本曰按近刻重一城字案朱重趙刪刊誤曰城
字重文宜衍周二百步高八尺陛階皆砌以青石大城西北隅有殿基
周百步高五尺官本曰按近刻脫殿字尺訛作丈又百上並有一字刊誤曰有下落殿字五丈當作五尺案朱脫訛趙增改蓋更始所
起也城西二三里官本曰按城近刻訛作地案朱訛趙改刊誤曰地當作城黄省曾本校有古臺高二趙作三丈餘
文帝黃初中南巡行所築也清水又屈而逕其縣南
故南都賦所言清水蕩其胷者也王莽地皇二年
朱鮪等共于城南會諸將設壇燔燎立聖公爲天子于斯水上
世語曰張繡反公與戰敗子昂不能騎進馬于公而昂遇害魏
書曰公南征至宛官本曰按近刻脫南字案朱脫趙增刊誤曰三國志註引魏書曰公南征此落南字臨清水祠陣
亡將士官本曰按近刻脫陣字案朱脫趙增刊誤曰亡上落陣字三國志註校補戲欷流涕衆皆哀慟清水
又南梅溪水注之水出縣北紫山南逕百里奚
故宅奚宛人也于秦爲賢大夫所謂迷虞智秦者也梅溪
又逕宛西呂城東官本曰按梅近刻訛作紫案朱訛趙改刊誤曰紫谿當作梅谿史記曰呂尚先

祖爲四岳佐禹治水有功虞夏之際受封于呂故因氏爲呂尚也徐廣史記音義曰呂在宛縣高后四年封昆弟子呂忿朱作怒箋曰按史記呂后紀四年封呂忿爲呂城侯趙改忿爲呂城侯疑即此也又案新蔡縣有大呂小呂亭而未知所是也梅溪又南逕杜衍縣東故城在西官本曰按此下近刻衍按字朱衍趙刪刊誤曰按字衍文案漢高帝七年封郎中王翳爲侯國王莽更之曰閏衍矣土地墊下湍溪是注古人于安衆堨之令遊水是瀦官本曰按令近刻訛作今案朱趙作今謂之安衆港世祖建武三年上自宛遣潁陽侯祭遵西擊鄧奉弟終官本曰按近刻訛作衆案朱訛趙改刊誤曰衆後漢書祭遵傳作終破之于杜衍進兵涅陽者也梅溪又南謂之石橋水又謂之女溪官本曰按女近刻訛作汝案朱趙作汝南流官本曰按南近刻訛作之案朱作之趙改合刊誤曰下之字當作合而左注淯水淯水之南又有南就聚郡國志所謂南陽宛縣有南就聚者也郭仲產言宛城南三十里有一城甚卑小相承名三公城漢時鄧禹等歸鄉餞離處也

盛弘之著荊州記以爲三公置余案淯水左右舊有二澨所謂南澨北澨者水側之濆 趙釋曰一清按漢志南陽郡宛有北澨山育陽有南澨聚諸儒或以爲邑或以爲地或以爲水際及邊地名而班固以爲山 聚在淯陽之東北考古推地則近矣 城側有范蠡祠蠡宛人祠即故宅也後漢末有范曾字子閔爲大將軍司馬討黃巾賊至此祠爲蠡立碑文勒可尋夏侯湛之爲南陽又爲立廟焉城東有大將軍何進故宅城西有孔嵩舊居嵩字仲山宛人與山陽范式有斷金契貧無養親賃爲阿街卒 趙釋曰一清按阿街卒古之所謂騶唱唐人謂之籠街喝道阿與呵通用而范史范式傳作阿里街卒章懷注云阿里里名也是又不同 遣迎式式下車把臂曰子懷道卒伍不亦痛乎嵩曰侯嬴賤役晨門卑下之位古人所不恥何痛之有故其讚曰仲山通達卷舒無方屈身廝役挺秀含芳

又屈南過淯陽縣東

淯水又南入縣逕小長安 司馬彪郡國志曰縣有小

長安聚謝沈趙有字後漢書稱光武攻淯陽不下引兵欲攻宛至小長安與甄阜戰敗于此淯水又西南逕其縣故城南桓帝延熹七年封鄧秉爲侯國官本曰按秉近刻訛作康　案朱趙作康　趙釋曰沈氏曰康封泚陽其弟秉封淯陽縣故南陽典農治後以爲淯陽郡省郡復縣避晉簡文諱更名雲陽焉官本曰按雲近刻作云　案朱趙作云淯水又逕安樂郡北漢桓帝建和元年官本曰按近刻訛作六年　案朱訛趙改釋曰沈氏曰是元年封司徒胡廣爲淯陽縣安樂鄉侯今于其國立樂宅戍郭仲產襄陽記曰南陽城南九十里有晉尚書令樂廣故宅廣字彥輔官本曰按此下衍也字　案朱趙有善清言見重當時成都王廣女壻長沙王猜之廣曰寧以一女而易五男猶疑之終以憂殞其故居今置戍因以爲名

又南過新野縣西朱箋曰此下原有廿二字重出今刪去

淯水又南入新野縣枝津分派東南出隰衍苞注官本曰按苞字近刻訛在隰字上　案朱訛趙改刊誤曰全氏校改作隰衍苞注左積爲陂東西九里南

北朱趙有一字十五里陂水所溉咸為良沃湍水又南
與湍水會又南逕新野縣故城西世祖之敗小長
安也姊元遇害上即位感悼姊沒追諡元為新野節義長公主
即此邑也晉咸寧二年封大司馬扶風武王少子歆為新野郡
公割南陽五屬棘陽蔡陽穰鄧山都封焉官本曰按近刻五訛作伍脫棘字又封焉訛作封為　案朱脫
訛趙增改伍字刊誤曰箋曰屬下當脫一字按晉志義陽郡統縣十二有棘陽落棘字為黃省曾本作焉　王文舒更立中隔官本曰按此句上下
有脫誤三國志王昶字文舒朱謀㙔以王字屬上句作封為王非也　案朱以王字上屬箋曰
按晉書新野莊王傳云歆字弘舒太康中封新野郡公邑千八百戶惠帝本紀云永寧元年三
月齊王冏起兵討趙王倫而新野公歆皆舉兵應之四月倫伏誅明年為太安元年十二月成
都王穎新野王歆同會洛陽請廢冏還第知歆進封為新野王在趙王倫伏誅之後也此注斷
脫聊復備記之趙改同官本釋曰一清按下有脫文三國志魏書王昶傳昶以為國有常眾戰
無常勝地有常險守無常勢今屯宛去襄陽三百餘里諸軍散屯船在宣池有急不足相赴乃
表徙治新野文舒昶字此即更立之事也　西即郡治東則民居城西傍淯水又東與朝
水合水出西北赤石山而東南逕冠軍縣界　地
名沙渠又東南逕穰縣故城南楚別邑也秦拔鄢郢即
以為縣秦昭王封相魏冉為侯邑王莽更名曰農穰也官本曰按農近刻訛

（作豐　案朱訛趙改刊誤曰漢書地理志註作豐穰）魏荊州刺史治朝水又東南分爲二水一水枝分東北爲樊氏陂陂東西十里（官本曰按西近刻訛作四　案朱訛趙改）南北五里俗謂之凡亭陂陂東有樊氏故宅樊氏既滅庾氏取其陂故諺曰陂汪汪下田良樊子失業庾公昌昔在晉世杜預繼信臣之業復六門陂（官本曰按近刻陂上衍之字　案朱趙有）過六門之水（趙釋曰一清按信臣所開者只石碣耳至元始五年更開三門爲六石門今注云云直以六門皆信臣所開矣誤也）下結二十九陂諸陂散流咸入朝水事見六門碑六門既陂諸陂遂斷朝水又東逕朝陽縣故城北而東南注于淯水又東南與棘水合水上承堵水（官本曰按堵近刻訛作赭下同　案朱趙作赭下同）堵水出棘陽縣北山（官本曰按近刻脫山字　案朱脫趙增棘改赭刊誤曰棘陽當作堵陽寰宇記云唐州方城縣本漢堵陽縣有堵水一名栢水水經注云堵水出堵陽縣北山落山字）數源竝發南流逕小堵鄉謂之小堵水世祖建武二年成安侯臧宮從上擊堵鄉（官本曰按鄉近刻訛作也　案朱訛趙改二改三刊誤曰堵下

落鄉字後漢書臧宮傳不書擊堵鄉事見岑彭傳云三年夏帝自將征奉至堵陽鄧奉夜逃歸淯陽彭復與耿弇賈復及積弩將軍傅俊騎都尉臧宮等從追鄧奉于小長安帝率諸將親戰大破之奉迫急乃降而彭于建武二年冬十一月先率朱祐賈復耿弇王常郭守劉宏劉嘉耿植八將軍先擊堵鄉鄧奉來救董訢彭等攻之不剋帝故自將征之傅俊臧宮皆從二年當作三年以光武帝紀及岑彭傳校正也字衍文東源方七八步騰湧若沸故世名之騰沸水南流逕于堵鄉謂之堵水建武二年祭遵引兵南擊董訢于堵鄉以水氏縣故有堵陽之名也地理志曰縣有堵水趙釋曰一清按今漢志無是文王莽曰陽城也漢哀帝改為順陽趙釋曰全氏曰按漢志云博山哀帝置故順陽非赭陽也道元于均水篇已言之矣建武二年更封安陽侯朱祐為堵陽侯堵水于縣官本曰按近刻脫于字趙增刊誤曰赭水下落於字案朱脫堨以為陂東西夾岡水相去五六里古今斷岡兩舌官本曰按朱謀㙔云當作左右斷岡兩舌岡外下垂陂陀而出者謂之舌案趙古今改右合刊誤曰箋曰當作左右斷岡兩舌按非也古今是右合之誤都水潭漲朱箋曰都水當作赭水蓋削去陂陀之土接水連岡築堨赭水以成潭漲也案都義同赭朱偶不照南北朱趙有一字十餘里水決南潰趙作瀆下注為灣灣分為二西為堵水朱趙堵作赭下同東為滎源朱滎作滎趙改刊誤曰滎當作滎滋水注云滎水上承赭水是也堵水參差流結兩

湖故有東陂西陂之名二陂所導其水枝分官本曰按其近刻訛作俱案朱訛趙改刊誤曰俱當作其東南至會口入比官本曰按原本及近刻竝訛作泚下同今改正比水見卷之二十九案朱趙作泚下同是以地理志朱趙有云字比水堵水皆言入蔡趙釋曰全氏曰按漢志無赭水入蔡語即泚水入蔡亦是應劭說互受通稱故也二湖流注合爲黃水惟所受焉官本曰按惟近刻訛作謂案朱訛趙改刊誤曰謂當作唯逕棘陽縣之黃淯聚又謂之爲黃淳水者也謝沈後漢書官本曰按謝上近刻衍故字又脫後字案朱衍脫趙刪增刊誤曰漢書上落後字隋書經籍志校增故字衍文甄阜等敗光武于小長安東乘勝南渡黃淳水前營背阻兩川官本曰按背近刻訛作皆案朱訛趙改刊誤曰皆當作背後漢書齊武王傳云南渡黃淳水臨泚水阻兩川閒爲營絕後橋示無還心是也謂臨比水絕後橋示無還心漢兵擊之三軍潰官本曰按三近刻訛作二案朱訛趙改刊誤曰二當作三溺死黃淳水者二萬人又南逕棘陽縣故城西應劭曰縣在棘水之陽官本曰按近刻脫水字案朱脫趙增刊誤曰棘下落水字漢書地理志校補是知斯水爲棘水也漢高帝七年封杜朱作莊箋曰按史記年表棘陽莊侯杜得臣趙改杜得臣爲侯國後漢兵起擊唐子鄉趙刊誤曰箋曰鄉一作卿按唐子鄉地名光武帝本

（紀注云唐子鄉有唐子山在今唐州湖陽縣西南）殺湖陽尉進拔棘陽鄧晨將賓客會光武于此縣也棘水又南逕新野縣歷黃郵聚世祖建武三年傅俊岑彭進擊秦豐先拔黃郵者也謂之黃郵水大司馬吳漢破秦豐于斯水之上其聚落悉爲蠻居猶名之爲黃郵蠻棘水自新野縣東而南流入于淯水謂之爲力口也棘力聲相近當爲棘口也又是方俗之音故字從讀變若世以棘子木爲力子木是也（官本曰按近刻訛作爲力子之木也　案朱訛趙改無是字刊誤曰之字衍文又朱箋曰舊本誤以戀水東北流枝瀆右出穀入此注今據宋本改正）淯水又東南逕士林東戍名也戍有邸閣水左有豫章大陂下灌良疇三千許頃也

南過鄧縣東（官本曰按南近刻訛作西　案朱趙同趙增又字刊誤曰西過上落又字）

縣故鄧侯吾離之國也楚文王滅之秦以爲縣淯水右合濁水（官本曰按淯近刻訛作清　案朱訛趙改刊誤曰清水當作淯水）俗謂之弱溝水（趙重水字）上承

白水于朝陽縣東南流逕鄧縣故城南習鑿齒襄陽記曰楚王至鄧之濁水去襄陽二十里卽此水也濁水又東逕鄧塞北官本曰按近刻訛作者 案朱作者趙改南刊誤曰者當作南卽鄧城東南小山也方俗名之爲鄧塞官本曰按方俗近刻訛作先後 案朱趙同昔孫文臺破黃祖于其下濁水東流注于淯淯水又南逕鄧塞東又逕鄾城東古鄾子國也蓋鄧之南鄙也昔巴子請楚與鄧爲好鄾人奪其幣卽是邑也司馬彪以爲鄧之鄾聚矣

南入于沔官本曰按此四字近刻接前經文西過鄧縣東下 案朱同趙移改刊誤曰四字柳僉鈔本另爲一條在鄾聚注之後

濦水出濦强縣南澤中東入潁

濦水出潁川陽城縣少室山東流注于潁水官本曰按此卽潁水注內所謂中水導源少室通阜者而亂流東南逕臨潁縣西北小濦水出焉官本曰按此卽潁水注內所謂潁水自縣西小濦水出也東逕臨潁縣故城北濦水又東逕濦陽城北又東逕濦强縣故城南

武二年官本曰案近刻訛作元年趙釋曰沈氏曰据本宜是二年案朱趙同世祖封揚化將軍堅鐔爲侯國濦水東爲陶樞陂官本曰按臨潁西北派分之小濦水終于此余按濦陽城在濦水南然則此城正應爲濦陰城而有濦陽之名者明在南猶有濦水故此城以陽爲名矣潁水之南有二瀆其南瀆東南流官本曰按近刻此下衍行字案朱衍趙刪刊誤曰行字衍文歷臨潁亭西東南入汝今無水也疑卽濦水之故瀆矣汝水于奇雒趙作頟城西別東派時人謂之大濦水也官本曰按此卽汝水注內所謂濆水世亦謂之大濦水者案朱脫大字趙增刊誤曰謂之下落大字孫潛校增東北流枝瀆右出世謂之死汝也別汝又東北逕召陵城北練溝出焉別汝又東汾溝出焉別汝又東逕征羌城北水南有汾陂俗音糞趙釋曰一清按三字注中注汾水自別汝東注而爲此陂水積征羌城北四五里方三十里許瀆左合小濦水官本曰按此別一小濦水與上小濦水同名異實上小濦水在潁水之北

此小㶏水在潁水之南水上承狼陂南流名曰䡴水青陵陂水自陂東注之（官本曰按青原本及近刻並訛作清今改正狼陂青陵陂並見潁水注內　案朱訛趙改刊誤曰清當作青）東迴又謂之小㶏水而南流注于大㶏水大㶏水取稱蓋藉㶏沿注而總受其目矣（官本曰按沿近刻訛作汾其訛作巨　案朱訛趙改朱箋曰巨宋本作其趙刊誤曰汾當作沿）又東逕西華縣故城南又東逕汝陽縣故城北東注于潁

瀙水出汝南吳房縣西北奧山（官本曰按奧近刻訛作輿　案朱訛趙改刊誤曰輿山當作奧山方輿紀要云遂平縣西七十里有奧來山即是山也亦見山海經及瀙水注）東過其縣北入于汝

縣西北有棠谿城（官本曰按棠近刻訛作堂下同　案朱趙作堂下同）故房子國春秋定公五年吳王闔閭弟夫槩奔楚封之于棠谿故曰吳房也漢高帝八年封莊侯楊武爲侯國建武中世祖封泗水王歙子煇爲棠谿侯（趙釋曰一清按章懷後漢書注曰煇字林云灼也音光𨱆反或作燀）山溪有白羊淵淵水舊出山羊（朱箋曰當作白羊趙改白）漢武帝元封二年白羊出此淵（官本曰按近刻此訛作北　案朱訛趙改刊誤曰北當作此）畜牧

者禱祀之俗禁拍手嘗有羊出水野毋驚拍官本曰按近刻訛作扑案朱作仆趙改扑刊誤曰仆當作扑楚辭天問注手拍曰扑上云俗禁拍手是也自此絶焉淵水下合濯水濯水東逕濯陽縣故城西東流入瀙水亂流逕其縣南世祖建武二十八年官本曰按近刻訛作元年案朱趙作元封吳漢孫旦爲侯國官本曰按近刻訛作且案朱訛趙改刊誤曰且范史作旦趙釋曰沈氏曰吳漢三孫皆以建武二十八年封吳旦吳盱吳國也而水經注皆以爲元年誤矣其水又東入于汝水

瀙水出潕陰縣東上界山

山海經謂之視水也郭景純注或曰視宜爲瀙出葴山許愼云出中陽山趙釋曰一清按漢志作中陰山方輿紀要云中湯山在唐縣東七十里一名慈邱山隋因此置慈邱縣皆山之殊目也而東與泌水合朱泌作此趙改刊誤曰全氏云此當作泌以先司空本校改寰宇記云唐州泌陽縣漢舞陰縣泌水在邑界是也水出潕陰縣旱山東北流注瀙瀙水又東北殺水出西南大熟之山東北流入于瀙瀙水又東淪水注之水出宣山東南流

注瀙水官本曰按東南近刻作南東　案朱同趙改瀙水又東得奧水口水西出奧山東入于瀙水也

東過吳房縣南又東過灈陽縣南

應劭曰灈水出吳房縣東入瀙縣之西北即兩川之交會也

又東過上蔡縣南東入汝

潕水出潕陰縣西北扶予山東過其縣南

山海經曰朝歌之山潕水出焉東南流注于滎官本曰按近刻脫南字注字　案朱脫趙增經書扶予者其山之異名乎滎水上承堵朱趙作赭水東流左與西遼水合又東東遼水注之俱導北山而南流注于滎滎水又東北于潕陰縣北左會潕水其道稍西官本曰按其近刻訛作之　案朱趙作之不出其縣南其故城在山之陽漢光武建武中封岑彭爲侯國漢

以爲陽山縣（趙釋曰一清按是句文義未詳）魏武與張繡戰于宛馬名絕景爲流矢所中公傷右臂引還潕陰卽是地也 城之東有馬仁陂郭仲產曰陂在比陽縣西五十里（官本曰按近刻脫西字 案朱趙無又比並作沘下同）蓋地百頃其所周溉田萬頃隨年變種境無儉歲陂水三周其隍故瀆自隍西南而會于比潕水不得復逕其南也且邑號潕陰故無出南之理出南則爲陽也非直不究又不思矣潕水又東北澧水注之（官本曰按澧近刻訛作河 案朱作河箋曰案漢書地理志南陽郡雉縣注云衡山澧水所出東至郾入汝此河水誤當作澧水趙改澧）水出雉衡山東南逕建城東（官本曰按東字近刻訛在山字上 案朱趙並同）建當爲卷字讀誤耳 郡國志云葉縣有卷城 其水又東流入于潕潕水東北逕于東山西西流入潕（官本曰按此四字上有脫文 案重文二潕字趙改葉陂刊誤曰全氏曰上重文二潕字當作葉陂不然潕水何以流入于潕乎以汝水注敍澧水文參校正之）潕水之左卽黃城山也有溪水出黃城山（官本曰按近刻脫有溪二字 案朱脫趙增刊誤曰水上落有

谿二字全氏校增東北逕方城郡國志曰葉縣有方城郭仲產曰苦菜于東之閒官本曰按菜近刻訛作萊下同　案朱訛趙改刊誤曰方輿紀要云黃城山在葉縣北十里一名苦菜山一名長城山萊字誤也有小城名方城東臨溪水尋此城致號之由當因山以表名也苦菜即黃城也及于東通爲方城矣世謂之方城山水東流注瀙水故聖賢冢墓記曰南陽葉邑方城西有黃城山官本曰按聖賢冢墓記原本及近刻並訛作地理志考地理志南陽葉下云有長城號曰方城更無此文又邑字訛在方城下今據歸有光本改正　案朱趙同趙釋曰全氏曰按漢志曰葉有長城號曰方城未嘗云黃城也是注所引或別有一地理志一清按寰宇記引此文出聖賢冢墓記是長沮桀溺耦耕之所有東流水則子路問津處尸子曰楚狂接輿耕于方城蓋于此也盛弘之二云葉東界有故城始犨縣東至瀙水達朱箋曰當作逕趙改逕比陽界南北聯聯數百里朱箋曰御覽玉海及舊本皆作聯聯吳本改作聯絡號爲方城一謂之長城二云酈縣有故城一面未詳里數號爲長城即此城之西隅其閒相去六百里朱無百字箋曰御覽及宋本俱作相去六百里趙增北面雖無基築官本曰按北面近刻訛作若南北　案朱訛趙改刊誤曰若字衍文南北御覽引此文作北面皆連山相接而漢水流其南故屈完答齊桓公二云楚

國方城以爲城漢水以爲池郡國志曰葉縣有長山曰方城 官本曰按山近刻訛作城　案朱作長城趙城下增山字刊誤曰今本郡國志作葉縣有長山曰方城此注落山字彼文落城字劉昭補注引杜預曰方城山在縣南可證也 指此城也潕水又東北歷舞陽縣故城南漢高祖六 朱作元箋曰按年表是六年趙改六 年封樊噲爲侯國也

又東過西平縣北

縣故柏國也春秋左傳所謂江黃道柏方睦于齊也漢曰西平其西呂墟即西陵亭也西陵平夷故曰西平漢宣帝甘露二年封丞相于定國爲侯國 趙釋曰全氏曰按本表曰臨淮 王莽更之曰新亭晉太康地記曰 官本曰按地記近刻訛作地理志　案朱訛趙改地記刊誤曰理字衍文 縣有龍泉水 孫校曰今在羅山縣南合竹竿河東北入于汝 可以砥礪刀劍特堅利故有堅白之論矣是以龍泉之劍爲楚寶也縣出名金古有鐵官

又東過鄎縣南

鄎縣故城去此遠矣不得過

又東過定潁縣北東入于汝

漢安帝永初二年分汝南郡之上蔡縣置定潁縣順帝永建元年官本曰按此六字近刻訛作延光中三字　案朱趙同以陽翟郭鎮爲尚書令官本曰按鎮下近刻衍之字　案朱衍趙刪刊誤曰之字衍文郭鎮後漢書有傳封定潁侯卽此邑也趙釋曰一清按後漢書鎮以誅閻景擁順帝封是永建元年不在延光年也延光乃安帝年號

溳水出蔡陽縣

溳水出縣東南大洪山山在隨朱趙作隋郡之西南竟陵之東北槃趙作磐基所跨廣圓朱趙有一字百餘里峯曰懸鉤處平原衆阜之中官本曰按原近刻訛作縣　案朱訛趙改刊誤曰縣當作原爲諸嶺之秀山下有石門夾鄣層峻巖高皆數百許仞入石門又得鍾乳穴穴上素崖壁立非人跡所及穴中多鍾乳凝膏下垂望齊冰雪微津細液滴瀝不斷幽穴潛遠行者不極窮深以穴內常有風熱官本曰按近刻以訛作而熱訛作勢又此句之下衍火字　案朱以訛而衍火字趙改刪熱改埶刊誤曰箋曰舊本作風勢吳本改作風熱按當作風埶而訛作以火字以字俱衍文無能經久故也官本曰按能下近刻衍以字　案朱衍趙刪說見上溳水出于其陰初流淺狹遠乃

廣厚可以浮舟桃巨川矣時人以溳水所導故亦謂之爲溳山矣溳水東北流合石水石水出大洪山東北流注于溳謂之小溳水而亂流東北逕上唐縣故城南本蔡陽之上唐鄉舊唐侯國春秋定公三年唐成公如楚有兩肅霜馬子常欲之弗與止之三年唐人竊馬而獻之子常歸唐侯是也溳水又東均水注之水出大洪山官本曰按近刻脫大字　案朱脫趙增刊誤曰當作大洪山落大字東北流逕土山北官本曰按此下近刻有山上土山四字係衍文　案朱有趙改水出土山刊誤曰箋曰山上二字疑脫誤按下云富水左合土山水世謂之章水於文當作水出土山又東北流入于溳水溳水又屈而東南流

東南過隨縣西官本曰按過近刻訛作逕　案朱訛趙改刊誤曰逕當作過又朱趙隨作隋下同

縣故隨國矣春秋左傳所謂漢東之國隨爲大者也趙刊誤曰箋曰孫云左傳作隨按隨古作隋戰國策寶珍隋珠蓋不獨楊堅受禪始去辵爲隋也趙釋曰金石文字記曰皇甫誕碑隋字作隨虞世南孔子廟堂碑歐陽詢九成宮醴泉銘王知敬李衛公碑高宗李英公碑天后順陵碑于敬之華陽觀王先生碑裴漼少林寺碑皆然當日金石之文二字通用自司馬溫公作通鑑以後始壹用隋字而水經注溳水隨縣字作隋則知此自古人省筆之法謂文帝

始去辵而爲隋者未必然也楚滅之以爲縣晉武帝太康中官本曰按近刻脫帝字　案朱脫趙增刊誤曰晉武下落帝字
立爲郡有溠水出縣西北黃山南逕㶏西縣西
又東南㶏水入焉㶏水出桐柏山之陽呂忱曰
水在義陽㶏水東南逕㶏西縣西又東南注于
溠官本曰按注近刻訛作流　案朱作流趙增入字刊誤曰流下脫入字方輿紀要校增溠水又東南逕隨縣
故城西春秋魯莊公四年楚武王伐隨令尹朱無尹字箋曰左傳作令尹趙增鬬
祁莫敖屈重除道梁溠軍臨于隨謂此水也水側有斷蛇
丘隨侯出而見大蛇中斷因舉而藥之故謂之斷蛇丘後蛇
銜明珠報德世謂之隨侯珠亦曰靈蛇珠丘南有隨季梁
大夫池朱趙梁作良趙釋曰朱氏謀瑋箋曰左傳作季梁一清按梁良音同通用二十二卷渠水注扶溝縣袁梁碑其碑本作良是可證也其水
又南與義井水合水出隨城東南井泉嘗湧溢
而津注冬夏不異相承謂之義井下流合溠溠
水又南流注于溳趙釋曰全氏曰按溠水豫州浸康成師古皆疑其地不應在豫然職方之地犬牙相錯荊州之浸爲潁則知豫之溠

亦其例也溳水又會于支趙作枝水水源亦出大洪山而東流注于溳溳水又逕隨縣南隨城山北而東南注

又南過江夏安陸縣西

隨水出隨郡永陽縣東石龍山官本曰按隨近刻訛作遼下同案朱作遼箋曰當作隨水趙改隨釋曰全氏曰史記春申君說秦昭王云隨水右壤皆廣川大水山林谿谷不食之地小司馬曰今鄧州之西也西北流南迴逕永陽縣西歷橫尾山即禹貢之陪尾山也趙釋曰禹貢錐指曰傳云洛經熊耳伊經外方淮出桐柏經陪尾今安陸北有橫山即漢志所謂橫尾山古文以爲陪尾者也元和志云陪尾山一名橫尾山在安陸縣北六十里淮水曷嘗經此傳謬禹導山至陪尾蓋實爲泗水泗之與淮猶伊之與洛也水經注云博物志曰泗出陪尾隋志泗水縣有陪尾山今在縣東五十里閻百詩云周禮保章氏疏曰外方熊耳以至泗水陪尾屬搖光星賈公彥實從春秋緯文來則漢人早作是解博物志固有所受之也一清按酈注泗水篇既引博物志之言是注不應又引漢志以安陸之橫尾爲陪尾豈非自相舛錯與卷末禹貢山水澤地所在亦誤

隨水又西南至安陸趙作樂縣故城西入于溳官本曰按近刻脫此三字朱趙無案故鄖城也因岡爲墉峻不假築溳水趙增會之二字刊誤曰溳水下全氏校增會之二字

又南逕石巖山北昔張昌作亂于其下籠彩鳳以惑衆

晉太安二年鎮南將軍劉弘遣牙門皮初與張昌戰于清水昌敗追斬于江涘官本曰按涘近刻訛作夏　案朱訛趙改刊誤曰箋曰舊本作斬于江涘吳本改作斬于江夏按春秋分記引此文作江涘說文涘水厓也音俟即春秋左傳定公四年吳敗楚于柏舉從之及于清發蓋涓水兼清水之目矣官本曰按近刻脫此六字　案朱脫趙增涓水之通稱矣六字以此涓水字下屬又東南流為文刊誤曰蓋字下落涓水之通稱矣全氏曰以先司空本校增寰宇記亦云清發涓水之別名可證也又東南流而右會富水水出竟陵郡新市縣東北大陽山水有二源朱趙有也字大富水出山之陽南流而左合小富水水出山之東而南逕三王城東前漢末王匡王鳳王常所屯故謂之三王城城中有故碑文字闕落不可復識　其水屈而西西南流右合大富水俗謂之大泌水也又西南流逕杜城西趙刊誤曰箋曰孫按漢志江夏郡有雲杜縣杜城疑誤按漢志江夏郡無新市縣續志有之蓋東京分安陸縣立也與雲杜並列晉志宋志因之則雲杜非新市治所矣方輿紀要云雲杜城在沔陽州景陵縣西北南新市城在承天府京山縣東北百里水經注新市治杜城杜佑曰在今富水縣北箋說非也新市縣治也郡國志以為南新市也中山有新

市故此加南分安陸縣立宮本曰按近刻訛作立縣案朱同趙刪縣字刊誤曰縣字衍文又王匡中興
初舉兵于縣號曰新市兵者也富水又東南流于安陸
界左合土山水世謂之章水水出土山南逕隨
郡平林縣故城西俗謂之將陂城與新市接界故中興
之始兵有新市平林之號又南流右入富水富水又
東入于溳溳水又逕新城南永和五年晉大司馬桓
温築溳水又會温水温水出竟陵之新陽縣東
澤中口徑二丈五尺垠岸重沙端淨可愛靖以
察之則淵泉如鏡聞人聲則揚湯奮發無所復
見矣其熱可以焞雞洪瀏百餘步冷若寒泉東
南流注于溳水又右得潼水水出江夏郡之曲
陵縣西北潼山孫校曰曲陵當作西陵東南流逕其縣南縣治石
潼故城城圓而不方東入安陸注于溳水

又東南入于夏

滇水又南分爲二水東通灄水西入于沔謂之滇口也

水經注卷三十一

水經注卷三十二　長沙王氏校本

後魏酈道元撰

溳水出江夏平春縣西

溳水北出大義山南至厲鄉西賜水入焉水源東出大紫山分爲二水一水西逕厲鄉南　水南有重趙作童　山即烈山也山下有一穴父老相傳云是神農所生處也故禮謂之烈山氏水北有九井子書所謂神農既誕九井自穿謂斯水也朱箋曰盛弘之荆州記云神農九井在厲山北重塹周之廣一頃二十畝內有地云神農宅　又言汲一井則衆水動井今堙塞遺跡髣髴存焉亦云賴鄉官本曰按近刻脫賴字案朱脫趙增刊誤曰亦云

下落賴字故賴國也有神農社賜水西南流入于溳即厲水也賜厲聲相近宜爲厲水矣一水出義鄉西南入隨朱趙作隋下同又注溳溳水又南逕隨縣注安陸也

南過安陸入于溳

蘄水出江夏蘄春縣北山

山即蘄朱作近箋曰近宋本作蘄趙改蘄柳也水首受希水枝津西南流歷蘄山出蠻中故以此蠻爲五水蠻五水謂巴水希水赤亭水官本曰按近刻脫五字及希水二字訛作水即謂巴水也又赤亭水　案朱同趙改五水即謂蘄水希水巴水也又赤亭水刊誤曰水上落五字即謂下落蘄水希水四字蓋蘄水希水巴水赤亭水西歸水合爲五水也見宋書夷蠻傳西歸水蘄水其一焉官本曰按近刻脫此五字　案朱趙無蠻左憑居阻藉山川世爲抄暴宋世沈慶之于西陽上下誅伐蠻夷即五水蠻也

南過其縣西

晉改爲蘄陽縣縣徙江洲官本曰按近刻訛作縣從江州　案朱同趙改從仍州刊誤曰從當作徙置大陽戍

後齊齊昌郡移治于此也官本曰按近刻脫一齊字昌訛作安　案朱趙同

又南至蘄口南入于江

蘄水南對蘄陽洲官本曰按近刻訛作州　案朱趙作州入于大江謂之蘄口官本曰按近刻脫之字　案朱脫趙增刊誤曰謂下落之字洲趙改州上有蘄陽縣徙

決水出廬江雩婁縣南大別山

俗謂之爲檀公峴官本曰按謂近刻訛作名公訛作山　案朱同趙改山仍名刊誤曰山方輿紀要引此文作公亦見梁書裴邃傳蓋大別之異名也趙釋曰一清按尚書正義曰地理志無大別鄭元曰在廬江安豐縣杜預春秋注云大別不知何處或云在安豐縣西南左傳云吳既與楚夾漢然後楚乃濟漢而陳自小別至於大別然則二別近漢之名無緣得在安豐如預所言雖不知其處要與內方相接漢水所經必在荊州界也胡渭曰按地理志六安國安豐縣下云禹貢大別山在西南鄭杜說所自出正義謂地志無大別何也又云大別山在漢陽府城東北半里漢水西岸水經注江水逕魯山南古翼際山也元和志魯山一名大別山在漢陽府東北一百步其山前枕蜀江北帶漢水杜元凱已知在江夏不在安豐酈氏主杜說而終不能指魯山爲大別至唐人始能言之其水歷山委注而絡其縣矣官本曰按近刻作也　案朱趙作也

北過其縣東

縣故吳也春秋左傳襄公二十六年楚子秦人侵吳及雩婁聞

吳有備而還是也晉書地道記云在安豐縣之西南卽其界也

故地理志曰決水出雩婁官本曰按近刻脫婁字　案朱脫箋曰當有婁字趙增

又北過安豐縣東

決水自雩婁縣北逕雞備亭春秋昭公二十三年吳敗諸侯之師于雞父者也安豐縣故城今邊城郡治也王莽之美豐也官本曰按美豐近刻作美風　案朱趙作風世祖建武八年封大將軍涼州牧竇融爲侯國晉立安豐郡趙釋曰一清按漢志六安國安豐縣莽曰美豐今注云美風似因安風縣名而譌續志有安豐縣又云安風侯國蓋光武以安豐陽泉蓼安風四縣封竇融爲安豐侯其國都則治安風爰及魏晉之安豐郡皆治安風縣也魏收地形志云邊城郡治麻步山領史水一縣則南北流移境土非一故治無常所也此與淮水注之安豐津水南有城故安豐都尉治之安豐蓋兩地而異名不可混也決水自縣西北流逕蓼縣故城東又逕其北漢高帝六年封孔藂爲侯國朱趙有也字朱箋曰孔藂漢書功臣表作孔聚世謂之史水官本曰按史近刻訛作決宋永嘉中置史水縣取水以名縣　案朱趙作決決水又西北官本曰按決近刻訛作也　案朱趙作也上屬灌水注之其水導源廬江金蘭縣西北東陵鄉大蘇山卽淮水也官本曰按淮近刻訛作注　案

朱訛趙改刊誤曰箋曰孫云當作灌水按非也據漢志是淮水淮卽灌也非出桐柏之淮然其字相承已古要不可改而作灌趙釋曰一清按漢志廬江郡下云金蘭西北有東陵鄉淮水出屬揚州胡渭曰淮當作灌愚謂非也班志原是淮字道元故以之釋灌水若破淮作灌則以灌水釋灌水於義豈可通乎許愼曰出雩婁

縣俗謂之澮水官本曰按近刻此下有也字　案朱趙有趙釋曰一清按說文澮是汾澮之澮而別有潓水出廬江入淮從水惠聲音胡計切者卽是水也褚先生所謂神龜出于江灌之閒嘉林之

中蓋謂此水也朱箋曰今龜筴傳云神龜出于江淮之閒此注作江灌蓋所見之本各異耳趙釋曰全氏曰今龜筴傳作江淮淮卽灌也非出桐柏之淮灌水東北逕蓼縣故城西而北注決水官本曰按近刻此下有也字　案朱趙有

故地理志曰決水北至蓼入淮官本曰按近刻至訛作注淮訛作灌　案朱同趙仍注灌改淮灌水亦至蓼入決官本曰按近刻作灌水于蓼亦入決　案朱趙同趙釋曰一清按漢志廬江郡雩婁縣下云決水北至蓼入淮又有灌水亦北至蓼入決道元蓋抄其詞而稍變之似失意義又趙此下增十一字刊誤曰入決下落縣西蓼邑卽皐陶之封邑也十一字寰宇記引此文校補　春

秋宣公八年冬楚公子趙有燮字滅舒蓼臧文仲聞之曰皐陶庭堅

不祀忽諸德之不逮民之無援哀哉趙逮改建釋曰箋曰按左傳文公五年冬楚公子燮滅蓼臧文仲有皐陶不祀之歎至宣公八年夏楚人滅舒蓼自是兩事決水又北右會陽泉水水受決水

東北流逕陽泉縣故城東故陽泉鄉也漢獻帝中官本曰按

近刻訛作靈帝中　案朱趙同趙釋曰一清按靈帝下脫年號後漢書黃琬傳云董卓秉政以琬名臣徵爲司徒遷太尉更封陽泉鄉侯卓入朝在靈帝崩後則琬封當在獻帝初年亦非靈帝也封太尉黃琬爲侯國又西北流左入決水謂之陽泉口也官本曰按口近刻訛作石　案朱作石箋曰當作陽泉口趙改口釋曰一清按三國志魏書滿寵傳吳將陸遜向廬江寵整軍趨陽宜口即陽泉口也又吳書孫綝傳朱異帥三萬人屯安豐城爲文欽勢魏兗州刺史州泰拒異于陽淵鄙注施水篇亦作陽淵續志廬江郡陽泉侯國劉昭補註引廣志曰有陽泉湖

又北入于淮

俗謂之澮口官本曰按澮近刻訛作決　案朱趙作決非也斯決灌之口矣余往因公至于淮津舟車所屆次于決水訪其民宰與古名全違脈水尋經方知決口官本曰按近刻訛作水　案朱作水箋曰宋本作口趙改口釋曰一清按上文既以俗謂決口爲非而此又云方知決口何耶或恐有脫誤蓋灌澮聲相倫習俗害眞耳

沘水出廬江灊縣西南霍山東北官本曰按沘原本及近刻並訛作泚下同今改正　案朱訛趙改刊誤曰泚水當作沘水後漢書光武本紀云與甄阜梁丘賜戰于沘水章懷註云沘水在今唐州泚陽縣南廬江灊縣亦有沘水與此別也章懷所云唐州泚陽縣之泚水是泚水之誤其云廬江灊縣亦有沘水即是水也道元云沘水或作淠以沘與淠音同若从此作泚相去遠矣篇中泚字俱當作沘

灊者山水名也開山圖灊山圍繞大山爲霍山朱箋曰爾雅大山宮小山曰霍郭注云宮謂圍繞之郭景純曰灊水出焉縣卽其稱矣春秋昭公二十七年吳因楚喪圍灊是也地理志曰沘水出沘山不言霍山沘字或作淠朱箋曰孫云按漢志沘山沘水所出北至壽春入芍陂師古曰沘音比又音布几反淠水又東北逕博安縣官本曰按近刻脫一淠字　案朱脫趙增刊誤曰於文當重一淠字孫校曰說文鐔丹陽水也是此矣泄水出焉

東北過六縣東

淠水東北右會踰鼓川水水出東南踰鼓川朱脫鼓字趙增刊誤曰當作踰鼓川落鼓字西北流左注淠水淠水又西北逕馬亭朱作享箋曰宋本享作亭趙改亭城西又西北逕六安縣故城西縣故皋陶國也夏禹封其少子奉其祀今縣都陂中有大冢民傳曰公琴者卽皋陶冢也楚人謂冢爲琴矣趙釋曰一清按此文與汝水篇注可參證皇覽亦謂之曰岑也漢高帝元年別爲衡山國五年屬淮南文帝十六年復爲衡山國

武帝元狩二年別爲六安國王莽之安風也漢書所謂以舒屠六晉太康三年廬江郡治泄水又西北分爲二水芍陂出焉官本曰按原本及近刻並脫芍陂二字今據歸有光本補入　案朱脫趙增刊誤曰二水下落芍陂二字又北逕五門亭西西北流逕安豐縣故城西晉書地道記安豐郡之屬縣也俗名之曰安城矣又北會濡水亂流西北注也官本曰按近刻訛作之　案朱趙作之

北入于淮

水之決會謂之泚口也

泄水出博安縣趙釋曰一清按漢志九江郡有博鄉縣續志無蓋後漢省說文云泄水受博安洵波豈順帝以前會改博鄉爲博安乎顧祖禹曰即壽州之都陸城晉元帝封六安繆王子交爲侯邑考晉志又無之

博安縣地理志之博鄉縣也王莽以爲揚陸矣泄水自縣上承泚水于麻步川官本曰按泚近刻訛作北　案朱作北趙改泚刊誤曰北當作比即比水也西北出官本曰按近刻脫出字　案朱脫趙增刊誤曰山當作出移在西北下歷濡溪官本曰按歷下近刻衍山字　案朱衍趙移改說見上謂

之濡水也趙釋曰全氏曰漢志六安國六縣如谿水首受沘東北至壽春入芍陂卽濡谿水也

北過芍陂西與沘水合朱沘作泚趙改刊誤曰泚當作沘

沘水自濡溪逕安豐縣官本曰按逕近刻訛作水　案朱作水箋曰宋本作口趙改口下又增逕字刊誤曰安豐縣上落逕字北流注于淠亦謂之濡須口官本曰按近刻作一謂之其濡口　案朱同趙仍一改其濡刊誤曰其濡口當是濡須口之誤

西北入于淮

亂流同歸也官本曰按歸近刻訛作國　案朱同箋曰國宋本作歸趙改歸

肥水出九江成德縣廣陽鄉西

呂忱字林曰肥水出良餘山俗謂之連枷山亦或以爲獨山也北流分爲二水施水出焉肥水又北逕荻城東官本曰按荻近刻訛作獲　案朱訛趙改刊誤曰獲城當作荻城又北逕荻丘東官本曰按丘近刻訛作江　案朱訛趙改刊誤曰荻江當作荻邱南北朝置戍守于此魏書李神傳爲陳留太守領荻邱戍主亦曰荻城梁普通五年裴邃自合肥拔荻城是也右會施水枝津官本曰按右近刻訛作又　案朱作又箋曰又宋本作右趙改右水首受施水

于合肥縣城東（朱趙首上無水字）西流逕成德縣注于肥水也

北過其縣西（官本曰按此句之上原本及近刻有肥水別三字係施水之文訛舛在此　案朱趙有）北入芍陂

肥水自荻邱北逕成德縣故城西王莽更之曰平阿也又北逕芍陂東又北逕死虎塘東（官本曰按虎近刻訛作馬　案朱訛趙改刊誤曰死馬誤魏書王肅宋書劉勔等傳俱作死虎通鑑宋紀明帝泰始三年殷琰將劉順柳倫皇甫道烈龐天生等馬步八千人東據宛唐胡三省曰杜佑通典作死虎又齊紀東昏侯永元二年蕭懿遣裨將胡松李居士率衆萬餘屯死虎胡三省曰通典曰死虎地名在壽州壽春縣東四十餘里以此證之足知宋書明帝泰始三年劉勔破劉順于宛唐即死虎之誤也通鑑注引此文作死虖字近致譌通典作死武則唐人避諱故也）芍陂瀆上承井門與芍陂更相通注故經言入芍陂矣肥水又北右合閻澗水（官本曰按近刻訛作肥水東北又合閻澗水　案朱同趙仍東改又改澗刊誤曰箋曰謝據宋本作肥水又北右合閻澗水按非也東北字不誤閻澗當作閻澗上承上當重一水字）上承施水于合肥縣（趙上上增水字說見上）北流逕浚遒縣西（官本曰按浚遒原本及近刻竝訛作復道今改正浚遒故城在今合肥縣東北　案朱訛趙改浚遒刊誤曰漢志逡遒縣續志作浚遒晉志作逡道此復道是浚道之誤案刊誤浚道當爲浚遒）水積爲陽湖陽湖水自塘西北逕死虎亭南

官本曰按虎原本及近刻竝訛作雩考死虎壘在今壽州東四十餘里宋書劉順等東據宛唐築四壘通典云宛唐死虎之訛也　案朱訛趙改夾橫塘西

注宋泰始初豫州司馬劉順帥衆八千據其城地以拒劉勔趙叔寶以精兵五千官本曰按趙近刻訛作杜　案朱趙作杜送糧死虎劉勔破之此塘趙釋曰一清按通鑑宋明帝紀殷琰將劉順柳倫皇甫道烈龐天生等八千人東據宛唐胡三省注云宛唐水經注作死虎杜佑通典作死武地名在壽州壽春縣東四十餘里杜叔寶宋書殷琰傳作趙叔寶水分爲二官本曰按爲下近刻衍潤字　案朱衍趙刪刊誤曰上潤字衍文洛澗出焉閣澗水注之水受芍陂陂水上承澗水于五門亭南別爲斷神水又東北逕五門亭東亭爲二朱趙並作一衆朱箋曰衆宋本作二水之會也斷神水又東北逕神跡亭東又北謂之豪水雖廣異名事實一水又東北逕白芍亭東積而爲湖謂之芍陂周朱趙有一字百二十許里在壽春縣南八十里趙釋曰一清按元和郡縣志云芍陂周二百里逕百里言楚相孫叔敖所造魏太尉王淩官本曰按近刻訛作陵　案朱訛趙改釋曰沈氏曰王淩時爲征東非太尉與吳將張休官本曰按原本及近刻竝訛作張休文今據三國志改正　案朱訛文趙改大刊誤曰文當作大事見吳書顧譚傳戰于芍

陂卽此處也陂有五門吐納川流西北爲香門陂陂水北逕孫叔敖祠下官本曰按近刻脫一陂字　案朱趙無謂之芍陂瀆趙釋曰全氏曰按華夏對境圖曰芍陂周二百二十四里與陽泉大業並子思作引淠水爲子午渠開六門淠水卽淠水也陽泉見決水篇其大業當在蓼縣蓋取臯陶之字爲陂名而善長失之又北分爲二水一水東注黎漿水朱趙無此水字黎漿水東逕黎漿亭南文欽之叛吳軍北入諸葛緒拒之于黎漿趙刊誤曰箋曰魏書諸葛誕在壽春被徵爲司空遂舉兵反殺揚州刺史樂綝遣人至吳求救吳遣全懌等與文欽俱來吳將朱異以誕被圍再以大衆來迎誕等渡黎漿水此云諸葛緒拒之於黎漿所未詳也按諸葛緒事在鄧艾傳毋邱儉作亂文欽以後大軍破敗于城下艾追之至邱頭欽奔吳吳大將軍孫峻等號十萬衆將渡江鎮東將軍諸葛誕遣艾據肥陽艾以賊勢相遠非要害之地輒移屯附亭遣泰山太守諸葛緒等於黎漿拒戰逐走之卽注所引事也卽此水也東注肥水謂之黎漿水口

又北過壽春縣東

肥水自黎漿北逕壽春縣故城東爲長瀨津津側有謝堂北亭迎送所薄水陸舟車是焉萃止又西北右合東溪官本曰按右近刻訛作左　案朱趙作左溪水引瀆北出官本曰按近刻訛作山　案朱訛趙改刊誤曰山當

作出西南流逕導公寺西寺側因溪建刹五層屋宇閎敞崇虛攜覺也（官本曰按此句有舛誤 案朱同箋曰攜覺字誤當作嶕嶤趙依改）又西南流注于肥

肥水又西逕東臺下臺卽壽春外郭東北隅阿之榭也東側有一湖三春九夏紅荷覆水引瀆城隍水積成潭謂之東臺湖亦肥南播也肥水西逕壽春縣故城北（官本曰按近刻脫故字 案朱脫趙增刊誤曰縣下落故字）右合北溪水導北山泉源下注漱石頹隍水上長林插天高柯負日出于山林精舍右山淵寺左道俗嬉遊多萃其下內外引汲泉同七淨溪水沿注西南逕陸道士解南精廬臨側川溪大不爲廣小足閑居亦勝境也溪水西南注于肥水（官本曰按近刻脫西南二字作流注于肥水 案朱趙同）

北入于淮

肥水又西分爲二水右卽肥之故瀆遏爲船官

湖以置舟艦也肥水左瀆又西逕石橋門北官本曰按近刻脫逕
字案朱脫趙增刊誤曰又西下落逕字亦曰草市門外有石梁渡北朱作此箋曰宋本作北洲趙改
北洲洲上有西昌寺寺三面阻水佛堂設三像真容妙相
相服精煒朱作偉箋曰舊本作煒趙改煒是蕭武帝所立也寺西即船官坊蒼兕官本
曰按近刻訛作倉光案朱作倉光趙改倉兕刊誤曰箋曰史記倉兕倉兕總爾舟楫王充論衡作倉光按非也史記齊世家倉兕索隱曰本或作蒼雉按馬融曰蒼兕主舟楫官名王充云
蒼兕水獸九頭然則論衡本作倉兕不如朱氏所云都水是營是作湖北對八公山山無樹木惟
童朱作重箋曰宋本作童阜趙改童阜耳山上有淮南王劉安廟劉安是漢高帝之
孫厲王長子也折節下士篤好儒學養方術之徒數十人皆為
俊異焉多神仙祕法鴻寶之道忽有八公皆鬚眉皓素詣門希
見門者曰吾王好長生今先生無住衰之術未敢相聞八公咸
變成童王甚敬之八士並能鍊金化丹出入無間乃與安登山
薶金于地白日昇天餘藥在器雞犬舐之者俱得上昇其所昇
之處踐石皆陷人馬跡存焉故山即以八公為目余登其上人

馬之跡無聞矣惟廟像存焉廟中圖安及八士像皆坐牀帳如平生被服纖麗咸羽扇裙帔巾壺枕物一如常居廟前有碑齊永明十年所建也山有隱室石井即崔琰所謂余下壽春登北嶺淮南之道室八公石井在焉亦云左吳與王春傅生等尋安同詣玄洲還爲著記號曰八公記都不列其雞犬昇空之事矣按漢書安反伏誅葛洪明其得道事備抱朴子及神仙傳肥

水又左納芍陂瀆官本曰按芍近刻訛作葛
朱訛趙改刊誤曰葛當作芍 案瀆水自黎漿分水引瀆壽春城北官本曰按近刻脫城字
脫趙增刊誤曰壽春下落城字 案朱逕芍陂門右北入城昔鉅鹿時苗爲縣長是其留犢處也朱箋曰魏略云時
苗爲壽春令始至乘黃牸牛後歲餘牛生犢及去任
留犢與主簿曰是淮土所生也 瀆東有東都街街之左道北有宋司空劉勔廟宋元徽二年建于東鄉孝義里廟前有碑時年碑功方創齊永明元年方立沈約宋書言泰始元年朱泰作大趙改太刊誤曰
泰始是宋明帝年號作大非豫州刺史殷琰反朱趙
作叛明帝假勔輔國將軍討之琰降不犯秋

亭百姓來蘇生爲立碑文過其實建元四年故吏顏幼明爲其廟銘故佐麗斑爲廟讚官本曰按斑近刻訛作娗　案斑訛趙改刊誤曰箋曰一作故吏按故吏猶故佐也娗當从玉作斑夏侯敬友爲廟頌竝附刊于碑側瀆水又北逕相國城東劉武帝伐長安所築也堂宇廳館仍故以相國爲名又北出城注肥水又西逕金城北又西左合羊頭溪水水受芍陂西北歷羊頭溪謂之羊頭澗水北逕熨湖左會烽水瀆瀆受淮于烽村南下注羊頭溪側逕壽春城西又北歷象門自沙門北出金城西門逍遙樓下北注肥瀆肥水北注舊瀆之橫塘爲玄康南路馳道左通船官坊也肥水逕玄康城西北流北出水際官本曰按水字近刻訛在北出上　案朱訛趙改刊誤曰水字當移在北出下有曲水堂亦嬉游所集也又西北流趙增逕八公山四字刊誤曰流下落逕八公山四字全氏校增昔在晉世謝玄北禦苻堅祈八公山趙刊誤曰箋曰謝云祈疑作於按祈禱也左氏所謂戰禱也道元故以非八公之靈

有助蓋苻氏將亡之惑解之及置陣于肥水之濱堅望山上草木咸爲人狀此卽堅戰敗處官本曰按堅近刻訛作故 案朱趙作故非八公之靈有助蓋苻氏將亡之惑也肥水又西北注于淮是曰肥口朱作治箋曰宋本作肥口趙改口也

施水亦從廣陽鄉肥水別官本曰按此三字原本及近刻並訛在肥水經文北過其縣西之上今改正 案朱趙三字在肥水經文內東南入于湖趙釋曰全氏曰施水導源廣陽鄉與肥同源者也逕合肥入芍陂而歸巢湖經文之例未有不溯其所自出者此篇獨變文書之

施水受肥于廣陽鄉東南流逕合肥縣應劭曰夏水出城父東南至此與肥合朱箋曰孫按漢志夏水出父城東南至此與淮合故曰合肥闞駰亦言出沛國城父東至此合爲肥余按川殊派別官本曰按殊近刻訛作流 案朱作亡趙改殊刊誤曰箋曰川亡字誤當作川流按通鑑釋文辨誤作川殊今校正無沿注之理方知應闞二說非實證也蓋夏水暴長施合于肥故曰合肥也非謂夏水趙釋曰胡三省通鑑釋文辨誤曰史炤曰合肥漢九江邑應劭曰夏水出城父東南至此與肥合故曰合肥余按應劭所云酈道元固疑之矣道元以夏水出城父而東南流入于淮則與淮合無絶淮而南流至合肥縣與肥水合之理而施水上承肥水于廣陽鄉東南逕合肥縣又東南流而入于漅湖肥水西北注淮而施水東南入漅湖已自分流惟夏月暴水漲溢則二水復能合于合肥縣界故合肥以此得名道元

之說庶乎信而有徵矣一清按漢志沛郡城父縣下云夏肥水東南至下蔡入淮過郡二行六百里城父與下蔡皆屬沛郡不得云過郡二也而應劭于九江合肥縣下云夏肥水出父城東南至此與淮合所謂父城卽沛郡之城父非潁川之屬縣又云與淮合則亦何關于合肥之名耶道元引之改而曰出城父與肥合且又證以闞駰之說肥在淮南夏肥水安能截淮南過而與之合且所謂與肥合者夏肥水也是肥與肥合矣道元知其說之謬妄故折之曰非謂夏水非謂夏水者非謂夏肥水也又曰夏水暴長施合于肥故曰合肥施水亦出九江成德之廣陽鄉而流合于肥故曰合肥夏月水暴長二水相合與導菏澤被孟諸之義相扶道元所謂水盛方乃覆被者也夏肥水源流已具淮水注中班志在城父下本自不錯應劭移之合肥之下則舛矣唐盧潘合肥辨曰漢書淮南王殺開章葬之肥陵肥陵肥水之上也應劭曰夏水出父城東南至此與肥合故曰合肥今按肥水出雞鳴山北流二十里所分而爲二其一東南流逕合肥縣南又東南入灤湖其一西北流二百里出壽春西投于淮二水皆曰肥爾雅歸異出同流肥言所出同而歸異也是山也高不過百尋所出惟一水分流而已其源實同而所流實異也故皆曰肥今二州圖記皆不見夏水與父城惡睹其謂夏與肥合者乎合于一源分而爲肥合亦同也故曰合肥而云夏與肥合者亦應氏之失也此文見姚鉉唐文粹中其言足發酈氏之所未備

施水自成德官本曰按原本及近刻竝脫施水二字成德訛作城父今據歸有光本改正　案朱脫趙增仍城父刊誤曰自上落施水二字孫潛校增趙釋曰一清按城父當作成德此是行閒斷爛後人塡補見有成字遂疑卽上文之城父而遽奮筆書之眞酈氏之枉屈也東逕合肥縣城南城居四水中官本曰按近刻脫城字　案朱脫趙增刊誤曰居上落城字又東有逍遙津官本曰按又東近刻訛作東又　案朱趙作東又水上舊有梁孫權之攻合肥也張遼敗之于津北橋不撤者兩版權與甘寧蹴馬趨津谷利自後著鞭助勢遂得渡梁淩統被鎧落水後到追亡流涕津渚施水又

東分爲二水枝水北出焉下注陽淵施水又東逕湖口戍東注巢湖謂之施口也

趙補 滁水

唐六典淮南道大川曰滁肥之水巢湖在焉寰宇記廬州愼縣下云滁水源出縣西暴禿古塘酈元注水經云滁水出浚遒縣也又和州含山縣下引水經注云滁水東經大峴西北流逕大峴亭卽此山也方輿紀要云滁河源出廬州府合肥縣東北七十里廢梁縣界東流過滁州全椒縣南六十里又東至滁州東南三汊河又東至江寧府六合縣爲瓦梁河東南流至瓜埠口而入大江三國志吳赤烏三年作堂邑涂塘以淹北道今滁州古曰涂中其地實南北扼要之

區猶脫落無聞則濱江來會之水大要失亡矣

沮水出漢中房陵縣淮水官本曰按二字舛誤據漢書當作東山　案趙淮水改雎山刊誤曰淮水楊慎本作淮山山字是也淮字則非矣方輿紀要湖廣大川下云沮水本作雎左傳定四年吳人敗楚及郢楚子出涉雎又哀六年楚子所謂江漢雎漳者也後作沮又譌爲柤今襄陽以南沮水左右皆曰沮中亦謂之柤中後漢建武二十三年南郡蠻反劉尚討破之杜佑曰潳山蠻也潳亦作柤郎柤中蠻矣郡縣志南漳縣東北一百八里有柤山吳朱然諸葛瓚從沮中險道北出處也吳志赤烏四年朱然圍樊諸葛瓚取柤中漢志沮水出東山蓋異名也沮山本因沮水得名字亦作雎後人因漢志上文有淮山淮水所出之文而誤作淮又譌山爲水今校正趙釋曰全氏曰按雎山楊慎本作淮山誤也漢志房陵縣淮山淮水所出東山沮水所出是房陵固有淮山然非沮水所出也雎山卽東山之一名字稍近淮因之成訛東南過臨沮縣界

沮水出東汶陽郡沮陽縣西北景山卽荊山首也高峯霞舉峻埒層雲山海經云金玉是出亦沮水之所導故淮南子曰沮出荊山高誘云荊山在左馮翊懷德縣蓋以洛水有漆沮之名故也斯謬證耳杜預云水出新城郡之西南發阿山蓋山異名也沮水東南流逕沮陽縣東南縣有潼水東逕其縣南下入沮水沮水朱不重沮字趙改上水字爲沮又

東南逕汶陽郡北卽高安縣界郡治錫城縣居郡下城故新城之下邑義熙初分新城立西表悉重山也沮水南逕臨沮縣西青溪水注之水出縣西青山山之東有濫泉卽青溪之源也口徑數丈其深不測其泉甚靈潔至于炎陽有亢陰雨無時以穢物投之輒能暴雨其水導源東流以源出青山故以青溪爲名尋源浮溪奇爲深峭盛弘之云稠木傍生凌空交合危樓傾崖官本曰按近刻訛作岳案朱趙作岳朱箋曰疑作阜恆有落勢風泉傳響于青林之下巖猨流聲于白雲之上遊者常若朱箋曰疑作苦目不周翫情不給賞是以林徒棲托雲客宅心泉側多結道士精廬焉青溪又東流入于沮水沮水又屈逕其縣南晉咸和中爲沮陽郡治也　沮水又東南逕當陽縣故城北官本曰按近刻脫故字又此句之下衍縣字案朱脫衍趙增刪刊誤曰當陽縣下落故字下縣字衍文城因岡爲阻北枕沮川

官本曰按枕近刻訛作抗案朱訛趙改刊誤曰抗當作枕其故城在東朱趙有一字百四十里謂之東城在

綠林長坂南長坂卽張翼德橫矛處也沮水又東南逕

驢城西磨城東又南逕麥城西昔關雲長詐降處自

此遂叛朱箋曰吳志呂蒙襲羽羽在樊城自知孤窮乃走麥城至漳鄉衆皆委羽而降以是父子俱獲傳云子胥造驢磨二城

以攻麥邑卽諺所云東驢西磨麥城自破者也官本曰按近刻脫此十四字 案朱脫趙增也

作矣刊誤曰麥邑下落卽諺所云東驢西磨麥城自破者矣十四字名勝志引此文校增沮水又南逕楚昭王墓

東對麥城故王仲宣之賦登樓云西接昭丘是也沮水又

南與漳水合焉

又東南過枝江縣東南入于江

沮水又東南逕長城東又東南流注于江謂之

沮口也

漳水出臨沮縣東荆山東南過蓼亭又東過章鄉

南

荊山在景山東（朱趙有一字）百餘里新城沶鄉縣界（官本曰按沶原本及近刻並訛作沛今據晉書改正案朱訛趙改刊誤曰沛鄉當作沶鄉晉書地理志校）雖羣峯競舉而荊山獨秀漳水東南流又屈西南逕編縣南縣舊城之東北百四十里也（官本曰按近刻脫之字也字案朱脫趙增在字刊誤曰舊城下落在字）西南高陽城（官本曰按近刻訛作高陽城西南案朱趙同）移治許茂故城（官本曰按漢編縣卽今荊門州西高陽城晉隆安中東北移百四十里卽今南漳縣之許茂城）城南臨漳水又南歷臨沮縣之章（朱趙作彰）鄉南昔關羽保麥城詐降而遁潘璋斬之于此漳水又南逕當陽縣又南逕麥城東（朱麥上有于字趙刪刊誤曰于字衍文）王仲宣登其東南隅臨漳水而賦之曰夾清漳之通浦倚曲沮之長洲是也漳水又南沲水注之山海經曰沲水出東北宜諸之山南流注于漳水（官本曰按南近刻訛作而案朱訛趙改釋曰全氏曰按漢志南郡高成縣沲山沲水所出東入繇繇水南至華容入江繇水卽油水也不言入漳善長蓋主山經而油水篇則又主漢志）

又南至枝江縣北烏扶邑（官本曰按烏近刻訛作鳥案朱訛趙改刊誤曰鳥當作烏）入于沮

地理志曰禹貢南條荊山官本曰按南近刻訛作東案朱趙作東趙釋曰一清按東條字誤當作南條在臨沮縣之東北漳水所出東至江陵入陽水注于沔官本曰按陽近刻訛作楊案朱訛趙改刊誤曰楊水當作陽水漢書地理志校非也今漳水于當陽縣之東南百餘里朱趙作一百里餘而右會沮水也

夏水出江津于江陵縣東南官本曰按津近刻訛作流案朱訛趙改刊誤曰注云江流豫章口東有中夏口此江流字誤當作江津方輿紀要荊州府東南二十五里有夏水口亦謂之豫章口二十里有江津戍或謂之津鄉荊州記江陵縣東三十里有津鄉蓋沿江津得名漢時于此置戍有江津長司之夏水蓋出于此江津戍亦見江水注趙釋曰全氏曰按經文之例皆曰出某郡某縣某山獨汳水獲水賓即蕢蕩渠之注陰溝者而夏水亦即江水也皆變文書之一清按水經注此條本之伏生大傳夏水出江入沔沔亦入江荊州之沱宜以夏水當之

江津豫章口東有中夏口是夏水之首江之汜也趙汜改沱刊誤曰汜當作沱屈原所謂過夏首而西浮顧龍門而不見也龍門即郢城之東門也

又東過華容縣南

縣故容城矣春秋魯定公四年許遷于容城是也北臨

中夏水自縣東北逕成都郡故城南 晉永嘉中西蜀阻亂割華容諸城爲成都王穎國 官本曰按此六字近刻訛作爲穎王都案朱同趙改爲王穎都刊誤曰全氏云晉志劉南郡之華容州陵監利三縣別立豐都合四縣置成都郡爲成都王穎國今曰穎王都文義未合 夏水又逕交阯太守胡寵墓北 漢太傅廣身陪陵而此墓側有廣碑故世謂廣冢非也其文言是蔡伯喈之辭歷范西戎墓南王隱晉書地道記曰陶朱冢在華容縣樹碑云是越之范蠡 趙釋曰沈氏曰王仲宣登樓賦已有北稱陶牧之文本注云陶鄉名牧郊外地則非指蠡冢 晉太康地記 官本曰按康近刻訛作原朱訛趙改刊誤曰原當作康 案 盛弘之荆州記劉澄之記竝言在縣之西南郭仲產言在縣東十里檢其碑題云故西戎令范君之墓碑文缺落不詳其人稱蠡是其先也碑是永嘉二年立觀其所述最爲究悉以親逕其地 官本曰按以近刻訛作似案朱趙作似 故違衆說從而正之夏水又東 官本曰按近刻脫夏字 案朱脫趙增刊誤曰水上落夏字 逕監利縣南 晉武帝太康五年立 縣土卑下澤多陂池西南自州陵東界逕于雲杜沌陽爲雲夢

之藪矣韋昭曰雲夢在華容縣按春秋魯昭公三年鄭伯如楚子產備田具以田江南之夢郭景純言華容縣東南巴丘湖是也趙釋曰一清按漢志南郡華容縣雲夢澤在南荊州數杜預云枝江縣安陸縣有雲夢蓋跨川亘隰兼苞勢廣矣夏水又東夏楊趙作陽下同水注之水上承楊水于竟朱作競箋曰競陵當作竟陵趙改竟陵縣之柘口東南流與中夏水合謂之夏楊水又東北逕江夏惠懷縣北而東北注趙釋曰一清按隋書地理志梁置沔陽營陽州城三郡及州陵惠懷二縣西魏省二縣改置建興縣其故城在沔陽州北二里道元卒于孝昌二年上距梁天監元年僅五年耳其成書不知在何時而隸稱江表新朝之建置乎此蓋後人所增入與沔水注引吳均之詩可互證也

又東至江夏雲杜縣入于沔

應劭十三州記曰江別入沔爲夏水源夫夏之爲名始于分江冬竭夏流故納厥稱既有中夏之目亦苞大夏之名矣當其決入之所宮本曰按近刻入訛作水又此

句之下衍出字案朱趙同 謂之堵口焉 官本曰按夏水入沔之口是爲堵口　趙堵改賭下同刊誤曰堵口是賭口之誤下同詳沔水篇趙釋曰一清按寰宇記引荆州圖副曰夏水既非山流有若川瀦冬斷夏通故名又曰盛宏之云夏首又東二十餘里有諸口二水之間謂之夏洲首尾七百里華容監利二縣在其中矣 鄭玄注尚書滄浪之水言今謂之夏水來同故世變名焉劉澄之著永初山川記云夏水古文以爲滄浪漁父所歌也因此言之水應由沔今按夏水是江流沔非沔入夏假使沔注夏其勢西南非尚書又東之文余亦以爲非也自堵口下沔 朱作納箋曰宋本作沔水趙改沔 水通兼夏目而會于江謂之夏汭也故春秋左傳稱吳伐楚沈尹射奔命夏汭也杜預曰漢水曲入江卽夏口矣 趙釋曰一清按劉昭郡國志補註云史記蘇秦說楚威王東有夏州左傳楚莊伐陳鄉取一人焉以歸謂之夏州今夏口城有州名夏口則是夏之爲名始于楚莊水因以立稱道元以仲堫康成之說爲非是蓋特具卓識也

羌水出羌中參狼谷 官本曰按參狼原本及近刻竝訛作參糧脫谷字今據歸有光本改正　案朱訛脫趙改增刊誤曰箋曰孫按漢志引水經云羌水出羌中參谷按此師古注引水經非班固原文參糧當是參狼之譌後漢書羌無弋爰劍傳云或爲參狼種武都羌是也谷因種人得名狼誤作粮轉寫作糧今本漢書註脫狼字

彼俗謂之天池白水矣地理志曰出隴西羌道東南流逕宕昌城東西北去天池五百餘里羌水又東南逕宕婆川城東而東南注官本曰按近刻訛作逕宕昌婆川城東南北注姜水　案朱同水又上無羌字趙增白刪昌姜改羌刊誤曰水上落白字昌字衍文昔姜維之寇隴右也官本曰按姜近刻訛作羌　案朱訛趙改聞鍾會入漢中引還知雍州刺史諸葛緒屯橋頭從孔函谷官本曰按近刻訛作從此谷　案朱訛趙改刊誤曰此谷當作孔函谷三國志校將出北道緒邀之此路維更從北道官本曰按近刻訛作此道　案朱訛趙改刊誤曰此道當作北道三國志校渡橋頭入劍閣緒追之不及趙釋曰全氏曰按是時姜維由沓中赴難非有事于隴右也諸葛緒塞橋頭維乃由北道入示將斷其後緒遂退還維反軍渡橋頭入劍閣非緒邀之于北道也羌水又東南陽部水注之水發東北陽部溪西南逕安民戍又西南注羌水又東南逕武街城西南官本曰按街近刻作階　案朱趙作階又東南逕葭蘆城西官本曰按近刻脫逕字　案朱脫趙增刊誤曰東南下落逕字羊湯水入焉水出西北陰平北界湯溪東南逕北部城北又東南逕五部城南官本曰按五近刻訛作三　案朱訛趙改刊誤曰三部當作五部方輿紀要云階州

盤堤城後魏太和四年置南五部郡尋改爲縣寰宇記引郡國志云武都沮水之西有角弩谷即蜀將姜維勦五部氐羌之所東南右合妾水官本曰按近刻訛作右妾水合一作接水趙增與字刊誤曰右下落與字案朱同箋曰傍西南出即水源所發也羌水又逕葭蘆城南逕餘城南趙釋曰一清按此處有脫誤又東南左會五部朱作會箋曰宋本作五部趙改部水水有二源出南北五部溪西南流合爲一水屈而東南注羌水羌水又東南流至橋頭合白水東南去白水縣故城九十里

又東南至廣魏白水縣與漢水合官本曰按此乃西漢水朱箋曰京家云廣魏字誤當作廣漢後同

又東南過巴郡閬中縣又南至墊江縣趙釋曰何氏曰墊江之墊說文作褺从衣不从土孟康曰音重疊之疊此是後人傳寫之誤東南入于江

涪水出廣魏涪縣西北

涪水出廣漢屬國剛氐道徼外東南流逕涪縣西朱道作遊縣作水箋曰孫按漢書地理志廣漢郡剛氐道注此當作剛氐道徼外東南流逕涪縣西趙改王莽之統睦矣朱無矣字趙增刊誤曰統

睦下落矣字孫潛校增臧宮進破涪城斬公孫恢于涪自此水上縣有潺水出潺山水源有金銀礦朱作礪箋曰當作礦趙改礦洗取火合之以成金銀潺水歷潺亭而下注涪水涪水又東南逕縣竹縣北臧宮溯涪至平陽公孫述將王元降遂拔縣竹 涪水又東南與建始水合水發平洛郡西溪西南流屈而東南流官本曰按南近刻訛作西 案朱訛趙改刊誤曰西當作南入于涪

涪水又東南逕江油戍北 鄧艾自陰平景谷步道懸兵束馬入蜀逕江油廣漢者也涪水又東南逕南安郡南又南與金堂水會水出廣漢新都縣東南流入涪趙釋曰一清按華陽國志曰新都有金堂山水通巴漢涪水又南枝津出焉官本曰按近刻脫津字案朱脫趙增刊誤曰枝下落津字西逕廣漢五城縣爲五城水又西至成都入于江

南至小廣魏與梓潼水合官本曰按近刻脫水字 案朱趙無

小廣魏卽廣漢縣地王莽更名曰廣信也

梓潼水出其縣北界西南入于涪

故廣漢郡官本曰按此下近刻有也字案朱趙有公孫述改爲梓潼郡劉備嘉霍峻守葭萌之功又分廣漢以北別爲梓潼郡以峻爲守縣有五女蜀王遣五丁迎之至此見大蛇入山穴五丁引之山崩壓五丁及五女因氏朱作是箋曰一作氏趙改氏山爲五婦山又曰五婦候官本曰按近刻訛作侯案朱作侯趙改堠馳水所出趙釋曰一清按沔水篇池水卽馳水也一曰五婦水亦曰潼水也其水導源山中官本曰按近刻脫此二字案朱脫趙增刊誤曰導源下全氏校增山中二字南逕梓潼縣王莽改曰子同矣自縣南逕涪城東官本曰按南近刻訛作西案朱趙作西又南入于涪水謂之五婦水口也趙釋曰一清按寰宇記射洪縣下引水經注曰涪江水又東南合射江卽今射洪縣有此水今本無之

又西南至小廣魏南官本曰按近刻南上衍縣字案朱衍趙刪刊誤曰箋曰孫云小廣魏當作小廣漢衍一縣字按道元多改廣漢爲廣魏觀涪水篇自知之入于墊江

亦言涪水至此入漢水官本曰按此近刻訛作北漢水卽西漢水也案朱訛趙改刊誤曰北當作此又趙無漢下水字亦謂之爲內水也朱無也字趙增刊誤曰內水下落也字北逕墊江昔岑彭與臧宮自江州從涪水上公孫述令延岑盛兵于沈水朱箋曰一作沅水趙釋曰一清按章懷後漢書注曰沈水本或作況水及沅水者並非宮左步右騎夾船而進勢動山谷趙刊誤曰箋曰勢當作聲按後漢書臧宮傳云右步左騎挾船而引呼聲動山谷明與注左步右騎之文相違酈蓋習用謝書不關范史也大破岑軍斬首溺水者萬餘人水爲濁流沈水出廣漢縣下入涪水也

涔水出漢中南鄭縣東南旱山官本曰按近刻脫鄭字　案朱無箋曰南縣當作南鄭縣按漢志南鄭縣有旱山趙增北至安陽縣南入于沔官本曰按安陽原本及近刻並訛作沔陽今攷正沔水經文云東過魏興安陽縣南涔水出自旱山北注之非沔陽甚明　案朱趙作沔陽趙釋曰全氏曰史記沱涔既道鄭康成尚書注曰水自漢出爲涔是涔固爾雅之潛也漢志漢中郡安陽縣鬵谷水師古曰音潛其字亦或從水而不卽以爲尚書之潛何哉及讀鄭注有曰安陽之潛尾入漢耳首不自漢出也此言了然乃知潛涔字通而涔水亦不可以當禹貢之潛也

涔水卽黃水也東北流逕成固南城北官本曰按成固近刻訛作城固下同　案朱訛趙改城在山上或言韓信始立或言張良創築未知定所制

矣義熙九年索遐爲果州刺史孫校曰錢竹汀曰六朝無果州之名必是梁州之譌通鑑是年有索邈爲梁州刺史邈與遐字形相涉其爲梁州無疑又檢宋書州郡志譙縱時刺史治魏興縱滅刺史還治漢中之苞中縣所謂南城也索邈爲刺史正在譙縱初平之後宋志有成固無苞中然則酈注之成固南城其卽苞中與自成固治此故謂之南城城周七里衿朱作今箋曰當作衿澗趙改衿澗帶谷絕壁百尋北谷口造城東門傍山尋澗五里有餘盤道登陟方得城治城北水舊有桁北渡涔水水北有趙軍城城北又有桁渡沔取北城城卽大成固縣治也黃水右岸有悅歸館涔水歷其北北至安陽左入沔官本曰按安陽原本及近刻竝訛作沔陽今改正又近刻脫入字案朱趙作沔陽無入字趙左改合刊誤曰左當作合爲涔水口也官本曰按涔近刻訛作三案朱趙作三

水經注卷三十二

水經注卷三十三　長沙王氏校本

後魏酈道元撰

江水官本曰案近刻作江水一原本無一二三等字　案朱趙有

岷山趙釋曰全氏曰案元和郡縣志汶山卽岷山荀子江出汶山是也漢志作崏則增加之文宋祁曰岷當作崏誤矣說文作𡸙从山敃聲在蜀郡氐道縣趙釋曰一清案漢志隴西郡氐道縣禹貢養水所出蜀郡湔氐道禹貢岷山在西徼外江水所出續志同二縣名稱久已各著所出之水又異自蜀漢號湔氐道曰氐道晉改曰升遷於是始相混淆矣水經雖有魏晉閒人續增不應江水鉅篇首條遂屬之後來好事者徒以酈注舉蜀漢之制以釋經不學之徒因并經而改之非其義矣大江所出

東南過其縣北

岷山卽瀆山也水曰瀆水矣又謂之汶阜山在徼外江水所導也益州記曰大江泉源卽今所聞始發羊膊嶺下緣崖散漫小水百數官本曰案水近刻訛作大　案朱訛趙改刊誤曰大當作水殆未濫觴矣東南下百餘里至白馬嶺而歷天彭闕亦謂之爲天彭谷也官本曰案近刻脫彭字　案朱脫趙增刊誤曰當作天彭谷落彭字秦昭王以李冰爲蜀守冰見氐道縣有天

彭山兩山相對其形如闕謂之天彭門亦曰天
彭闕江水自此已上至微弱所謂發源濫觴者
也漢元延中官本曰案元延近刻訛作延平　案朱訛趙改刊誤曰延平當作元延何焯校正　岷山崩壅江水三日
不流揚雄反離騷云自岷山投諸江流以弔屈原名曰反騷也
江水自天彭闕東逕汶關而歷氐道縣北官本曰案此十六字
原本及近刻並訛作經　案朱訛趙改刊誤曰十六字是注混作經　漢武帝元鼎六年官本曰案近刻訛作元封四年　案朱趙同趙釋曰全氏曰案
漢武帝元鼎六年以冉駹地置汶山郡地節三年廢屬蜀郡北部非元封四年　分蜀郡北部置汶山郡以統之縣本
秦始皇置後爲升遷縣也　益州記曰自白馬嶺回行
二十餘里至龍涸官本曰案十近刻訛作千　案朱訛趙改刊誤曰千胡渭改十趙釋曰一清案龍涸亦曰龍鶴華陽國志云蜀時以
汶山險要自汶江龍鶴冉駹白馬匡明皆置戍守即龍涸也周天和元年置龍涸郡元和志云故城在翼州衛山縣北十一里城之北境舊爲土谷渾所居故曰防渾城蓋亦氐羌別種之名
號也又曰龍鵠通鑑齊紀永明三年仇池鎮將穆亮帥騎三萬軍於龍鵠是也鵠鶴字通又曰龍格晉紀義熙四年桓謙至成都譙縱疑之置於龍格胡三省曰即今成都府廣都縣龍爪灘
之地　又八十里至蠶陵縣官本曰案蠶近刻訛作西　案朱訛趙改釋曰沈氏曰西陵是蠶陵之誤　又南
下六十里至石鏡又六十餘里而至北部始百

許步又西百二十餘里至汶山故郡趙釋曰全氏曰晉移汶山郡治於綿虒故以漢治爲故郡乃廣二百餘步又西南百八十里至溼坂官本曰案溼近刻訛作濕　案朱訛趙改刊誤曰方輿紀要云茂州茂溼山在州北十二里林木茂密常有嵐氣益州記云江至溼坂而稍大是也濕當作溼江稍大矣故其精則井絡纏曜江漢炳靈河圖括地象曰岷山之精上爲井絡趙釋曰案蜀志秦宓傳裴註引河圖括地象作上爲東井絡至左思蜀都賦乃省裁東字帝以會昌神以建福故書曰岷山導江泉流深遠盛爲四瀆之首廣雅曰江貢也風俗通曰出珍物可貢獻釋名曰江共也小水流入其中所公共也趙釋曰一清按漢志蜀郡下云有小江入幷行九百八十里東北百四十里曰崍山官本曰案近刻脫曰字　案朱脫趙增刊誤曰崍山上落曰字黃省曾本校增中江所出東注于大江崍山邛崍山也在漢嘉嚴道縣一曰新道南山官本曰案近刻訛作山南　案朱趙作山南有九折坂夏則凝冰冬則毒寒王陽按轡處也官本曰案近刻王下衍子字　案朱趙有平恆言是中江所出矣郭景純江賦曰流二江于嶓崍

又東百五十里曰崌山北江所出東注于大江山海經曰崌山江水出焉東注大江其中多怪蛇趙釋曰一清案明楊慎欲據此以當禹貢揚州之三江眞可謂癡人說夢者也江水又逕汶江道趙釋曰一清案漢志蜀郡汶江不曰道至續志始加道字縣有蠻夷謂之道或今本漢書脫道字當以續志水經注補之汶出徼外岷山西玉輪坂下而南行又東逕其縣而東注于大江故蘇代告楚曰蜀地之甲浮船于汶乘夏水而下江五日而至郢謂是水也又有湔水入焉官本曰案此六字原本及近刻竝訛作經案朱訛趙改刊誤曰六字是注混作經水出綿虒道官本曰案近刻脫虒字案朱趙無趙釋曰一清案班志蜀郡之綿虒續志謂之綿虒道今云綿道似落虒字亦曰綿虒縣之玉壘山官本曰案虒近刻訛作夷案朱作夷箋曰孫云綿夷字誤案漢志蜀郡有綿虒縣注云玉壘山湔水所出東南至江陽入江應劭曰虒音斯趙改虒呂忱云一曰半浣水也下注江趙釋曰一清案漢志蜀郡綿虒玉壘山湔水所出東南至江陽入江過郡三行千八百九十里江水又東別爲沱官本曰案此七字原本及近刻竝訛作經案朱訛趙改刊誤曰七字是注混作經開明之所鑿也郭景純所謂玉壘作東別之標者也趙釋曰一清案漢志蜀郡汶江縣江沱在西南東入江縣卽汶山郡治劉備之所

置也趙釋曰全氏曰案宣帝地節中廢汶山郡蜀先主復置之治汶江道晉志以爲靈帝立劉昭補註郡國志曰安帝延光三年復也渡江有笮橋江水又歷都安縣官本曰案此七字原本及近刻並譌作經案朱譌趙改刊誤曰七字是注混作經縣有桃關漢武帝祠李冰作大堰于此壅江作堋官本曰案近刻譌作堰於江作塴 案朱同趙於改闕刊誤曰於當作闕又朱趙堋皆作塴堋有左右口謂之湔堋江入郫江撿趙作檢下同江以行舟益州記曰江至都安堰其右撿其左其正流遂東郫江之右也因山頹水坐致竹木以溉諸郡又穿羊摩江灌江官本曰案近刻脫穿字 案朱脫趙增引字刊誤曰又下落引字全氏校增西于玉女房下白沙郵官本曰案三字上近刻有于字又譌在下句作三石人之下 案朱趙並作作三石人于白沙郵作三石人朱趙此下有郵在堰官上五字官本移後立水中刻要江神水竭不至足盛不沒肩官本曰案近刻譌作要 案朱作要趙作腰刊誤曰要與腰同是以蜀人旱則藉以爲溉雨則不遏其流故記曰水旱從人不知饑饉沃野千里世號陸海謂之天府也郵在堰上官本曰案堰下近刻衍官字又譌在前立水中上 案朱趙同說見上俗謂之都安

大堰官本曰案大近刻訛作之　案朱趙作之亦曰湔堰又謂之金隄官本曰案近刻脫之字　案朱
趙無左思蜀都賦云趙作曰西踰金隄者也諸葛亮北
征以此堰農本朱作大篆曰一作本趙改本國之所資以征丁千二
百人主護之有堰官益州刺史皇甫晏至都安屯觀坂
從事何旅曰今所安營地名觀坂上觀下反官本曰案此四字近刻作自上觀下反上之象八字
案朱趙同其徵不祥不從果爲牙門張和朱趙作宏所殺江水又逕臨
邛縣王莽之監邛也縣有火井鹽水昏夜之時光
興上照趙刊誤曰箋曰華陽國志作光映上昭案依文自通不必改江水又逕江原縣官本曰案原近刻訛
作鄉　案朱訛趙改刊誤曰江鄉當作江原漢志校王莽更名邛原也鄣江水出焉江水
又東北逕郫縣下縣民有姚精者爲叛夷所殺掠其二
女二女見夢其兄當以明日自沈江中喪後日當至可候之
果如所夢得二女之尸于水郡縣表異焉江水又東逕成
都縣縣以漢武帝二鼎元年立縣有二江雙流郡下

故揚子雲蜀都賦曰兩江珥其前者也風俗通曰秦昭王使李冰爲蜀守開成都兩江溉田萬頃趙釋曰一清案漢志郫縣下云禹貢江沱在西東入大江顧祖禹曰世或以成都內江外江爲沱水夫二江爲李冰所引非禹貢之沱也宛溪之說誠然且梁荆之沱有三蜀郡之汶江也郫也南郡之枝江也汶江枝江俱無禹貢字而郫獨有之何哉史記河渠書蜀守冰鑿離碓辟沫水之害穿二江成都之中注引任豫益州記云二江者郫江流江也常璩華陽國志曰李冰壅江作堋穿郫江檢江別支流雙過郡下檢江卽流江冰穿一江而爲二則冰以前無支流可知何得以郫江爲沱耶胡朏明則主郫江云推尋事理李冰所穿之二江一是流江乃冰所創造一是郫江卽禹貢之沱時必淤淺冰復從而濬之遂幷數爲二江夫旣云二江皆冰所穿則何以獨指檢江爲冰之創始而郫江僅加疏濬耶此欲謟附班志郫縣下禹貢二字而不覺言之出於胸臆不可從也江神歲取童女二人爲婦官本曰案近刻脫江字案朱脫趙增刊誤曰神上落江字冰以其女與神爲婚徑至神祠勸神酒酒杯恆澹澹冰厲聲以責之因忽不見良久有兩牛鬭于江岸旁有閒冰還流汗謂官屬曰吾鬭大亟官本曰案近刻作疲極案朱同趙疲改大刊誤曰疲黃省曾本作大當相助也南向腰中正白者我綬也主簿刺殺北面者江神遂死蜀人慕其氣決凡壯健者因名冰兒也秦惠王二十七年遣張儀與司馬錯等滅蜀遂置蜀郡焉王莽改之曰導江也儀築成都以象咸陽晉太康中

蜀郡爲王國更爲成都內史益州刺史治地理風俗記曰華陽黑水惟梁州漢武帝元朔二年改梁趙有州字曰益州以新啓犍爲牂柯越嶲州之疆壤益廣故稱益云初治廣漢之雒縣後乃徙此故李固與弟圄書曰固今年五十七鬢髮已白所謂容身而游滿腹而去官本曰案謂近刻訛作爲 案朱趙作爲周觀天下獨未見益州耳昔嚴夫子常言經有五涉其四州有九游其八欲類此子矣初張儀築城取土處去城十里因以養魚今萬頃池是也城北又有龍隄池城東有千秋池城西有柳池西北有天井池津流徑通冬夏不竭西南兩江有七橋直西門郫江上曰沖治橋官本曰案近刻脫上曰二字治訛作里 案朱趙同趙釋曰一清案華陽國志作沖治橋此云沖里是唐時寫本避高宗諱耳章懷後漢註亦作沖里橋可證也西南石牛門曰市橋 吳漢入蜀自廣都令輕騎先往焚之 橋下謂之石犀淵李冰昔作石犀五頭以厭水精穿石犀渠于

南江命之曰犀牛里後轉犀牛二頭一頭在府市市橋門官本曰案此八字近刻訛作在府中一頭在市橋 案朱趙同一頭沈之于淵也大城南門曰江橋橋南曰萬里橋西上曰夷星橋官本曰案近刻脫星字案朱脫趙增里字下曰笮橋官本曰案笮近刻訛作祚案朱作祚趙改笮南岸道東有文學始文翁為蜀守立講堂作石室于南城永初後學堂遇火趙刊誤曰箋曰舊水經作永年華陽國志作永初謝云宋本作永平案當從華陽國志為是後守更增二石室後州奪郡學移夷星橋南岸道東官本曰案近刻脫此五字作移夷里三字 案朱趙同趙釋曰一清案學中講堂一名周公禮殿道西城官本曰案近刻脫城字 案朱趙無故錦官也言錦工織錦則濯之江流而錦至鮮明濯以他江官本曰案他近刻訛作沱案朱作沱趙改佗則錦色弱矣遂命之為錦里也蜀有迴復趙作澓水江神嘗溺殺人文翁為守祠之勸酒不盡拔劍擊之遂不為害江水東逕廣都縣漢武帝元朔二年置王莽之就都亭也李冰識察水脈穿縣鹽井江西有望川原官本曰案近刻訛作有望穿脫原字 案朱同趙仍穿增原刊誤曰望穿下落原字劉昭郡國志蜀郡廣都縣下補註引任豫益州記曰縣有望川

源鑿石二十里引取郫江水灌廣都田云後漢所穿鑿者華陽國志云廣都有漁田鹽井之饒江有漁灃梁山有鐵鑛江西有安稻田穿山崖過水二十里郎望川源矣若此神功要非李冰不能也趙釋曰一清案劉昭補註郡國志引任豫益州記作望川源）鑿山崖度水（官本曰案近刻脫崖字　案朱趙無度竝作渡）結諸陂池故盛養生之饒即南江也又從沖治橋北折（官本曰案治近刻訛作里　案朱趙作里）曰長昇橋城北十里曰昇僊橋（官本曰案近刻僊訛作遷脫橋字　案朱訛脫趙改增刊誤曰華陽國志作升僊橋今改正）有送客觀司馬相如將入長安題其門曰不乘高（朱箋曰華陽國志作赤）車駟馬不過汝下也後入邛蜀果如志焉　李冰沿水造橋上應七宿故世祖謂吳漢曰安軍宜在七橋連星間（趙釋曰一清案華陽國志曰安軍宜在七星閉全祖望曰自沖里橋至長昇橋爲七橋華陽國志曰郫江上西有永平橋城北十里有昇仙橋此二橋不在七橋之列今注失去一句寰宇記云萬里橋一名篤泉橋橋之南有篤泉也此橋因費禕使吳諸葛祖歎得名然則非李冰之舊矣又云笮橋亦名夷里橋而下又有笮橋即夷里橋之目笮橋以竹索爲名笮橋以汶江一名笮橋水受氏注故分而爲二又曰江橋亦名安樂橋七星橋之一篤泉橋星橋之二市橋星橋之五而此外無聞焉楊慎四川總志曰考七橋西南石牛門曰市橋下石犀所潛淵中也城南曰江橋南渡流江曰萬里橋西上曰夷里橋曰笮橋曰長昇橋郫江上西有永平橋及城北十里又有昇僊橋不知所謂七橋者竟何所指今存者市橋笮橋萬里橋昇僊橋餘俱無所考矣）　漢自廣都乘勝進逼成都與其副劉尚南北相望夾江爲營浮橋相對公孫述使謝豐揚

軍市橋出漢後襲破漢壘馬落水緣馬尾得出入壁壘命將夜潛渡江就尚擊豐斬之于是水之陰　江北則左對繁田文翁又穿湔澳以溉灌繁田朱趙有一字千七百頃湔水又東絕緜洛官本曰案湔近刻訛作江趙改刊誤曰江水當作湔水　案朱訛逕五城界至廣都北岸南入于江謂之五城水口斯爲北江趙釋曰一清案山堂雜論曰外江內江之名前後凡三見大江爲外水涪江爲內水此不易者也湔水入洛爲外江流江入江爲內江此自成都府言之也郫江對大江而言則大江爲南江郫爲北江對流江而言則流江又爲外江郫江爲內江此自成都一城言之也流江實兼內外之稱各因所指立名似相雜而實不相溷也　江水又東至南安爲壁玉津朱無江字璧作壁趙增改刊誤曰脫文當重一江字壁當作璧何焯云據文選注校寰宇記云玉津縣本漢南安縣地隋大業中置以江有璧玉津故以爲名　案華陽國志云玉壘山出璧玉故左思云東越玉津也

又東南過犍爲武陽縣青衣水沫水從西南來合而注之官本曰案沫近刻訛作洙　案朱作洙箋曰洙水當作沫水趙改沫

縣故大夜郎國漢武帝建元六年開置郡縣官本曰案近刻作漢武帝開道置以爲縣九字　案朱趙同太初四年益州刺史任安城武陽官本曰案此下近刻有建元六年置五字係上文脫誤在此　案朱趙同

趙置下增郡字王莽更名郡曰西順官本曰案近刻脫郡曰二字案朱趙無縣曰戢成光武謂之士大夫郡朱箋曰華陽國志曰更始時犍爲遠奉貢職及公孫述有蜀郡拒守述伐之郡功曹朱遵逆戰死之而任君業閉戶貴貽素隱光武嘉之曰士大夫之郡也有鄨江入焉趙有下增水字出江原縣官本曰案原近刻作源案朱同趙改刊誤曰江源字誤當作江原漢書地理志校首受大江東南流至武陽縣注于江趙釋曰禹貢錐指曰江原縣鄨水近世謂之大皁江者岷江之正流而班氏以爲首受江故鄭康成云沱之類縣下江上官本曰案江近刻訛作注案朱趙作注舊有大橋廣一里半謂之安漢橋水盛歲壞民苦治功後太守李嚴鑿天社山官本曰案近刻訛作大杜山案朱同箋曰華陽國志作天社山趙改尋江通道此橋遂廢縣有赤水下注江建安二十九年有黃龍見此水九日方去此縣藉江爲大堰開六水門用灌郡下北山昔者王喬所升之山也朱箋曰華陽國志犍爲東接江陽南接朱提北接蜀郡西接廣漢王喬升其北山彭祖家其彭澤江水又與文井江會李冰所導也自莋趙作筰下同道與濛趙作蒙溪分水至蜀郡臨邛縣與布僕水合趙釋曰全氏曰漢志蜀郡臨邛縣僕千水東至武陽入江過郡二行五百一十里而是注云布僕水未知孰是水出徼

外成都西沈黎郡漢武元封四年以蜀郡西部邛莋官本曰案此十四字舛誤不可通當作漢武帝元鼎六年以蜀郡西部莋都置漢書武帝本紀可證不得繫之元封四年也又越巂郡治邛都沈黎郡治莋都不得兼言邛莋明矣莋都即旄牛縣亦曰旄牛道天漢四年罷沈黎郡置都尉仍治旄牛其縣隸蜀郡故城在今雅州府清溪縣南 案朱同官本趙增帝都改郡刪下邛字刊誤曰漢武下落帝字蜀都當作蜀郡下邛字衍文理旄牛道天漢四年置都尉主外羌趙釋曰一清案范史莋都夷傳云元鼎六年以為沈黎郡至天漢四年并蜀為西部置兩都尉一居旄牛主徼外夷一居青衣主漢民華陽國志同而前書紀志及續志皆無之亦見青衣水注中在邛崍山表官本曰案崍近刻訛作來 案朱趙作來自蜀西度邛莋官本曰案華陽國志邛崍山本名邛莋故邛人莋人界也其道至險官本曰案近刻脫道字 案朱趙無有弄棟入渡之難揚趙作楊毋閣路之阻水從縣西布僕來分為二流一水逕其道又東逕臨邛縣入文井水文井水又東逕江原縣官本曰案原近刻訛作都訛趙改刊誤曰江都當作江原 案朱縣濱文井江江上有嘗氏隄跨四十里官本曰案近刻作有長隄隄跨四十里 案朱趙同有朱亭亭南有青城山朱箋曰玉匱經云青城山黃帝封為五岳丈人一月之內羣岳再朝六時洒泉以代晷漏在岷山之南羣峯掩映互相連撞虛無所宅祥異則多山上有嘉穀山下有蹲鴟即芋也所謂下有蹲鴟至老不饑卓氏之所以樂遠徙也文井江又東至武陽縣天社山

下入江其一水南逕越嶲邛都縣西東南至雲
南郡之青蛉縣入于僕官本曰案近刻脫此三字案朱脫趙增又郡朱作都趙改刊誤曰箋曰都宋本作郡案全氏
云青蛉縣下落入于僕三字郡本雲川朱作山箋曰華陽國志作川趙改川地也蜀建興二年置僕水
又南逕永昌郡邪龍縣而與貪水合水出青蛉
縣上承青蛉水逕葉榆縣又東南至邪龍趙有縣字入
于僕趙釋曰一清案漢志益州郡葉榆縣貪水首受青蛉南至邪龍入僕行五百里僕水又逕寧州建寧
郡官本曰案近刻訛作縣案朱訛趙改刊誤曰晉志云建寧郡蜀置治味縣宋志云建寧太守漢益州郡劉氏更名建寧是郡非縣也縣字誤州故庲降
都督屯故南人謂之屯下官本曰案人近刻訛作入案朱訛趙改刊誤曰入當作人古人字與入似劉禪建興
三年分益州郡置歷雙柏縣即水入焉水出秦臧朱作
藏箋曰前漢地志作臧趙改臧縣牛蘭山南流至雙柏縣東注僕水趙釋曰一
清案漢志益州郡秦臧縣牛蘭山即水所出南至雙柏入僕行八百二十里又東至來唯縣入勞水趙增僕水二字
刊誤曰又東上落僕水二字趙釋曰一清案漢志越嶲郡青蛉縣僕水徼外東南至來唯入勞過郡二行千八百八十里過郡二謂越嶲益州也此別是一僕水非臨邛之僕千水也亦見溫
水注水出徼外東逕其縣與僕水合僕水東至交

州交趾郡䅦泠縣官本曰案䅦原本及近刻並訛作麊漢書今本亦訛說文云䅦從米尼聲交趾有䅦泠縣 案朱趙訛麊據刪東上僕水二字刊誤曰全氏云據漢志是勞水入海非僕水也僕水入勞不入海僕水二字衍文趙釋曰一清案漢志益州郡來唯縣勞水出徼外東至麋泠入南海過郡三行三千五百六十里南流入于海江水自武陽東至彭亡聚昔岑彭與吳漢泝江水入蜀軍次是地知而惡之會日暮不移遂爲刺客所害謂之平模水亦曰外水官本曰案模近刻訛作謨亦字訛在謂之上 案朱訛趙改刊誤曰謨當作模亦字當移在曰字上通鑑注引此文校正此地有彭冢言彭祖冢焉江水又東南逕南安縣西有熊耳峽連山競險接嶺爭高漢河平中趙河改和刊誤曰河平當作和平山崩地震江水逆流趙釋曰全氏曰續漢書五行志和平元年廣漢梓潼山崩非此山縣溉有灘名壘坻官本曰案華陽國志作雷垣亦曰鹽溉官本曰案近刻訛作監溉 案朱訛趙改李冰所平也朱箋曰華陽國志南安縣郡東四百里治青衣江會縣溉有名灘一曰雷垣二曰鹽溉李冰所平也縣治青衣江會衿帶二水矣即蜀王開明故治也來敏本蜀論曰荊人鼈令朱箋曰漢志牂柯郡有鼈縣趙釋曰一清案寰宇記引周地圖記作鼈靈死其尸隨水上荊人求之不得朱趙有鼈字令至汶山下復生起見望帝望帝者杜宇也從天

下女子朱利趙釋曰全氏曰案華陽國志是朱提女子利自江源出爲宇妻遂王于蜀號曰
望帝望帝立以爲相時巫山峽而蜀水不流帝使朱趙有鼈字令鑿巫
峽通水蜀得陸處望帝自以德不若遂以國禪號曰開明縣
南有峨眉山有濛趙作蒙水卽大渡水也水發蒙溪
官本曰案近刻訛作漢　案朱訛趙改東南流與涐水合趙涐改渽刊誤曰涐當作渽下同水出徼
外逕汶江道呂忱曰渽水出蜀官本曰案渽近刻訛作涐　案朱訛趙改許愼
以爲涐水也出蜀汶江徼外官本曰案近刻脫此六字　案朱趙無從水我
聲趙釋曰一清案漢志蜀郡青衣縣禹貢蒙山谿大渡水東南至南安入渽汶江縣渽水出徼外南至南安東入江過郡三行三千四十里師古曰音哉渽乃涐之誤卽禹貢之和夷
也和涐同音道元故引說文以正之南至南安入大渡水趙釋曰禹貢錐指曰班固謂大渡入渽道元謂涐入大渡然涐水源
長當以漢志爲正大渡水又東入江故山海經曰濛趙作蒙水出
漢陽西入江灄陽西趙釋曰全氏曰案此三字不可曉郭注亦無說
又東南過僰道縣北若水淹水合從西來注之又
東渚水北流注之官本曰案渚近刻訛作注　案朱訛趙改刊誤曰箋曰孫云注水疑誤北流注下當有之字案注水是渚水之訛注渚音相近

注云渚水則未聞是也

縣本僰人居之地理風俗記曰夷中最仁有仁道趙下仁改人刊誤曰仁當作人故字從人孫校曰案說文夷从大从弓此說非也秦紀所謂僰僮之富者也官本曰案近刻脫其所字　案朱趙無其邑高后六年城之漢武帝感相如之言使縣令南通僰道費功無成唐蒙南入斬之乃鑿石開閣以通南中迄于建寧二千餘里山道廣丈餘深三四丈其𨮱鑿之迹猶存官本曰案𨮱近刻訛作塹脫鑿字　案朱訛脫趙改增刊誤曰箋曰塹舊本作𨮱案𨮱下落鑿字方輿紀要校增王莽更曰僰治也山多猶猢似猴而短足好遊巖樹一騰百步或三百丈順往倒返乘空若飛縣有蜀王兵蘭趙刊誤曰箋曰華陽國志云江有兵欄李冰燒之後漢志云有玉岳蘭案兵蘭天子之門禁也漢書汲黯傳上嘗坐武帳黯前奏事孟康曰今御武帳置兵蘭五兵于帳中也史記索隱曰天子門有兵欄曰司馬門也庚子山作吳明徹墓誌曰長沙楚鐵更入兵欄正使此事蘭欄闌三字通用郡國志之玉岳蘭蓋誤文耳其神作大難江中崖峻阻險不可穿鑿李冰乃積薪燒之故其處懸巖猶有五色焉官本曰案近刻作有赤白玄黃五色焉　案朱作猶有赤白玄黃五色焉赤白照水玄黃從焚來趙改猶有赤白玄黃五色照水焉魚從僰來刊誤曰箋曰後漢志云越巂舊本有僰人崖有五色赤白映水玄黃案此是華陽國志文劉昭補註郡國志引

之道元鈔變其詞以赤白玄黃并於五色之上則下文不應又重赤白玄黃四字全氏校衍之是也焉字當移在照水之下從焚來補註作魚從楚來當從僰來爲正赤白

照水玄黃魚從僰來官本曰案近刻脫魚字案朱趙見上至此而止言畏

崖嶼不更上也趙釋曰一淸案寰宇記戎州僰道縣有伏犀灘引水經注云昔有黃牛從僰溪出而上此崖乃化爲石是名伏犀灘今本無之

益部耆舊傳曰張眞妻官本曰案眞近刻訛作貟下同華陽國志作貞案朱作貟趙改貞朱箋曰華陽國志云僰道黃帛張貞妻也黃

氏女也名帛眞乘船覆沒求尸不得帛至沒處灘頭仰天而歎

遂自沈淵積十四日帛持眞手于灘下出時人爲說曰符有先

絡朱作光落趙改刊誤曰箋曰華陽國志云符有先絡案困學紀聞云孝女叔先雄水經注以爲光絡符縣人符有光洛僰道有張帛原注洛疑卽絡字何焯曰雄蓋雒字轉寫之誤後漢書亦誤當從華陽國志僰道有張帛者也江水又與符黑水合官本曰案黑近刻訛作里又此八字原本及近刻並訛作經案朱訛經趙改注里改黑刊誤曰八字是注混作經符里當依箋作符黑下同水出寧州南廣

郡南廣縣縣故犍爲之屬縣也漢武帝太初元年置劉禪

延熙中分以爲郡趙釋曰一淸案宋書州郡志朱提太守劉氏分犍爲立南廣太守晉武帝分朱提立又云南廣令晉太康地志屬朱提晉書地理志無南廣郡王遜傳云分朱提爲南廣郡武帝疑是成帝之誤方輿紀要云蜀志後主延熙中立南廣郡以常竺爲太守晉廢此事不見陳壽書蓋蜀中志乘耳然以是注觀之似是蜀置西晉廢而東晉復立也導源汾關山北流官本曰案近刻訛作北水流案朱訛趙改刊誤曰水字衍文有大涉

朱作步箋曰步宋本作涉趙改涉水注之水出南廣縣官本曰案近刻脫水字案朱脫趙增刊誤曰出上落水字
北流注符黑水又北逕僰道入江謂之南廣口
趙釋曰一清案漢志犍爲郡南廣縣汾關山符黑水所出北至僰道入江又有大涉水北至符入江過郡三行八百四十里諸水則未聞也
又東過江陽縣南洛水從三危山東過廣魏洛縣
南官本曰案洛縣原本及近刻並訛作洛陽今改正案朱訛趙改又朱箋曰魏當作漢東南注之
洛水出洛縣漳山趙刊誤曰漢志作章山蓋世本有缺畫耳亦言出梓潼縣柏
山山海經曰三危在燉煌南與崏山相接山南
帶黑水又山海經不言洛水所導孫校曰山海經中次九經岷山之首曰女几之山洛
水出焉東注于江正是此洛水而酈氏以爲山海經不言洛水所導蓋亦疏矣經曰出三危山所未詳常
璩云李冰導洛通山水流發瀑口朱作暴箋曰一作瀑趙改瀑逕什
邡縣漢高帝六年封雍齒爲侯國王莽更名曰美信也洛
水又南逕洛縣故城南廣漢郡治也漢高祖趙作帝之爲
漢王也發巴渝之士北定三秦六年乃分巴蜀置廣漢郡于乘

鄉趙釋曰一清案下文注云縣有沈鄉續志云廣漢有沈水卽涪水注所謂沈水出廣漢縣下入涪水者也亦作緜鄉華陽國志云廣漢郡本治緜鄉永初二年移治涪後治雒城也蓋乘沈緜字同音假借用耳王莽之就都縣曰吾雒也官本曰案吾雒近刻作廣信係後人妄改案朱訛趙改刊誤曰漢志莽改雒縣曰吾雒後人不知西京廣漢郡治雒而以廣漢縣宜爲郡治故改縣曰廣信以實之而不悟其非也黄省曾本元作吾雒可知舊本不誤也漢安帝永初二年移治涪城後治洛縣官本曰案原本脫此四字近刻脫治字今據歸有光本補正案朱脫趙增刊誤曰後下落治字方輿紀要云漢雒縣屬廣漢郡後漢爲郡治蓋廣漢本治雒縣之乘鄉安帝時移治涪城後更治雒縣劉焉徙治緜竹也先是洛縣城南每陰雨常有哭聲聞于府中積數十年沛國陳寵爲守以亂世多死亡暴骸不葬故也乃悉收葬之哭聲遂絕劉備自將攻洛龐士元中流矢死于此益州舊以蜀郡廣漢犍爲爲三蜀官本曰案近刻脫一爲字案朱脫趙增刊誤曰犍爲下當重一爲字土地沃美人士雋乂一州稱望朱一上有爲字趙刪刊誤曰爲字衍文縣有沈鄉去江七里姜士遊之所居官本曰案姜近刻訛作江案朱作江箋曰江士遊後漢書作姜士遊華陽國志云孝子江陽符長姜詩字士遊趙改姜詩至孝母好飲江水嗜魚膾常以雞鳴泝流汲江子坐取水溺死官本曰案近刻脫取字案朱脫趙增婦恐姑知稱託遊學官本曰案託原本及近刻並訛作詩今據後漢書改正案朱趙作詩冬夏衣服實投趙有諸字江流趙釋曰一清案後漢書稱廣漢姜詩妻龐氏其子後因遠汲溺死妻恐姑知哀傷不敢言而託

以行學不在又云永平三年察孝廉拜郎中尋除江陽令卒於官注云子坐取水溺死則死者詩之子何以又云婦恐姑知稱詩遊學乎文義實爲乖爽矣于是至孝上通涌泉出其舍側官本曰案涌泉近刻訛作洞泉下又衍一泉字案朱同趙洞改洞下泉改潛刊誤曰洞當作洞下泉字當作潛而有江之甘焉詩有田濱江澤鹵泉流所溉盡爲沃野又涌泉之中旦日嘗出鯉魚一雙以膳焉可謂孝悌發于方寸徵美著于無窮者也洛水又南逕新都縣蜀有三都謂成都廣都此其一焉與縣水合水西出縣竹縣又與湔水合趙釋曰一清案漢志廣漢郡雒縣章山雒水所出南至新都谷入湔亦謂之郫江也又言是涪朱作洛箋曰宋本作涪趙改涪水呂忱曰一曰湔然此二水俱與洛會矣又逕犍爲牛鞞縣爲牛鞞水官本曰案近刻脫縣字及爲牛鞞三字案朱脫趙增刊誤曰犍爲下落牛鞞縣爲四字漢書地理志犍爲郡有牛鞞縣蓋因此水得名下云縣漢武帝元封二年置可證也昔羅尚乘牛鞞水東征李雄謂此水也縣以漢武帝元封二年置趙釋曰一清案方輿紀要云郫江在成都府城南十里大江之支流也亦曰汶江自灌縣分流經郫縣歷府西折而南又東合於流江亦謂之內江任豫益州記郫江爲內江流江爲外江是也晉永寧元年李特據廣漢進攻益州刺史羅尚於成都尚屢敗乃阻長圍緣郫水作營連延七百里載記尚緣水作營自都安至犍爲七百里蓋自郫江南達大江緣水爲險也既而特潛渡江擊尚水上軍皆散走蜀郡太守徐儉遂以少城降特入據之或據水經注

以縣水爲尚所阻之鄖江誤矣又東逕資中縣又逕漢安縣官本曰案原本及近刻竝訛作安漢縣今改正攷安漢今爲順慶府之南充縣及蓬州非縣水所逕縣水由資中漢安江陽入江資中故城在今資州資陽縣北漢安故城在今瀘州江安縣東江陽故城卽今瀘州治然則當作漢安明甚　案朱訛趙改刊誤曰晉書地理志江陽郡有漢安縣宋書州郡志東江陽太守領漢安縣前漢無後漢屬犍爲晉太康地志屬江陽晉中興書曰穆帝永和二年以漢安獠反復置漢安縣若安漢則巴郡之屬縣在今順慶府東北三十五里注誤也二字當倒互謂之緜水也自上諸縣咸以湔灌故語曰緜洛爲沒沃也緜水至江陽縣方山下入江趙釋曰一清案漢志漢中郡緜竹縣紫巖山緜水所出東至新都北入雒謂之緜水口亦曰中水官本曰案近刻脫亦字　案朱脫趙增刊誤曰曰上落亦字江陽縣枕帶雙流據江洛會也趙釋曰沈氏曰漢志緜水入洛洛水入湔湔水入江蓋以湔爲主也故曰湔水東南至江陽入江水經注以洛爲主洛水合緜水緜水合湔江故以江陽爲江洛之會前言湔水自廣都北岸入江特其支流耳漢景帝六年封趙相蘇嘉爲侯國趙釋曰全氏曰小司馬云縣在東海案地理志東海無江陽也又徐廣曰蘇一作藉索隱曰漢表作蘇息江陽郡治也故犍爲枝朱趙作岐江都尉建安十八年劉璋立官本曰案此二十字原本及近刻竝訛在後蠶桑魚鹽家有焉之下又枝訛作岐攷華陽國志江陽郡本犍爲枝江都尉建安十八年劉璋立郡江陽縣郡治漢安縣郡東五百里然則此條不得係之漢安下明係錯簡今改正　案朱趙在後江中有大闕小闕焉官本曰案近刻闕訛作門　案朱訛趙改季春之月則黃龍堆沒闕乃平也

官本曰案近刻訛作季秋之月則黃鱗魚死漚也　案朱趙同趙釋曰朱氏謀㙔箋曰黃鱗以下字有訛誤案華陽國志云江中有大鯛小鯛季春黃龍堆沒鯛即平昔世祖微時過江陽縣有一子望氣者言江陽有貴兒象王莽求之而獠殺之官本曰案獠近刻訛作獠　案朱趙作獠後世祖怨爲子立祠于縣謫其民罰布數世朱箋曰華陽國志云江陽有貴兒氣王莽求之而縣人殺之世祖謫其民不使冠帶者數世揚雄琴清英曰尹吉甫子伯奇至孝後母譖之自投江中衣苔帶藻忽夢見水仙賜其美藥思惟養親官本曰案近刻脫思字　案朱趙無揚聲悲歌船人聞之而學之吉甫聞船人之聲疑似伯奇援琴作子安之操江水逕漢安縣北官本曰案漢安原本及近刻並訛作安漢又此七字並訛作經　案朱訛趙改刊誤曰七字是注混作經安漢二字當倒互縣雖迫山川土地特美蠶桑魚鹽家有焉官本曰案近刻脫桑字　案朱脫箋曰一作蠶桑趙增又此下並有江陽郡治也故犍爲岐江都尉建安十八年劉璋立二十字官本移前江水東逕樊石灘又逕大附灘官本曰案此十二字原本及近刻並訛作經　案朱訛趙改刊誤曰十二字是注混作經頻歷二險也

又東過符縣北邪趙釋曰全氏曰案邪字下有脫文孫汝澄曰漢志有邪龍縣竊謂江水不得入益州界而復過符關是不知地理之言也且注但詳符縣之建置以是知經之不及他縣也東南鰼部水從符關東北注之

縣故巴夷之地也漢武帝建元六年官本曰案建元近刻訛作建初　案朱訛趙改刊誤曰建初當作建元
以唐蒙爲中郎將從萬人出巴符關者也官本曰案此下近刻衍漢武二字　案朱有趙增帝字刊誤曰
漢武下落帝字元鼎二年立趙釋曰全氏曰案元鼎二年本華陽國志據漢史亦當是建元六年且立犍爲郡今注無郡名而云立何哉王莽之
符信矣　縣治安樂水會水源南通寧州平夷郡
鄨縣北逕安樂縣界之東官本曰案近刻脫樂字　案朱脫趙增刊誤曰箋曰孫云北逕安縣疑有脫落案漢
志犍爲有南安縣有符縣案名勝志引此文作安樂縣元和郡縣志云合江縣晉置安樂縣梁改安樂戍寰宇記云縣有安樂山注云縣治安樂水會蓋以山水受氏也又逕
符縣下北入江縣長趙祉遣吏先尼和官本曰案先近刻訛作光　案朱訛趙改以
永建元年十二月官本曰案近刻訛作十一月　案朱趙作一詣巴郡沒死成湍灘官本曰案湍近刻訛
作濡　案朱趙作濡趙釋曰一清案范史常志作湍子賢求喪不得女絡年二十五歲有二子五
歲以還至二年二月十五日尚不得喪絡乃乘小船至父沒處
哀哭自沈見夢告賢曰至二十一日與父俱出至日父子果浮
出江上郡縣上言爲之立碑以旌孝誠趙作誠孝也朱箋曰華陽國志作先尼和沒死女絡以不得喪自
沈父沒處後漢書云孝女叔先雄父泥和爲犍爲功曹墮湍水物故雄怨痛不得尸喪百許日後自投水卻後六日與父相持浮於江上搜神記云犍爲叔先泥和其女名雄其

縉部之水所未聞矣或是水之殊目非所究也
又東北至巴郡江州縣東强水涪水漢水白水宕渠水五水合南流注之官本曰案近刻脫五字 案朱脫箋曰宋本作五水合趙增
强水卽羌水也宕渠水卽潛水渝水矣巴水出晉昌郡宣漢縣巴嶺山郡隸梁州晉太康中立治漢中官本曰案華陽國志云魏咸熙元年平蜀始分益州巴漢七郡置梁州治漢中 趙釋曰一清案宋志云魏元帝景元四年平蜀復立梁州治漢中南鄭晉志云泰始三年分益州立梁州於漢中又云桓溫平蜀之後以巴漢流人立晉昌郡此文似有錯繆縣南去郡八百餘里故蜀巴渠官本曰案近刻脫渠字 案朱脫趙增蜀改屬刊誤曰此文有脫誤當作故屬巴渠宋書州郡志云魏興太守領宣漢令永初郡國何徐屬晉昌本建平流雜民又巴渠太守領宣漢令與郡新立是也西南流歷巴中逕巴郡故城南李嚴所築大城北西南入江庾仲雍所謂江州縣對二水口右則涪內水左則蜀外水卽是水也江州縣故巴子之都也春秋桓公九年巴子使韓服告楚請與鄧好是也及七國稱王巴亦王焉秦惠王遣張儀等救苴侯于巴儀貪巴苴之富因

執其王以歸而置巴郡焉官本曰案此下近刻衍巴字案朱衍趙刪刊誤曰巴字衍文治江州趙釋曰一清案此言秦立巴郡故治江州而漢之巴郡亦卽治焉故下文復云漢獻帝初平元年分巴爲三郡于江州則永寧郡治也至建安六年劉璋納蹇胤朱作騫清箋曰華陽國志作蹇胤趙改之訟復爲巴郡趙釋曰全氏曰案譙長言三巴建置皆本常璩而不知其誤也華陽國志曰初平元年征東中郎將趙韙建議白劉璋分巴韙欲得巴舊名取墊江以上爲巴郡治安漢以江州至臨江爲永寧郡以朐忍至魚復爲固陵郡而用龐羲爲巴郡建安六年璋以蹇允訟爭巴名乃改永寧爲巴郡以固陵爲巴東而改龐羲爲巴西是爲三巴考初平元年劉璋尚未嗣位趙韙亦未爲征東其誤一也韙欲得巴舊名而乃以子龐羲其誤二也建安五年羲已屯閬中則是固陵太守非巴也其誤三也不知趙韙但分巴爲二至蹇允訟後始分爲三譙周巴記曰初平六年趙韙分巴爲二韙欲得巴舊名故郡以墊江爲治而割安漢以下爲永寧郡建安六年以蹇允訟分巴爲三以永寧爲巴東閬中爲巴西墊江爲巴郡是乃三巴分置之次第也但初平僅四年無六年是則譙氏之誤再考劉璋嗣位以趙韙爲征東乃興平元年正分巴之歲也誤以爲初平亦酈氏之疏也建安六年趙韙誅故再分巴諸家皆未細覈其歲時耳又曹氏亦嘗分三巴劉璋之末巴郡入於張魯故璋雖有巴郡太守嚴顏屯江州似僅保一城而已魯降曹氏巴郡亦隨之而入建安二十年分其地爲三以夷帥朴胡爲巴東杜護爲巴西任約爲巴郡旋爲先主所幷故史志不詳以嚴顏爲守顏見先主入蜀歎曰獨坐窮山放虎自衛此卽拊心處也官本曰案近刻訛作巴案朱趙同漢世郡治江州巴水北北府城是也趙郡移漢上刊誤曰郡字當移在漢世之上後乃徙南城劉備初以江夏費觀爲太守領江州都督後都護李嚴更城周朱趙有一字十六里造蒼龍白

虎門求以五郡爲巴州治丞相諸葛亮不許竟不果趙釋曰全氏曰案嚴欲於城後穿山引汶江入巴以亮召竟不果此事會長注蓋失記之地勢側險皆重屋累居數有火害又不相容結舫水居者五百餘家承二江之會官本曰案二近刻訛作三案朱訛趙改刊誤曰三當作二即涪內水蜀外水也夏水增盛壞散顛沒死者無數縣有官橘官荔枝園夏至則熟二千石常設廚膳命士大夫共會樹下食之縣北有稻田出御米也縣下又有清水穴巴人以此水爲粉則皜曜鮮芳貢粉京師因名粉水故世謂之爲江州墮林粉粉水亦謂之爲粒水矣官本曰案粒近刻訛作立案朱訛趙改刊誤曰立水當作粒水江之北岸官本曰案之近刻訛作水案朱訛趙改刊誤曰水當作之有塗山南有夏禹廟塗君祠廟銘存焉常璩庾仲雍並言禹娶于此官本曰案近刻脫庾字案朱脫趙增刊誤曰當作庾仲雍落庾字余案羣書咸言禹娶在壽春當塗不于此也

又東至枳縣西延江水從牂柯郡北流西屈注之朱又下有江水二字延江下無水字柯作牁趙刪增改正刊誤曰江水二字衍文延江下落水字牂牁當作牂柯

江水東逕陽關巴子梁官本曰案江水二字原本及近刻並訛在經文又字下今改正　案朱訛說見上趙改刊誤曰東逕上落江水二字江之兩岸猶有梁處巴之三關斯為一也延熙中蜀車騎將軍鄧芝為江州都督治此江水又東右逕黃葛峽山高險全無人居官本曰案全近刻訛作今　案朱訛趙改刊誤曰今名勝志作全江水又左逕明月峽東至梨鄉歷雞鳴峽江之南岸官本曰案南近刻訛作兩　案朱訛趙改刊誤曰兩岸禹貢錐指作南岸方輿紀要云賈耽四夷縣道記涪陵故城在蜀江南涪江西其涪江南自黔中來由城之西泝蜀江十五里有雞鳴峽上有枳城即漢枳縣有枳縣治華陽記曰枳縣在江州巴郡趙作巴郡江州東四百里治涪陵水會庾仲雍所謂有別江出武陵者也水乃延江之枝津分水北注逕涪陵入江故亦云涪陵水也其水南導武陵郡官本曰案導近刻作逕　案朱作道趙改導刊誤曰箋曰宋本作逕案非也當作導昔司馬錯泝舟此水取楚黔中地延熙中鄧芝伐徐巨射玄猨于是縣猨自拔矢卷木葉塞射創朱創作瘡趙改刊誤曰何焯云創古字瘡俗字芝歎曰傷物之生吾其死矣　江水又東逕涪陵故郡北後

乃弁巴郡遂罷省 江水又東逕文陽灘 灘險難上 江
水又東逕漢平縣二百餘里 官本曰案漢平縣屬涪陵郡 案朱趙無縣字趙釋曰一清案晉書地理
志梁州涪陵郡漢平縣云是蜀置是注與下二百餘里不相連屬蓋有脫失矣 左自涪陵東出百餘里而
屆于黃石東爲桐柱灘 官本曰案黃近刻訛作積 案朱訛趙改又桐改銅刊誤曰積石當作黃石後漢書光武帝本
紀岑彭破公孫述將侯丹于黃石章懷注云即黃石灘也杜佑曰今謂之橫石灘亦謂之石梁桐柱當作銅柱寰宇記云涪陵江中有銅柱灘昔人於此維舟見水底有銅柱故名 又
逕東望峽東歷平都 官本曰案此九字原本及近刻並訛作經 案朱訛趙改刊誤曰九字是注混作經 峽對
豐民洲 趙作州 舊巴子別都也華陽記曰巴子雖都江州 官本曰案江下原本及近
刻並衍平字今改正 案朱衍趙刪刊誤曰平字衍文 又治平都即此處也有平都縣爲巴郡之
隸邑矣縣有天師治兼建佛寺甚清靈縣有市肆四日一會
江水右逕虎鬚灘 官本曰案此七字原本及近刻並訛作經近刻右訛作又 案朱訛趙改右並作又趙刊誤曰七字是注混作經
灘水廣大夏斷行旅江水又東逕臨江縣南 官本曰案此九字原本及近刻
並訛作經 案朱訛趙改刊誤曰九字是注混作經 王莽之監江縣也 官本曰案監近刻訛作鹽 案朱訛趙改刊誤曰漢書地理志作監江 華
陽記曰縣在枳東四百里東接朐忍 縣有鹽官自縣北

入鹽井溪有鹽井營戶溪水沿注江官本曰案近刻訛作沿注溪井水　案朱同趙刪井字刊誤曰箋曰孫云當作注鹽井谿水案非也井字衍文江水又東得黃華水口官本曰案此九字原本及近刻並訛作經　案朱訛趙改刊誤曰九字是注混作經江浦也左逕石城南官本曰案此五字原本及近刻並訛作經　案朱訛趙改刊誤曰五字是注混作經庾仲雍曰臨江至石城黃華口一百里又東至平洲官本曰案此五字原本及近刻並訛作經　案朱訛趙改刊誤曰五字是注混作經又洲作州下同洲上多居民又東逕壤塗而歷和灘趙釋曰一清案方輿紀要云自忠州水程東行九十里至曹谿驛又六十里至瀼塗驛名勝志云瀼塗驛在萬縣南六十里江中有石似胡人名曰胡灘杜少陵詩不是怡胡灘者是矣瀼壤形似和胡音聯故也又東逕界壇官本曰案此十四字原本及近刻並訛作經　案朱訛趙改刊誤曰十四字是注混作經是地巴東之西界益州之東境故得是名也

又東過魚復縣南夷水出焉官本曰案此十一字原本及近刻並訛入注內接故得是名也之下今改正　案朱訛趙改刊誤曰十一字是經混作注

江水又東右得將龜溪口官本曰案此十字原本及近刻並訛作經　案朱訛趙改刊誤曰十字是注混作經趙釋曰趙氏彥衞雲麓漫鈔曰江水東注凡水經言左者皆北岸右者皆南岸華陽記曰朐忍縣出靈龜咸熙元年獻龜于相府言出自此溪也趙釋曰全氏曰案漢志朐忍縣容毋水所出即此谿也江水又東

會南北集渠（官本曰案此九字原本及近刻竝訛作經會字又訛在南字之下　案朱訛趙改刊誤曰九字是注混作經南會二字當倒互）南水出涪陵縣界（官本曰案南水出三字近刻訛作二溪水　案朱同趙二溪水下增出字刊誤曰水下落出字）謂之陽溪（官本曰案之字下近刻衍于字　案朱趙有趙釋曰一清案蜀志後主傳建興八年魏延破魏雍州刺史郭淮于陽谿又魏延傳云使延西入羌中魏後將軍費瑤雍州刺史郭淮與延戰于陽谿延大破淮等據傳文于字爲義不屬陽谿豈道元誤截耶）北流逕巴東郡之南浦僑縣西溪硤側（官本曰案硤近刻作夾　案朱趙作夾）鹽井三口相去各數十步（趙三改二刊誤曰三當作二）以木爲桶徑五尺脩煮不絕溪水北流注于江謂之南集渠口亦曰于陽溪口北水出新浦縣北高梁山分溪南流逕其縣西又南（朱趙有一字）百里至朐忍縣（官本曰案至近刻作入　案朱趙作入）南入于江謂之北集渠口別名班口又曰分水口朐忍尉治此江水又東右逕汜溪口（官本曰案近刻脫東字汜訛作池又此九字原本及近刻竝訛作經　案朱脫訛趙增改刊誤曰又下落東字池當作汜九字是注混作經）蓋江汜決入也江水又東逕石龍而至于博陽二村之閒（官本曰案近刻石訛作右而訛作水又此十六字原本及近刻竝截上七字訛作經下九字仍屬注文）

案朱同趙改經改右仍水刊誤曰右當作石七字是注混作經有盤趙作磐石廣四百丈長六十里官本曰案此下近刻有而復殆于四字係衍文　案朱趙有趙釋曰全氏曰先宗伯公云長六里而復者猶言長六里有奇也阻塞江川夏沒冬出基亙通渚又東逕羊腸虎臂灘官本曰案此八字原本及近刻並訛作經　案朱訛趙改刊誤曰八字是注混作經楊亮爲益州至此舟覆懲其波瀾蜀人至今猶名之爲使君灘江水又東彭水注之官本曰案此八字原本及近刻並訛作經　案朱訛趙改刊誤曰八字是注混作經水出巴渠郡朱箋曰孫云當作羣獠趙改羣獠中東南流逕漢豐縣東清水注之水朱有道字趙改導源出西北巴渠縣東北巴嶺南獠中卽巴渠水也西南流至其縣又西入峽檀井溪水出焉又西出峽官本曰案近刻訛作又西過山　案朱趙同至漢豐縣東而西注彭溪謂之清水口彭溪水又南官本曰案近刻訛作又入　案朱無水字南作入趙增刪刊誤曰彭谿下落水字入字衍文逕朐忍縣西六十里南流注于江官本曰案注近刻訛作至朱訛趙改刊誤曰至當作注　案謂之彭溪口趙釋曰一清案漢志巴郡閬中縣彭道將池在南彭道魚池在西南其卽彭水與巴漢志云閬中有彭池大澤又寰宇記閬州閬中縣下引四夷述云州東南池東西二里南北約五里州城西南十里有郭池周約五十畝

二沱與漢志相符彭道將池方輿紀要亦謂之南池在保寧府城南云自漢以來堰大斗小斗之水溉田里人賴之唐時堰壞遂成平陸江水又東右逕朐忍縣故城南官本曰案此十二字原本及近刻並訛作經　案朱訛趙改刊誤曰十二字是注混作經常璩曰縣在巴東郡西二百九十里縣治故城跨其山阪南臨大江江之南岸有方山官本曰案近刻脫一江字　朱脫趙增刊誤曰之上落江字山形方峭枕側江濆江水又東逕瞿巫灘官本曰案此八字原本及近刻並訛作經　案朱訛趙改刊誤曰八字是注混作經即下瞿灘也又謂之博望灘左則湯溪水注之水源出縣北六百餘里上庸界南流歷縣官本曰案近刻歷下衍之字　案朱作之箋曰當作其縣趙改其翼帶鹽井一百所巴川資以自給粒大者方寸中央隆起形如張繖官本曰案近刻作傘繖即古傘字　案朱趙作傘故因名之曰繖子鹽有不成者形亦必方異于常鹽矣王隱晉書地道記曰入湯口四十二里有石煑以爲鹽石大者如升小者如拳煑之水竭鹽成蓋蜀火井之倫水火相得乃佳矣湯水朱趙作溪下與檀溪水合水朱趙無水字上承巴渠水官本曰案此下近刻衍巴渠二字　案朱趙有南歷檀井溪謂之檀

井水官本曰案近刻脫謂字案朱趙無下入湯水湯水又南入于江名曰湯口江水又逕東陽灘官本曰案此七字原本及近刻並訛作經案朱訛趙改刊誤曰七字是注混作經江上有破石故亦通謂之破石灘苟延光沒處也朱作苟箋曰舊本作苟延光吳改作荀趙改荀常璩曰水道有東陽下瞿數灘山有大小石城勢官本曰案近刻脫勢字案朱脫趙增刊誤曰石城下落勢字巴漢志校增靈壽木及橘圃也故地理志曰縣有橘官有民市趙刊誤曰箋曰案漢志巴郡朐忍縣註云南有橘官鹽官此云民市蓋傳寫之訛案此篇多志市集有民市三字道元所自云非引班書亦非傳寫之訛趙釋曰全氏曰此三字乃善長所自云非引班志也是篇上下多記市集江水又逕魚復縣之故陵官本曰案此十字原本及近刻並訛作經案朱訛趙改刊誤曰十字是注混作經舊郡治故陵溪西二里故陵村溪即永谷也地多木瓜樹有子大如甒白黃實甚芬香爾雅之所謂楙也江水又東爲落牛灘逕故陵北官本曰案此十二字原本及近刻並訛作經案朱訛趙改刊誤曰十二字是注混作經江側有六大墳庾仲雍曰楚都丹陽所葬亦猶枳之巴陵矣故以故陵爲名也有魚復尉戍此江之左岸有巴鄉村村人善釀故俗稱巴鄉清郡出名酒村側有

溪溪中多靈壽木中有魚其頭似羊豐肉少骨美于餘魚溪水伏流逕平頭山內通南浦故縣陂湖其地平曠有湖澤中有菱芡鯽鴈不異外江凡此等物皆入峽所無地密惡蠻不可輕至江水又東右逕夜清而東歷朝陽道口官本曰案近刻脫東字又此十五字原本及近刻並訛作經 案朱脫訛趙增改刊誤曰十四字是注混作經又下落東字有縣治治下有市十日一會江水又東左逕新市里南官本曰案此十字原本及近刻並訛作經 案朱訛趙改刊誤曰十字是注混作經常璩曰巴舊立市于江上今新市里是也江水又東右合陽元水官本曰案此九字原本及近刻並訛作經又水下近刻衍口字 案朱訛趙改並有口字刊誤曰十字是注混作經水出陽口縣西南高陽山東官本曰案陽口縣在今夔州府奉節縣西原本及近刻並訛作水口出陽縣今改正 案朱同趙改水出高陽縣刊誤曰口字衍文出下落高字方輿紀要歸州輿山縣有高陽城云在縣西楚舊城也劉昫曰輿山縣治高陽城晉書地理志建平郡統輿山縣宋書州郡志云今無高陽縣亦不詳建置之由東北流逕其縣南東北流丙水注之水發縣東南柏枝山山下有丙穴穴方數丈中有嘉魚常以春末遊渚冬初入穴抑亦褒漢丙穴之類也朱箋曰任豫益州記云嘉魚之

鱗似鱒蜀人謂之拙魚從石孔隨泉出大者五六尺其水北流入高陽溪溪水又東北流注于江謂之陽元口官本曰案近刻元下衍水字案朱趙有江水又東逕南鄉峽東逕永安宮南官本曰案此十四字原本及近刻並訛作經案朱訛趙改刊誤曰十四字是注混作經劉備終于此諸葛亮受遺處也其閒平地可一二十許里江山迴闊入峽所無城周十餘里背山面江頹墉四毀荊棘成林左右民居官本曰案近刻脫居字案朱脫趙增刊誤曰民下落居字多壘其中江水又東逕諸葛亮圖壘南官本曰案此十一字原本及近刻並訛作經案朱訛趙改刊誤曰十一字是注混作經石磧平曠望兼川陸有亮所造八陣圖趙刊誤曰箋曰宋本云所作案造猶作也無異義也東跨故壘皆累細石為之自壘西去聚石八行行閒相去二丈因曰八陣既成自今行師庶不覆敗皆圖兵勢行藏之權自後深識者所不能了今夏水漂蕩歲月消損高處可二三尺下處磨滅殆盡江水又東逕赤岬城西官本曰案近刻作又東南脫城字此九字原本及近刻並訛作經案朱衍脫訛趙刪增改刊誤曰九字是注混作經南字衍文赤岬下落城字鄭樵通志地理略校增寰宇記夔州奉節縣下云赤甲城公孫述作與舊白帝城相連即楚地江關之要焉方輿紀要云赤甲山上有石城類要云即

魚復縣之故址也是公孫述所造因山據勢周迴七里一百四十步東高
二百丈西北高朱趙有一字千丈南連基白帝山甚高大不生樹木其
石悉赤官本曰案石近刻訛作土案朱訛趙改刊誤曰土黃省曾本作石土人云如人袒胛故謂之赤岬
山淮南子曰徬徨于山岬之旁注曰岬山脅也郭仲產曰斯名
將因此而興矣江水又東逕魚復縣故城南官本曰案此十一字原本
及近刻並訛作經今攷注敘江水西來所逕至此乃經所謂東過魚復縣南也案朱訛趙改刊誤曰十一字是注混作經故魚國也春秋左傳
文公十六年庸與羣蠻叛楚莊王伐之七遇皆北惟裨鯈魚人
逐之是也朱鯈作儵趙改刊誤曰鯈當作鯈左傳校地理志江關都尉治公孫述名之爲
白帝取其王色官本曰案近刻訛作巴案朱趙作巴連下蜀字爲句趙釋曰一清案是句文義有脫誤元和志云白帝山州城所據初公孫述據蜀殿前井
有白龍出自稱白帝因更魚復城爲白帝城龍出殿中事見後漢書述本傳蓋取此瑞以王巴蜀也蜀章武二年劉備爲吳所破
改白帝爲永安巴東郡治也漢獻帝興平元年官本曰案興平近刻訛作初平案朱趙作初
平說見下分巴爲二郡官本曰案近刻訛作三郡案朱趙作三郡趙釋曰全氏曰初平當作興平三郡當作二郡以魚復爲故
陵郡蹇胤訴劉璋官本曰案近刻蹇訛作趙案朱作趙箋曰趙胤當作蹇胤見華陽國志趙改蹇改爲巴東郡治

白帝山城周迴二百八十步北緣馬嶺接赤岬山其間平處南北相去八十五丈東西七十丈官本曰案近刻訛作十七丈　案朱訛趙乙刊誤曰寰宇記引此文作七十又東傍東瀼溪趙釋曰全氏曰案入蜀記曰土人謂山間之流通江者曰瀼東瀼溪即東屯也公孫述所墾田又有西瀼水見寰宇記與大瀼水而三即以爲隍西南臨大江闚之眩目惟馬嶺小差委迤趙作逶迤下同猶斬山爲路官本曰案近刻脫山字　案朱脫趙增刊誤曰斬下落山字寰宇記校增羊腸數四然後得上益州刺史鮑陋鎮此爲譙道福所圍城裏無泉乃南開水門鑿石爲函道上施木天公直下至江中有似猨臂相牽引汲然後得水水門之西江中有孤石爲淫預石冬出水二十餘丈夏則沒亦有裁出處矣官本曰案近刻脫出字宋本脫處字　案朱脫趙增刊誤曰箋曰處宋本作出案非也裁下落出字又朱箋曰李膺益州記云灩澦堆夏水漲沒數十丈其狀如馬舟人不敢進又曰猶豫言舟子取途不決水脈故猶豫也樂府作淫豫坤元錄作冘豫縣有夷溪即佷山清江也官本曰案近刻佷訛作狠　案朱訛趙改經所謂夷水出焉官本曰案此可證前以經入注之訛江水又東逕廣溪峽官本曰案此八字原本及近刻並訛作經　案朱訛趙改刊誤曰八字是注混作經斯乃三峽之首也其間三十里頹巖倚木厥勢殆交北岸山上有神淵淵

北有白鹽崖高可千餘丈俯臨神淵土人見其高白故因名之天旱燃木岸趙作崖上推其灰燼下穢淵中尋卽降雨朱卽作則趙改刊誤曰則當作卽常璩曰縣有山朱箋曰舊本錯以涪水注並瀘水注三百六十六字入此今改正之澤水神旱時鳴鼓請雨則必應嘉澤蜀都賦所謂應鳴鼓而興雨也峽中有瞿塘黃龕二灘官本曰案龕近刻訛作龍　案朱趙作龍夏水迴復沿泝所忌瞿塘灘上有神廟尤至靈驗刺史二千石徑朱趙作逕過皆不得鳴角伐鼓商旅上水恐觸石有聲乃以布裹篙足今則不能爾猶饗薦不輟此峽多猨猨不生北岸非惟一處或有取之放著北山中初不聞聲將同貉獸渡汶而不生矣其峽官本曰案近刻脫此二字　案朱脫趙增刊誤曰蓋上落其峽二字黃省曾本校增蓋自昔禹鑿以通江郭景純所謂巴東之峽夏后疏鑿者趙增也字刊誤曰者下落也字

水經注卷三十四　　長沙王氏校本

後魏酈道元撰

江水（官本曰按近刻作江水二　案朱趙同）

又東出江關入南郡界（官本曰按此九字原本及近刻並訛入前卷注內接夏后疏鑿者之下今改正又下條過巫縣南注文因經誤爲注注誤爲經遂割裂異卷今訂正改此爲卷首　案朱訛趙改刊誤曰九字是經混作注）

江水自關東逕弱關捍關（官本曰按此十字原本及近刻並訛作經　案朱訛趙改捍改扞刊誤曰十字是注混作經捍關國策史記作扞關字得通用）捍關廩君浮夷水所置也弱關在建平秭歸界昔巴楚數相攻伐藉險置關以相防捍秦兼天下置立南郡自巫東上皆其域也（官本曰按近刻脫東字域訛作城此乃注釋經文入南郡界句　案朱脫訛趙增改刊誤曰自巫下落東字城當作域又趙自此以上爲卷三十三終）

又東過巫縣南鹽水從縣東南流注之（官本曰按此十五字原本及近刻並訛入注內接自巫東上皆其域也之下今改正　案朱訛趙改自此下爲三十四卷刊誤曰十五字是經混作注此條經文是三十四卷之首誤截於此）

江水又東烏飛水注之（官本曰按此九字原本及近刻並訛作經又東近刻訛作入東　案朱訛趙改刊誤曰箋曰克

家云入東當作又東按九字是注混作經此條是三十四卷注之首誤截于此水出天門郡漊中縣界北
流逕建平郡沙渠縣南又北流逕巫縣南西北
歷山道三百七十里注于江謂之烏飛口官本曰按又東過巫
縣南至此原本及近刻爲上卷之末 案朱自此以上爲卷三十三趙改刊誤曰此條注是三十四卷之首連下卷江水又東逕巫縣故城南誤截于此江水又
東逕巫縣故城南官本曰按此十字原本及近刻並訛作經又別爲卷首可證今之卷帙非復道元之舊也 案朱訛經自此下爲三
十四卷趙改刊誤曰十字是注混作經與上卷注烏飛口接縣故楚之巫郡也秦省郡立縣以隸南郡
吳孫休分爲建平郡治巫城城緣山爲墉周十二里一百一十
步東西北三面皆帶傍深谷南臨大江故夔國也官本曰按近刻故下衍謂之二字
案朱趙有江水又東巫溪水注之官本曰按此九字原本及近刻並訛作經今攷下文巫溪卽經之鹽水也 案朱訛
趙改刊誤曰九字是注混作經溪水導源梁州晉興趙作昌郡之宣漢縣東
又朱作入箋曰當作又南趙改又南逕建平郡泰昌縣南又逕北井縣
西東轉歷其縣北水南有鹽井官本曰按水近刻訛作井 案朱井訛趙改刊誤曰上井字當作水
在縣北故縣名北井建平一郡之所資也鹽水下通巫溪

溪水是兼鹽水之稱矣官本曰按此乃注釋經文鹽水溪水又南屈逕
巫縣東縣之東北三百步有聖泉謂之孔子泉
其水飛清石穴潔並高泉官本曰按近刻作飛清潔石穴並高泉案朱同趙改刊誤曰潔字當移在石穴之
下下注溪水溪水又南入于大江江水又東逕
巫峽官本曰按此七字原本及近刻並訛作經案朱訛趙改刊誤曰七字是注混作經杜宇所鑿以通江水
也郭仲產云按地理志巫山在縣西南而今縣東有巫山將
郡縣居治無恆故也江水歷峽東逕新崩灘官本曰按此九字原本及近刻
並訛作經案朱訛趙改刊誤曰九字是注混作經此山漢和帝永元十二年崩官本曰按近刻訛作十三年案朱訛趙改刊
誤曰續漢書五行志是十二年晉太元二年又崩當崩之日水逆流百餘里湧起數
十丈今灘上有石或圓如簞或方似屋若此者甚衆皆崩崖所
隕致怒湍流故謂之新崩灘其頹巖所餘比朱作北箋曰當作比趙改比之諸嶺
尚為竦桀其下十餘里有大巫山非惟三峽所無乃當抗峯岷
峨偕嶺衡疑其翼附羣山並槪青雲更就霄漢辨其優劣耳神

孟朱作血箋曰山海經作孟涂趙改孟下同涂所處山海經曰夏后啓之臣趙有曰字孟涂是司
神于巴巴人訟于孟涂之所其衣有血者執之是請生居山上
在丹山西郭景純云丹山在丹陽屬巴丹山西即巫山者也又
帝女居焉宋玉所謂天帝之季女名曰瑤姬未行而亡封于巫
山之陽官本曰按近刻訛作臺　案朱訛趙改刊誤曰臺御覽引此文作陽趙釋曰一清按李善高唐賦注引襄陽耆舊傳曰赤帝女姚姬未行而亡葬于巫山之陽
精魂爲草實爲靈芝所謂巫山之女高唐之阻官本曰按近刻訛作姬　案朱訛趙改岨刊誤
曰寰宇記引江源記云楚辭所謂巫山之陽高邱之岨岨字與上下文叶旦爲行雲暮爲行雨朝朝暮暮陽臺
之下旦早視之果如其言故爲立廟號朝雲焉其閒首尾朱趙
有字一百六十里謂之巫峽蓋因山爲名也自三峽
七百里中兩岸連山略無闕處重巖疊嶂隱天
蔽日自非停午夜分不見曦月至于夏水襄陵
沿泝阻絕或王命急宣官本曰按近刻脫或字　案朱脫趙增刊誤曰王命上落或字御覽引此文校增有
時朝發白帝暮到江陵其閒千二百里雖乘奔

御風不以疾也（趙以改似刊誤曰以當作似寰宇記引此文作加）春冬之時則素湍綠潭迴清倒影絕巘多生怪柏（官本曰按怪近刻訛作樫　案朱趙作樫趙釋曰一清按御覽引此文作怪柏）懸泉瀑布飛漱其閒清榮峻茂（朱榮作滎趙改刊誤曰滎當作榮）良多趣味（朱箋曰舊本作謂）每至晴初霜旦林寒澗肅常有高猿長嘯屬引淒異（官本曰按屬近刻作屢　案朱作屢箋曰世說注引荊州記作屬引清遠趙改屬）空谷傳響哀轉久絕故漁者歌曰巴東三峽巫峽長猿鳴（趙釋曰按寰宇記作清猿）三聲淚沾裳江水又東逕石門（官本曰按此八字原本及近刻並訛作經　案朱訛趙改刊誤曰八字是注混作經）灘灘北岸有山山上合下開洞達東西緣江步路所由劉備爲陸遜所破走（朱作是箋曰一作走逕此門趙改走）逕此門追者甚急備乃燒鎧斷道孫桓爲遜前驅奮不顧命斬上夔道（趙刊誤曰箋曰吳志作兜道按何焯云夔字是也史誤文）截其要徑備踰山越險僅乃得免忿恚而歎曰吾昔至京桓尚小兒而今迫孤乃至于此遂發憤而薨矣

又東過秭歸縣之南

縣故歸鄉地理志曰歸子國也樂緯曰昔歸典叶聲律宋忠曰歸卽夔歸鄉蓋夔鄉矣古楚之嫡嗣有熊摯者以廢疾不立而居于夔爲楚附庸後王命爲夔子春秋僖公二十六年楚以其不祀滅之者也袁山松曰屈原有賢姊聞原放逐亦來歸喻令自寬全鄉人冀其見從因名曰秭歸卽離騷所謂女嬃嬋媛以詈余也縣城東北依山卽坂周迴二里高一丈五尺南臨大江古老相傳謂之劉備城蓋備征吳所築也縣東北數十里有屈原舊田宅雖畦堰縻漫猶保屈田之稱也縣北一百六十里有屈原故宅累石爲室趙作屋基名其地曰樂平里宅之東北六十里有女嬃廟擣衣石猶存故宜都記曰秭歸蓋楚子熊繹之始國趙釋曰全氏曰按既曰熊繹之始國則非熊摯附庸所居矣自相參辰何也而屈原之鄉里也原田宅于今具存官本曰按原田宅近刻訛作屈原宅　案朱訛趙改刊誤曰屈字衍文原下落田字黃省曾本校正指謂此也江水又東

逕一城北官本曰按此八字原本及近刻竝訛作經又近刻脫一字　案朱訛脫趙改增其刊誤曰七字是注混作經逕下落其字胡渭校增其
城憑嶺作固趙刪其刊誤曰其字衍文二百一十步夾溪臨谷據山枕江北對
丹陽趙作楊城城據山跨阜周八里二百八十步東北兩面悉臨
絕澗西帶亭下溪南枕大江險峭壁立信天固也楚子熊繹始
封丹陽之所都也地理志以為吳之丹陽官本曰按吳下近刻衍子字案朱衍趙刪陽改楊刊誤曰漢
書地理志丹陽郡丹陽縣下云楚之先熊繹所封十八世文王徙郢此是班固誤記宋祁曰丹陽當作丹楊是也晉書地道記云丹楊縣丹楊山多赤柳在西寰宇記潤州丹陽縣下云本漢
曲阿縣地唐天寶元年復為丹楊縣以邑界楊樹生丹為名故今字从木為稱按宋志亦从木作丹楊樂記故以復為釋之何焯校衍子字改陽為楊論者云尋
吳楚悠隔繿縷荊山無容遠在吳境是為非也趙釋曰一清按班志此文在丹陽郡丹陽縣下
然觀子革僻處荊山之語則枝江為近酈氏故辭而闢之又楚之先王陵墓在其間官本曰按近刻之訛作子　案朱趙作子蓋
為徵矣江水又東南逕夔城南官本曰按此九字原本及近刻竝訛作經　案朱訛趙改刊誤曰九
字是注混作經跨據川阜趙增城字刊誤曰跨據上落城字周迴一里百一十八步西北背
枕深谷東帶鄉口溪官本曰按背近刻訛作皆脫口字　案朱訛脫趙改增刊誤曰皆當作背鄉口溪見下此落口字南側大
江城內西北角有金城東北角有圓土獄西南角有石井口徑

五尺熊摯始治巫城後疾移此蓋夔徙也趙釋曰全氏曰熊摯不得爲熊繹後故封夔非自巫徙春秋左傳僖公二十六年楚令尹子玉城朱箋曰城夔左傳作滅夔趙改滅夔者也服虔曰在巫之陽秭歸歸鄉矣江水又東逕歸鄉縣故城北官本曰按此十一字原本及近刻並訛作經案朱訛趙改刊誤曰十一字是注混作經袁山松曰父老傳言原既流放忽然蹔歸官本曰按蹔近刻作暫案朱趙作暫鄉人喜悅因名曰歸鄉抑其山秀水清故出儁異地險流疾故其性亦隘詩云惟岳降神生甫及申信與余謂山松此言山松朱作袁松趙作袁山松刊誤曰袁松即袁山松晉書有傳謝安傳作袁崧而是注前後亦多作袁崧蓋合二字爲一終當以山松爲是可謂因事而立證恐非名縣之本旨矣縣城南面重嶺北背大江東帶鄉口溪溪源出縣東南數百里西北入縣朱北作南趙改刊誤曰南黃省曾本作北逕狗峽西峽崖龕中石隱起有狗形形狀具足故以狗名峽鄉口溪又西北逕縣下入江謂之鄉口也江水又東逕信陵縣南官本曰按此九字原本及近刻並訛作經案朱訛趙改刊誤曰九字是注混作經臨大江東傍深溪溪源

北發梁州上庸縣界南流逕縣下而注于大江也朱無于字趙增刊誤曰而注下落于字黃省曾本校增

又東過夷陵縣南官本曰按又東上原本及近刻竝衍江水二字今改正　案朱衍趙刪刊誤曰江水二字衍文

江水自建平至東界峽盛弘之謂之空泠峽官本曰按謂之近刻脫之字　案朱脫趙增朱泠作冷趙改刊誤曰謂下落之字冷當作泠通典寰宇記俱作空舲峽酈祖禹曰夏秋水泛必空舲乃可上然作泠字于義亦得梁書王僧辯傳作空靈灘卽湘水注之空泠峽也峽甚高峻卽宜都建平二郡界也其間遠望勢交嶺表官本曰按近刻脫勢字　案朱脫趙增刊誤曰望下落勢字寰宇記校增有五六峯參差互出上有奇石如二人像攘袂相對俗傳兩郡督郵爭界于此宜都督郵厥勢小東傾議者以爲不如也江水歷峽東逕宜昌縣之插竈下官本曰按此十三字原本及近刻竝訛作經插訛作埵　案朱訛經趙改注刊誤曰十三字是注混作經朱插作埵趙改下同江之左岸絕岸壁立數百丈飛鳥所不能棲有一火燼官本曰按近刻訛作爐　案朱作爐箋曰當作火燼插在崖閒趙改燼插在崖閒望見可長數尺趙作丈父老傳言昔洪水之時人薄舟崖側以餘燼插之巖側至今猶存故先後相承謂之插竈也

朱箋曰治聞記云空舲峽絕壁上有一火燼長數尺名曰插竈相傳堯時洪水行者治舟崖側炊爨以餘燼插之酈常蓋亦據此注耳江水又東逕流頭灘官本曰按近刻脫逕字又此八字原本及近刻並訛作經朱脫訛趙增改刊誤曰七字是注混作經東下落逕字案其水並峻激奔暴官本曰按峻近刻作浚案朱同趙改刊誤曰浚何焯校改峻又趙暴改瀑魚鼈所不能游行者常苦之其歌曰灘頭白勃堅相持倏忽淪沒別無期朱倏作倐趙改刊誤曰倏當从犬作倏从火作倐非袁山松曰自蜀至此五千餘里下水五日上水百日也江水又東逕宜昌縣北官本曰按此九字原本及近刻並訛作經案朱訛趙改刊誤曰九字是注混作經分夷道佷山所立也官本曰按佷近刻訛作狠案朱作狠箋曰狠當作佷趙改佷縣治江之南岸北枕大江與夷陵對界宜都記曰渡流頭灘十里便得宜昌縣趙增也字刊誤曰縣下落也字御覽引此文校增江水又東逕狼尾灘而歷人灘官本曰按此十二字原本及近刻並訛作經案朱訛趙改刊誤曰十二字是注混作經袁山松曰二灘相去二里人灘水至峻峭南岸有青石夏沒冬出其石嶔崟數十步中悉作人面形或大或小其分明者鬚髮皆具因名曰人灘也江水又東逕黃牛山下官本

曰按此九字原本及近刻竝截上八字訛作經下字仍屬注文 案朱訛趙改刊誤曰八字是注混作經 有灘名曰黃牛灘南岸孫校曰御覽作崖重嶺疊起最外高崖間有石色官本曰按近刻脫石字 案朱脫趙增刊誤曰箋曰孫云當作有石按當作有石色荊州記校增 如人負刀牽牛人黑牛黃成就分明既人跡所絕莫得究焉此巖既高加以江湍紆迴官本曰按近刻脫以字 案朱脫趙增刊誤曰加下落以字寰宇記校增雖途逕趙作經信宿猶望見此物故行者謠曰朝發黃牛暮宿黃牛三朝三暮黃牛如故官本曰按近刻脫此八字 案朱脫趙增刊誤曰二句下御覽引此文有三朝三暮黃牛如故八字今校補言水路紆深官本曰按紆近刻訛作行 案朱訛趙改 迴望如一矣朱箋曰御覽引此云言水路紆深回環望如一矣 江水又東逕西陵峽官本曰按此八字原本及近刻竝訛作經 案朱訛趙改刊誤曰八字是注混作經 宜都記曰自黃牛灘東入西陵界至峽口朱趙有一字 百許里山水紆曲而兩岸高山重障非日中夜半不見日月絕壁或千許丈其石彩色形容多所像類林木高茂略盡冬春猿鳴至清山谷傳響泠泠不絕所謂三峽此其一也山松言常聞峽中水疾

書記及口傳悉以臨懼相戒曾無稱有山水之
美也及余來踐躋此境官本曰按近刻訛作意　案朱趙作意趙躋改齋刊誤曰躋孫潛校改齋既至
欣然始信耳聞之不如親見矣官本曰按之字近刻訛在耳聞上　案朱訛趙改刊誤曰之字
當移在耳聞下其疊崿秀峯奇構異形固難以辭敘林木
蕭森離離蔚蔚乃在霞氣之表仰矚俯映彌習
彌佳朱無佳字箋曰疑脫佳字趙增佳字流連信宿不覺忘返目所履歷
未嘗有也既自欣得此奇觀山水有靈亦當驚
知己于千古矣江水歷禹斷江南官本曰按此七字原本及近刻並載上六字訛作經
下一字仍屬注文　案朱訛趙改刊誤曰六字是注混作經峽北有七谷村官本曰按七近刻訛作北　案朱訛趙改刊誤曰寰宇記引郡
國志曰西陵有七谷村北字誤兩山閒有水清深潭而不流又耆舊傳
言昔是大江及禹治水此江小不足瀉水禹更
開今峽口水勢并衝此江遂絕于今謂之斷江
也江水出峽東南流逕故城洲官本曰按此十一字原本及近刻並訛作經　案朱訛趙改刊

誤曰十一字是注混作經洲附北岸洲頭曰郭洲長二里廣一里上有步闡故城方圓稱洲周迴略滿故城洲上城周五里官本曰按近刻脫五字　案朱脫箋曰疑缺一字趙增一字吳西陵督步隲所築也孫皓鳳凰元年隲息闡復爲西陵督據此城降晉晉遣太傅羊祜接援官本曰按近刻脫一晉字　案朱脫趙增刊誤曰于文當重一晉字未至爲陸抗所陷也江水又東逕故城北官本曰按八字原本及近刻竝訛作經　案朱訛趙改刊誤曰箋曰宋本作陸抗故城北按非也若此有陸抗二字則下不應又以所謂陸抗城也釋之八字是注混作經朱氏蓋不識也所謂陸抗城也城即山爲墉四面天險官本曰按天近刻訛作大　案朱訛趙改刊誤曰大當作天江南岸有山孤秀從江中仰望壁立峻絕袁山松爲郡嘗登之矚望焉故其記云今自山南上至其嶺嶺容十許人四面望諸山略盡其勢俯臨大江如縈帶焉視舟如鳧雁矣北對夷陵縣之故城城南臨大江秦令白起伐楚三戰而燒夷陵者也應劭曰夷山在西北蓋因山以名縣也王莽改曰居利吳黃武元年更名西陵也後復曰夷陵官本曰按近刻脫曰字　案朱脫趙增刊誤曰後復下落曰字縣北三十里有石穴

名曰朱作白箋曰舊本作名曰馬穿趙改曰馬穿嘗有白馬出穴官本曰按此下近刻衍食字 案朱趙同趙刊誤曰箋曰食字下疑
有禾麥字乃成文理白帖引荆州記正同但云昔有馬從穴出因復還入潛行乃出漢中按嘗有白馬出穴句食句人逐之自足成文正不必有禾麥字也人逐之入
穴潛行出漢中漢中人失馬亦嘗出此穴相去數千里袁山松
言江北多連山登之望江南諸山數十百重朱趙作里莫識其名高
者千仞多奇形異勢自非烟褰雨霽不辨見此遠山矣余嘗往
返十許過正可再見遠峯耳朱再見作見其趙改刊誤曰見其黃省曾本作再見江水又東
逕白鹿巖官本曰按此八字原本及近刻並訛作經 案朱訛趙改刊誤曰八字是注混作經沿江有峻壁百餘丈
猨所不能遊有一白鹿陵峭登崖乘巖而上故世名此巖爲白
鹿巖官本曰按近刻作云 案朱趙作云江水又東歷荆門虎牙之閒官本曰按近刻
閒訛作門又此十一字原本及近刻並訛作經 案朱訛趙改刊誤曰十一字是注混作經下門字當作閒後漢書注校荆門在南上合
下開闇徹山南有門像虎牙在北官本曰按近刻訛作此 案朱訛趙改刊誤曰此當
作北後漢書注引此文校石壁色紅閒有白文類牙形並以物像
受名此二山官本曰按二近刻訛作三 案朱訛趙改刊誤曰三當作二楚之西塞也水勢

急峻故郭景純江賦曰虎牙桀豎以屹崒荊門闕朱趙作闕竦而盤薄圓朱作圖淵九迴以懸騰溢朱作溢箋曰江賦闕作闕圓作圓溢作溢趙改圖溢仍闕字流雷响而電激者也漢建武十一年公孫述遣其大司徒任滿翼江王田戎將兵數萬官本曰按近刻脫數字　案朱趙無據險為浮橋橫江以絕水路營壘跨山以塞陸道光武遣吳漢岑彭將六萬人擊荊門漢等率舟師攻之直衝浮橋因風縱火遂斬滿等矣

又東南過夷道縣北夷水從佷山縣南東北注之

朱箋曰漢地理志武陵郡有佷山縣孟康云音恆

夷道縣漢武帝伐西南夷路由此出故曰夷道矣王莽更名江南朱作湖箋曰宋本作江南趙改南桓溫父名彝改曰西道魏武分南郡置臨江郡官本曰按魏武下近刻衍臨江二字　案朱趙有劉備改曰宜都官本曰按近刻脫改字　案朱脫趙增刊誤曰劉備下落改字孫潛校增郡治在縣東四百步故城吳丞相陸遜所築也為二江之會

也趙釋曰全氏曰按夷水別名清江其入江也有涇渭之分故曰二江之會北有湖里淵淵上橘柚蔽野桑麻闇日西望佷山諸嶺重峯疊秀青翠相臨時有丹霞白雲遊曳其上城東北有望堂地特峻下臨清江朱清作青趙改刊誤曰青當作清即佷山清江也遊矚之名處也縣北有女觀山厥處高顯回眺極目古老傳言昔有思婦夫官于蜀屢愆秋期官本曰按秋近刻訛作歸　案朱作歸箋曰舊本作愁期當是秋期之訛趙改秋登此山絕望憂感而死山木枯悴鞠爲童枯鄉人哀之因名此山爲女觀焉葬之山頂今孤墳尚存矣

又東過枝江縣南沮水從北來注之官本曰按此十四字原本及近刻並訛入注內接尚存矣之下今改正　案朱訛趙改刊誤曰十四字是經混作注

江水又東逕上明城北官本曰按此九字原本及近刻並訛作經　案朱訛趙改刊誤曰九字是注混作經晉大元中苻堅之寇荊州也刺史桓沖徙渡江南使劉波築之移州治此城官本曰按此城近刻訛作城也　案朱趙作城也其地夷敞北據大江江汜朱箋曰當作江沱趙改沱枝分東入大江縣治洲上故以枝江爲稱

地理志曰江沱出西官本曰按近刻訛作江迤出西南　案朱作江沲出西南趙改沲存南刊誤曰箋曰江沲當作江沱地理
志蜀郡郫縣注禹貢江沱在西南東入大江按漢志南郡枝江縣下云江沱出西東入江師古
曰沱卽江別出者也按此是荊州之沱朱氏引梁州之沱以相證可謂疎鹵矣又班志枝江之
沱無南字恐是世本脫失耳東入江是也其地故羅國蓋羅徙也官本曰按此九字近刻訛作其
民古羅徙五字　案朱趙同羅故居宜城西山楚文王又徙之于長沙今羅縣是
矣縣西三里有津鄉津鄉里名也春秋莊公十九年巴人伐楚
楚子禦之大敗于津官本曰按近刻此下衍鄉字　案朱衍趙刪刊誤曰何焯據左傳校衍鄉字杜預曰津楚地或曰江陵縣有津鄉應
劭曰南郡江陵有津鄉今則無聞矣郭仲產云尋楚禦巴人枝
江是其塗便此津鄉殆卽其地也官本曰按殆近刻訛作縣　案朱訛趙改刊誤曰箋曰津鄉縣舊本作津鄉宏吳改
作縣亦無所據漢晉地志無津鄉縣也或是似字之訛按何焯曰宏疑當作殆盛弘之曰縣舊治沮中後移出百里
洲西去郡朱趙有一字百六十里縣左右有數十洲槃布江中其百
里洲最爲大也中有桑田甘果官本曰按近刻脫有字　案朱脫趙增刊誤曰中下落有字映江依洲
自縣西至上明東及江津其中有九十九洲楚諺云洲不百官本
曰按近刻訛作洲下石　案朱同箋曰當作洲不百趙改故不出王者桓玄有問鼎之志乃增一洲

以充百數官本曰按增近刻訛作漕案朱訛趙改刊誤曰漕寰宇記作增僭號數旬宗滅身屠及其傾敗洲亦消毀今上在西忽有一洲自生沙流迴薄成不淹時其後未幾龍飛江漢矣朱箋曰此今上是盛弘之荊州記中語謂宋文帝也隋志云盛弘之是宋臨川王侍郎撰荊州記三卷趙釋曰日知錄曰凡引用前人之言必用前文水經注引盛弘之荊州記所指今上則南宋文帝以宜都王即帝位之事古人不以爲嫌縣東二里有縣人劉凝之故宅凝之字志安兄盛公高尚不仕凝之慕老萊嚴子陵之爲人立屋江湖非力不食妻梁州刺史郭詮女亦能安貧宋元嘉中夫妻隱于衡山終焉不返矣縣東北十里土臺北岸有迣洲長十餘里義熙初烈武王斬桓謙處官本曰按烈武王近刻訛作武烈王案朱訛趙乙刊誤曰箋曰武烈王當是武陵王按宋書高祖討桓元元敗走江陵乃奉武陵王遵爲大將軍承制大赦天下元走至枚回洲斬首傳京師義熙元年正月劉毅等至江津破桓謙桓振江陵平按何焯云武烈乃烈武之譌宋臨川烈武王道規也事見本傳朱氏蓋未詳桓謙復以譙縱蜀師寇江陵之事耳縣東南二十里富城洲上有道士范儕精廬自言巴東人少遊荊土而多盤桓縣界惡衣麤食蕭散自得言來事多驗而辭不可詳人心欲見歘然而對貌言尋求終弗遇也雖遥跨諸洲而舟人未嘗見其濟涉也後東

遊廣陵卒于彼士儕本無定止處官本曰按本下近刻衍洲字　案朱作宿本洲箋曰疑作在洲趙改在洲憩一小菴朱作巷箋曰疑作小菴趙改菴而已弟子慕之于其昔遊共立精舍以存其人縣有陳留王子香廟頌稱子香于漢和帝之時官本曰按近刻脫稱字　案朱趙無出爲荊州刺史有惠政天子徵之道卒枝江亭中常有三白虎出入人閒送喪踰境百姓追美甘棠以永元十八年立廟設祠刻石銘德號曰枝江白虎王君其子孫至今猶謂之爲白虎王官本曰按至今近刻訛作世令　案朱訛趙改刊誤曰世令當作至今隸釋校江水又東會沮口官本曰按此十字原本及近刻竝訛作經　案朱訛趙改刊誤曰七字是注混作經楚昭王所謂官本曰按近刻脫王字　案朱趙無江漢沮漳楚之望也

又南過江陵縣南

縣北有洲官本曰按北近刻訛作江　案朱訛趙改刊誤曰江當作北名勝志校號曰枚迴洲朱枚作枝箋曰沈約宋書作枚迴洲斬桓玄處趙改枚釋曰全氏曰或云枝江所迴繞故亦曰枝迴江水自此兩分而爲南北江也趙釋曰禹貢錐指曰袁中道澧遊記曰酈道元注水經于江陵枝迴洲下有南北江之名南江卽江水由澧入洞庭者也陵谷變遷今之大江始獨專其澎湃而南江之

跡稍稍湮滅僅爲衣帶細流然江水會澧故道猶可考云小修此義最爲精覈水經注澧水自石門以西與導江無涉其南江會澧故道參以近志東入洞庭此導江東至于澧過九江至于東陵之故道也一清按水經及注則是澧水注江非江會澧所云略有差錯北江有故鄉洲元興之末桓玄西奔毛祐之與參軍費恬射玄于此洲玄子昇年六歲輒拔去之王韶之云官本曰按韶近刻訛作昭朱訛趙改刊誤曰昭當作韶　案玄之初奔也經日不得食左右進麤粥咽不下昇抱玄胸撫之玄悲不自勝至此益州都護馮遷斬玄于此洲斬昇于江陵矣下有龍洲洲東有寵洲二洲朱作淵箋曰當作洲趙改洲之閒世擅多魚矣漁者投罟歷網往往絓絕官本曰按絓近刻訛作繼州記作投罟揮網宋本作往往絓絕　案朱作繼箋曰荊州記作投罟揮網宋本作往往雜絕趙改維絕有潛客泳而視之見水下有兩石牛嘗爲罶害矣官本曰按罶近刻訛作層　案朱訛趙改故漁者莫不擊浪浮舟鼓枻而去矣官本曰按枻近刻訛作栧　案朱趙作栧其下謂之郱里洲洲有高沙湖湖東北有小水通江名曰曾口江水又東逕燕尾洲北官本曰按此九字原本及近刻並截上八字訛作經下一字仍屬注文　案朱訛趙改刊誤曰八字是注混作經合靈溪水水無泉源上承散水合承大溪趙承改成刊誤曰承當作成黃省曾本校南

流注江江溪之會有靈溪戍背阿面江西帶靈溪故戍得其名矣江水東得馬牧口（官本曰按此七字原本及近刻並訛作經　案朱訛趙改刊誤曰七字是注混作經）江水斷洲（趙作州）通會江水又東逕江陵縣故城南（官本曰按此十一字原本及近刻並訛作經　案朱訛趙改刊誤曰十一字是注混作經）禹貢荆及衡陽惟荆州蓋即荆山之稱而制州名矣故楚也子華曰我先君僻處荆山以供王事遂遷紀郢今城楚船官地也春秋之渚宮矣秦昭襄王二十九年使白起拔鄢郢以漢南地而置南郡焉周書曰南國名也南氏有二臣力鈞（趙作均）勢敵競進爭權君弗能制南氏用分為二南國也（朱箋曰出周書史記解）按韓嬰敘詩云其地在南郡南陽之閒呂氏春秋所謂禹自塗山巡省南土者也是郡取名焉後漢景帝以為臨江王榮國王坐侵廟壖地為宮（官本曰按壖近刻訛作垣　案朱趙作垣）被徵升車出北門而軸折父老竊流涕曰吾王不還矣自後北門不開蓋由榮非理終也漢景帝二年改為江陵縣（趙釋曰全氏曰秦置南郡即治

江陵高帝元年改郡名曰臨江以封共敖而本表曰都江陵高帝五年復曰南郡景帝二年又曰臨江郡以封子榮中二年復爲南郡蓋郡名有更易縣名無改移注非是王莽更名郡曰南順官本曰按近刻脫郡曰二字案朱趙無縣曰江陸官本曰按近刻訛作陵案朱訛趙改刊誤曰漢書地理志注作江陸舊城關羽所築羽北圍曹仁呂蒙襲而據之羽曰此城吾所築不可攻也乃引而退杜元凱之攻江陵也城上人以瓠繫狗頸示之元凱病癭故也及城陷殺城中老小血流沾足論者以此薄之江陵城地東南傾故緣以金堤自靈溪始桓溫令陳遵造遵善于方功朱作防攻趙改刊誤曰箋曰孫云防攻當作方功謂以方計土功也按漢書張湯傳云治方中孟康曰方中陵土作方也師古曰古謂掘地爲阬曰方今荆楚俗土功築作算程課者猶以方計之朱氏言之不詳使人打鼓遠聽之知地勢高下依傍創築略無差矣城西有栖霞樓俯臨通隍吐納江流城南有馬牧城西側馬徑此洲始自枚迴下迄于此長七十餘里洲上有奉城故江津長所治舊主度州郡貢于洛陽因謂之奉城亦曰江津戍也戍南對馬頭岸昔陸抗屯此與羊祜相對大宏信義談者以爲

華元子反復見于今矣北對大岸謂之江津口故洲亦取名焉江大自此始也官本曰按大近刻訛作水案朱作水箋曰江水舊本作江火疑火乃大之譌吳改爲水未安趙改大家語曰江水至江津非方舟避風不可涉也故郭景純云濟江津以起漲言其深廣也江水又東逕郢城南官本曰按此八字原本及近刻竝訛作經案朱訛趙改刊誤曰八字是注混作經子囊遺言所築城也地理志曰楚別邑故郢矣王莽以爲郢亭城中有趙臺鄉冢岐平生自所營也冢圖賓主之容用存情好敘其宿尚矣江水又東得豫章口官本曰按此八字原本及近刻竝訛作經案朱訛趙改刊誤曰八字是注混作經夏水所通也西北有豫章岡蓋因岡而得名矣或言因楚王豫章臺名所未詳也

水經注卷三十四

水經注卷三十五　長沙王氏校本

後魏酈道元撰

江水 官本曰按近刻作江水三 按朱趙同

又東至華容縣西夏水出焉

江水左迆爲中夏水右則中郎浦出焉江浦右迆南派屈西極水曲之勢 官本曰按近刻訛作南派曲而極水曲之地勢 按朱同趙改曲而爲屈西不刪地字刊誤曰曲而當作屈西全氏校改 世謂之江曲者也

又東南當華容縣南涌水入焉 官本曰按入原本及近刻竝訛作出攷涌水乃夏水枝分入江者非從江出蓋後人因注文江水又東涌水注之訛而爲經嫌與此複遂妄改作出耳今訂正 案朱趙作出

江水又東涌水注之 官本曰按此八字原本及近刻竝訛作經 按朱訛趙改刊誤曰八字是注混作經 水自夏水南通于江謂之涌口二水之閒 官本曰按此四字近刻訛在而逸下二水上復衍于字 按朱同趙增二水之閒於于江下刪下于二水之閒五字刊誤曰于江下落二水之閒四字 春秋所謂閻敖游涌而逸者也 趙增左氏傳三字刊誤曰春秋下通鑑註引此文有左氏傳三字今校增於二水之閒五字衍文 江水又逕南平郡

孱陵縣之樂鄉城北官本曰按此十五字原本及近刻竝訛作經　按朱訛趙改刊誤曰十五字是注混作經孫校曰此注語欽漢人不得言南平郡晉志孱陵南平縣吳陸抗所築後王濬攻之獲吳水軍督陸景于此渚也

又東南油水從東南來注之

又東右合油口朱訛經趙改刊誤曰六字是注混作經又東逕公安縣北官本曰按此十三字原本及近刻竝訛作經　案朱訛趙改刊誤曰七字是注混作經劉備之奔江陵使築而鎮之曹公聞孫權以荆州借備臨書落筆杜預克定江南罷華容置之朱罷作置趙改刊誤曰上罷字吳琯本作罷趙釋曰一清按此處脫誤甚多不可强通謂之江安縣南郡治吳以華容之南鄉爲南郡官本曰按吳近刻訛作矣　案朱訛趙改刊誤曰矣當作吳晉太康元年改曰南平也縣有油水水東有景口口卽武陵郡界景口東有淪口淪水南與景水合又東通澧水及諸陂湖官本曰按東近刻訛作南　案朱趙作南自此淵潭相接官本曰按自此近刻訛作北是潭訛作也　案朱同趙北是改自此也改池刊誤曰箋曰孫云淵當作淪按非也名勝志引此文作淵潭於文當是淵池池字與也字形相近北是誤當作自此悉是南蠻府屯也故側江有大

城相承云倉儲城即邸閣也江水左會高口官本曰按此六字原本及近刻竝訛作經又近刻高訛作江　案朱訛趙改刊誤曰六字是注混作經江口楊慎本作高口下云故市口水與高水相通是也江浦也右對黃州官本曰按近刻脫右字　案朱脫趙增刊誤曰對上落右字趙彥衞雲麓漫鈔云江水東注凡水經左者皆北岸右者皆南岸左會高口高口在北黃州宜在南故云右對也下云江水又東右得聶口左對聶州是其例也趙釋曰一清按寰宇記云公安縣有黃山字或作皇昔人呼為雎山今或呼為王山黃州蓋以山得名江水又東得故市口官本曰按此八字原本及近刻竝訛作經　案朱訛趙改刊誤曰八字是注混作經水與高水通也

江水又右逕陽岐山北官本曰按此九字原本及近刻竝訛作經又陽作楊山北訛作北山今改陽岐即今石首縣西山在江之南岸　案朱訛趙改仍楊字刊誤曰九字是注混作經北山二字當倒互寰宇記云楊岐山在石首縣西一百步宋鮑明遠楊岐守風詩云洲迴風正悲江寒霧未歇即此也山枕大江官本曰按枕近刻訛作抗　案朱作抗箋曰宋本作枕趙改枕山東有城故華容縣尉舊治也

大江又東左合子夏口官本曰按此九字原本及近刻竝訛作經　案朱訛趙改刊誤曰九字是注混作經江水左迆北出通于夏水故曰子夏也趙刊誤曰箋曰當作故曰夏口也按非也通鑑註引此文是子夏江有江夏中夏之名此云子夏下文子練口是其證也大江又東左得侯臺水口官本曰按此十字原本及近刻竝訛作經　案朱訛趙改刊誤曰十字是注混作經江浦也大江右得龍穴水口官本曰按此八字原本及近刻竝訛作經　案朱訛趙改刊誤曰八字是注混作經江浦右迆也北對虎洲

又洲北有龍巢地名也昔禹南濟江黃龍夾舟舟人五色無主禹笑曰吾受命于天竭力養民生性也官本曰按近刻脫此二字案朱脫趙增刊誤曰生下落性也二字實字記引此文校增死命也何憂龍哉于是二龍弭鱗掉尾而去焉故水地取名矣江水自龍巢而東得俞口官本曰按此十字原本及近刻竝訛作經近刻脫得字　案朱訛脫趙改增刊誤曰按九字是注混作經東下落得字夏水泛盛則有冬無之江之北岸朱之作水趙改刊誤曰水當作之上有小城故監利縣尉治也朱無利字趙增刊誤曰晉書地理志云南郡統監利縣實字記引荊州圖副云晉太康五年立監利字又東得清陽土塢二口官本曰按陽近刻訛作揚又此九字原本及近刻竝訛作經　案朱訛趙改仍揚字刊誤曰九字是注混作經江浦也大江右逕石首山北又東逕赭要官本曰按此十三字原本及近刻竝訛作經　案朱訛趙改刊誤曰十三字是注混作經赭要洲名在大江中又北湖洲下江水左得飯筐上口官本曰按此八字原本及近刻竝訛作經　案朱訛趙改刊誤曰八字是注混作經秋夏水通下口上下口閒官本曰按近刻脫上下口三字　案朱趙無相距三十餘里赭要下即楊子洲在大江中二洲之間常苦蛟害昔荊佽飛濟此官本曰按昔近刻訛作者　案朱作者箋曰宋本作昔趙改昔遇兩蛟

斬之自後罕有所患矣江之右岸則清水口官本曰按清近刻訛作溝　案朱作溝箋曰宋本作清趙改清口上郎錢官也水自牛皮山東北通江北對清水洲洲下接生江洲南郎生江口水南通澧浦江水左會飯筐下口官本曰按近刻訛作右會飯筐上口　案朱同趙上改下刊誤曰上當作下江浦所入也江水又右得上檀浦官本曰按此八字原本及近刻竝訛作經　案朱訛趙改刊誤曰八字是注混作經江溠也江水又東逕竹町朱作畦箋曰宋本作町趙改町南官本曰按此八字原本及近刻竝訛作經　案朱訛趙改刊誤曰八字是注混作經江中有觀詳溠趙詳改洋刊誤曰詳全氏校改洋溠東有大洲官本曰按近刻作太洲　案朱同趙改洲東分爲爵洲洲南對湘江口也

又東至長沙下雋縣北澧水沅水資水合東流注之

凡此諸水皆注于洞庭之陂是乃湘水非江川官本曰按此下近刻有也字　案朱趙有

湘水從南來注之

江水右會湘水所謂江水會者也江水又東左得二夏浦〔官本曰按此九字原本及近刻並訛作經　案朱訛趙改刊誤曰九字是注混作經〕俗謂之西江口〔官本曰按俗字上近刻衍夏浦二字　案朱衍趙刪刊誤曰夏浦二字衍文〕又東逕忌置山南山東即隱口浦矣江之右岸有城陵山〔山有故城〕東接微落山亦曰暉落磯〔趙作蟣下並同〕江之南畔名黃金瀨瀨東有黃金浦良父口夏浦也又東逕彭城口〔官本曰按此六字原本及近刻並訛作經　案朱訛趙改刊誤曰六字是注混作經〕水東有彭城磯故水受其名即玉澗〔朱作潤箋曰潤宋本作澗趙改澗〕水出巴丘縣東玉山玉溪北流注于江江水自彭城磯東逕如山北〔官本曰按此十一字原本及近刻並訛作經　案朱訛趙改刊誤曰十一字是注混作經〕北對隱磯二磯之間〔官本曰按此下近刻衍大江之中四字　案朱趙有〕有獨石孤立大江中山東江浦世謂之白馬口江水又左逕白螺山南〔官本曰按此九字原本及近刻並訛作經　案朱訛趙改刊誤曰九字是注混作經〕

右歷鴨蘭磯北江中山也[官本曰按近刻脫山字　案朱脫趙增刊誤曰江中下落山字晏公類要校增]東
得鴨蘭治浦二口夏浦也江水左逕上烏林南
[官本曰按此八字原本及近刻竝訛作經近刻上訛作止　案朱訛經訛止箋曰止當作上趙改注改上刊誤曰八字是注混作經]村居地名也又
東逕烏黎口江浦也即中烏林矣又東逕下烏
林南[官本曰按近刻脫下字　案朱脫趙增刊誤曰按此當作下烏林落下字]吳黃蓋敗魏武于烏林即是處
也江水又東左得子練口[官本曰按此九字原本及近刻竝訛作經　案朱訛趙改刊誤曰九字是注混作經]
北通練浦又東合練口江浦也南直練洲練名
所以生也江之右岸得蒲磯口即陸口也水出
下雋縣西三山溪其水東逕陸城北又東逕下
雋縣南故長沙舊縣王莽之閏雋也宋元嘉十六年割隸巴
陵郡陸水又屈而西北流[朱趙有又字]逕其縣北北對金城
吳將陸渙所屯也　陸水又入蒲圻縣北逕呂蒙城
西昔孫權征長沙零桂所鎮也　陸水又逕蒲磯山北

入大江謂之刀環口又東逕蒲磯山北北對蒲
圻洲官本曰按近刻脫一北字　案朱趙無亦曰擊洲又曰南洲洲頭即蒲圻
縣治也晉太康元年置洲上有白面洲洲南又有溮
口水出豫章艾縣東入蒲圻縣至沙陽西北魚
嶽山入江山在大江中揚朱趙作楊子洲南孤峙中洲江水左
得中陽水口又東得白沙口官本曰按此十四字原本及近刻並譌作經　案朱譌趙改刊誤曰十四
字是注混作經一名沙屯即麻屯口也本名蔑默口江浦
矣南直蒲圻洲水北入百餘里吳所屯也又逕魚嶽
山北下得金梁洲洲東北對淵洲朱作淵箋曰宋本作洲趙改洲一名
淵步洲江瀆從洲頭以上悉壁立無岸歷蒲圻
至白沙方有浦官本曰按蒲圻近刻訛作蓴政朱同箋曰政宋本作岐趙改岐　案上甚難江中
有沙陽洲沙陽縣治也縣本江夏之沙羨矣晉太康中改
曰沙陽縣宋元嘉十六年割隸巴陵郡江之右岸有雍

口亦謂之港口官本曰按港近刻訛作流案朱訛趙改刊誤曰流當作港卽長洋港口也東北流爲長洋港官本曰按爲近刻訛作之案朱訛之港下脫又字趙改增刊誤曰之當作注長洋港下落又字又東北逕石子岡官本曰按近刻東北下有流字案朱趙有岡上有故城卽州陵縣之故城也莊辛所言左州侯國矣又東逕州陵新治南王莽之江夏也港水東南流注于江謂之洋口南對龍穴洲沙陽洲之下尾也洲裏有駕部口宋景平二年迎文帝于江陵法駕頓此因以爲名文帝車駕發江陵至此黑龍躍出負帝所乘舟左右失色上謂長史王曇首曰乃夏禹所以受天命矣我何德以堪之故有龍穴之名焉江水又東右得聶口官本曰按近刻脫又字此八字原本及近刻竝訛作經案朱脫訛趙增改刊誤曰七字是注混作經江水下落又字江浦也左對聶洲江水左逕百人山南官本曰按此八字原本及近刻竝訛作經案朱訛趙改刊誤曰八字是注混作經右逕赤壁山北昔周瑜與黃蓋詐魏武大軍處所也官本曰按處所近刻訛作所起案朱訛趙改刊誤曰所起當是處所之誤江水東逕大軍山南官本曰按此八字原本及近刻

竝譌作經　案朱譌趙改刊誤曰八字是注混作經山東有山屯夏浦江水左迆也江中有石浮出謂之節度石右則塗水注之水出江州武昌郡武昌縣金山官本曰按金近刻譌作泰　案朱趙作泰又朱無水字趙增刊誤曰出上落水字泰山魏書宣武帝紀亦作金山趙釋曰一清按寰宇記鄂州江夏縣下云金水在縣南九十里出金山西注大江舊記云有金雞從雞翅山南飛產金于此故名蓋山水之殊目矣方輿紀要云塗水一名金水荊湘記金水北岸有汝南舊城是也西北流逕汝南僑郡故城南咸和中寇難南逼戶口南渡因置斯郡治于塗口　塗水歷縣西又西北流注于江江水又東逕小軍山南官本曰按此九字原本及近刻竝譌作經　案朱譌趙改刊誤曰九字是注混作經臨側江津東有小軍浦江水又東逕雞翅山北官本曰按此九字原本及近刻竝譌作經　案朱譌趙改刊誤曰九字是注混作經　山東卽土城浦也

又東北至江夏沙羨縣西北沔水從北來注之

沌水上承沌陽縣之太白湖官本曰按原本及近刻竝脫沌字下同攷沌陽故城在今漢陽縣西又近刻脫太字　案朱同趙承下增沔字之下增太字刊誤曰陽縣上落沔字白湖上落太字通鑑注寰宇記引此文竝同今校補兩漢志沔陽縣屬漢中郡晉宋因之後魏屬華陽郡去江夏絕遠寰宇記漢陽軍下云魏初定荊州屯沔縣輿地志曰魯山下有城卽吳江夏太守所理之地晉立沔陽縣屬江夏郡歷宋齊梁因之按魏書文聘傳云別屯沔口非沔縣也晉書陶侃傳亦

云鎭于沌口移入沔江沔江卽沔口又不云是沔陽惟宋志荊州總序云刺史陶侃治沔陽後治武昌祝穆方輿勝覽云魏立荊州屯沔陽爲重鎭蓋在沔水之陽亦卽沔口又謂之臨嶂城
魏始立城晉乃置縣卽舊江夏太守治樂史之說故爲非矣東南流爲沌水逕沌陽縣朱逕下脫沌字趙增
刊誤曰宋書州郡志江夏太守領沌陽子相江左立寰宇記云晉于林鄣立沌陽縣屬江夏郡南注于江謂之沌口有
沌陽都尉治朱趙有下無沌字趙釋曰一清按有下落一字晉書陶侃傳侃率周訪進軍入湘使都尉楊舉爲先驅擊杜弢大破之而不言地名時侃屯沌口明
年徙林嶂卽臨嶂矣顧祖禹曰臨嶂卽沔陽是也胡三省曰沔陽梁武帝時方置郡據沈約志陶侃爲荊州刺史初治沔陽則是時已有沔陽城矣當屬竟陵郡界宋白曰復州沔陽縣漢縣
也郡國志曰沔陽縣卽楚王城又晉惠帝元康九年分江夏西部都尉置竟陵郡治石城此都尉疑卽江夏西部後易稱沔陽者也晉永嘉六年王敦
以陶侃爲荊州鎭此明年徙林鄣江水又東逕歎父山
南對歎州官本曰按此十二字原本及近刻並譌作經案朱譌趙改刊誤曰十二字是注混作經亦曰歎步矣
趙歎改炭刊誤曰歎步黃省曾本作炭步江之右岸當鸚鵡洲南有江水右迆
謂之驛渚三月之末官本曰按近刻之譌作以案朱趙作以水下通樊口水
江水又東逕魯山南官本曰按此八字原本及近刻並譌作經案朱譌趙改刊誤曰八字是注混作經古翼
際山也官本曰按古近刻譌作右朱譌趙改刊誤曰右當作古案地說曰漢與江合于衡
北翼際山旁者也山上有吳江夏太守陸渙所治城蓋

取二水之名地理志曰夏水過郡入江故曰江夏也官本曰按近刻脫故曰江三字案朱脫趙增刊誤曰入江下落故曰江三字漢志校補舊治安陸漢高帝六年置吳乃徙此城中有晉征南將軍荊州刺史胡奮碑又有平南將軍王世將刻石記征杜曾事趙釋曰全氏曰按征杜曾者是王廙有劉琦墓及廟也山左即沔水口矣沔左有卻月城官本曰按此下近刻衍然字案朱衍趙刪刊誤曰然字衍文亦曰偃月壘戴監軍築故曲陵縣也後乃沙羨縣治朱趙有也字昔魏將黃祖所守趙釋曰全氏曰劉表之將黃祖領江夏太守孫權擒之曹操得荊州祖骨朽久矣一清按道元蓋襲用盛宏之荊州記之文而誤遣董襲凌統攻而擒之官本曰按凌原本及近刻竝訛作陸今據三國志改正案朱訛趙改刊誤曰吳書是凌統陸字誤禰衡亦遇害于此衡恃才倜儻肆狂狷于無妄之世保身不足遇非其死可謂咎悔之深矣江之右岸有船官浦歷黃鵠磯西而南矣直鸚鵡洲之下尾江水溠曰朱箋曰當作洄趙改洄洑浦官本曰按洑近刻訛作狀案朱訛趙改刊誤曰狀當作洑是曰黃軍浦昔吳將黃蓋軍師所屯故浦得其名亦商舟之所會矣船官浦東即黃鵠山林

澗甚美譙郡戴仲若野服居之（趙釋曰卮林曰宋書戴顒字仲若譙郡銍人衡陽王義季鎮京口長史張劭與顒姻通迎來上黃鵠山山北有竹林精舍林澗甚美顒憩此澗義季亟從之遊太祖每欲見之嘗謂張敷曰吾東巡日當讌戴公山也按此則仲若所住黃鵠乃京口之山酈氏誤矣）山下謂之黃鵠岸岸下有灣目之爲黃鵠灣（官本曰按近刻脫黃字下同　案朱脫趙增刊誤曰鵠灣鵠山上俱當有黃字）黃鵠山東北對夏口城（魏黃初二年孫權所築也依山傍江開勢明遠憑墉藉阻高觀枕流（趙釋曰一清按高觀山名也亦曰高冠山在武昌縣城東南五里）上則遊目（朱作因箋曰一作目趙改目）流川下則激浪崎嶇實舟人之所艱也對岸則入沔津故城以夏口爲名亦沙羨縣治也）江水左得湖口水通太白湖（官本曰按近刻脫白字　案朱脫趙增刊誤曰當作太白湖）又東合灄口水上承溳水于安陸縣（官本曰按溳近刻訛作沔　案朱趙作沔趙釋曰方輿紀要曰灄水本溳水分流注誤溳爲沔）而東逕灄陽縣北東流注于江（官本曰按流近刻訛作南　案朱訛趙改）江水又東湖水自北南注謂之嘉吳江右岸頻得二夏浦北對東城洲西浦側有雍伏戍江之右（趙作左）岸東會龍驤水口水出北

山鑾中 朱趙出上無水字 江之左有武口 官本曰按近刻脫左字 案朱無左字趙改江之右岸得武口刊誤曰箋曰有宋本作右按右下落岸得二字 水上通安陸之延頭 官本曰按江水左得湖口至此原本及近刻竝訛作經 案朱同趙改刊誤出江水左得湖口(至)通安陸之延頭十三字曰九十八字是注混作經 宋元嘉二年 朱作永趙改元刊誤曰永嘉當作元嘉 衞將軍荆州刺史謝晦阻兵上流爲征北檀道濟所敗走奔于此爲戍主光順之所執處也南至武城俱入大江南直武洲洲南對楊桂水口江水南出也通金女大文桃班三治吳舊屯 朱作地箋曰宋本作屯趙改屯 所在荆州界盡此江水東逕若城南 官本曰按此七字原本及近刻竝訛作經 案朱訛趙改刊誤曰七字是注混作經 庚仲雍江水記曰 官本曰按近刻脫水字 案朱趙無 若城至武城口三十里者也南對郭口夏浦而不常泛矣東得苦菜夏浦浦東有苦菜山 官本曰按近刻訛作夏以夏字下屬爲文刊誤曰苦菜下落口字 案朱作夏趙增口字 江逕其北故浦有苦菜之名焉 山上有菜苦可食 江水左得廣武口江浦也江之右岸有李姚浦 浦中偏無蚑蚋之患矣

北對崢嶸洲冠軍將軍劉毅破桓玄于此洲玄乃挾天子西走江陵矣

又東過鄀縣南

江水東逕白虎磯北山臨側江瀆又東會赤溪夏浦浦口官本曰按浦近刻訛作二案朱訛趙改刊誤曰二口當作浦口即赤溪夏浦口也江水右逝也又東逕貝磯北官本曰按近刻貝訛作具北訛作此案朱訛趙改刊誤曰箋曰宋本作貝蟣按此當作北庾仲雍謂之沛岸矣江右岸趙增之字刊誤曰江下落之字有秋口江浦也又東得烏石水出烏石山南流注于江江水右得黎磯磯北亦曰黎岸也官本曰按此十三字原本及近刻並截上八字訛作經下五字仍屬注文又近刻脫一磯字案朱訛趙改並不重磯字刊誤曰七字是注混作經山東有夏浦又東逕上磧北山名也仲雍謂之大小竹磧也北岸烽火洲即舉洲也北對舉口仲雍作莒字得其音而忘其字官本曰按近刻訛作事案朱訛趙改刊誤曰事當作字非也舉水出龜頭山西北流逕蒙龍戍南官本曰按近刻脫蒙字

案朱趙無蒙字譌作龍趙釋曰一清按方輿紀要黃州府麻城縣舉水下引水經注云舉水西北流逕蒙龍城南南史梁宗室安成王秀傳云司州叛蠻田魯生魯賢秀超據蒙籠來降魏書地形志南定州蕭衍置治蒙龍城注有脫誤梁定州治蠻田秀超爲刺史朱趙秀超作超秀趙刊誤曰梁書安成王秀傳作田秀超今從魏書孝明帝紀作田超秀舉水又西流左合垂山之水水北出垂山之陽與弋朱作戈箋曰疑作弋漢志汝南郡有弋陽縣趙改弋陽淠水同發一山故是水合之水之東有南口戍又南逕方山戍西西流注于舉水又西南逕梁司豫二州東蠻田魯生爲刺史治湖陂城亦謂之水城也舉水又西南逕顏城南又西南逕齊安郡西倒水注之水出黃武山朱無水字趙增刊誤曰出上落水字南流逕白沙戍西官本曰按近刻脫流字案朱趙無又東南逕梁達城戍西東南合舉水舉水又東南歷赤亭下官本曰按東南近刻作南東此句之下衍一又字案朱同趙乙並下有又字刊誤曰南東二字當倒互謂之赤亭水又分爲二水南流注于江謂之舉口官本曰按近刻訛作洲案朱訛趙改刊誤曰洲當作口南對舉洲春秋左傳定公四年吳楚陳于柏舉京相

璠曰漢東地矣江夏有洰水官本曰按近刻脫江字案朱脫趙增刊誤曰夏上落江字或作舉疑卽此也左水東南流入于江江滸曰文方口官本曰按近刻脫一江字案朱趙無江之右岸有鳳鳴口江浦也浦側有鳳鳴戍江水又東逕邾縣故城南官本曰按此十字原本及近刻並訛作經案朱訛趙改刊誤曰十字是注混作經楚宣王滅邾徙居于此故曰邾也漢高帝元年官本曰按近刻訛作三年案朱訛趙改刊誤曰三當作元項羽封吳芮爲衡山王都此晉咸和中庾翼爲西陽太守分江夏立四年豫州刺史毛寶西陽太守樊俊共鎮之爲石虎將張格度所陷自爾丘墟焉城南對蘆洲舊吳時築客舍于洲上方便惟所止焉官本曰按近刻脫築字惟訛作謂案朱脫訛趙增改刊誤曰時下落築字名勝志引此文校增謂當作唯亦謂之羅洲矣

鄂縣北三字趙併作注與上羅洲矣相接說見下

江水右得樊口官本曰按此六字原本及近刻並訛作經案朱訛趙改刊誤曰九字是注混作經庾仲雍江水記云趙刪水字刊誤曰隋書經籍志校衍水字谷里袁口江津南入歷樊山

上下三百里通新興馬頭二治樊口之北有灣
昔孫權裝大船名之曰長安亦曰大舶載坐直之士三千人與
羣臣泛舟江津屬值風起權欲西取蘆洲谷利不從乃拔刀急
上官本曰按近刻訛作止　案朱訛趙改刊誤曰止當作上令取樊口薄船船至岸而敗故名其處
爲敗舶灣因鑿樊山爲路以上人即名其處爲吳造峴在樊口
上一里今厥處尚存江水又左逕赤鼻山南官本曰按此九字原本及近刻
竝訛作經　案朱訛趙改刊誤曰九字是注混作經孫校曰蘇軾之賦赤壁者也赤鼻爲赤壁宋人之陋山臨側江川又東逕西
陽郡南郡治即西陽縣也官本曰按此十四字原本及近刻竝訛作經　案朱訛趙改刊誤曰十四字是注混作經晉
書地道記以爲弦子國也江之右岸有鄂縣故城官本曰按此九
字原本及近刻竝訛作經　案朱訛趙改刊誤曰九字是注混作經舊樊楚地官本曰按近刻訛作也　案朱訛趙改刊誤曰也當作地世本稱熊
渠封其中子紅爲鄂王官本曰按紅字近刻作之名某者四字當是後人因文有脫誤增成其語　案朱趙同趙釋曰朱氏謀㙔箋曰史記
楚世家爲中子紅晉太康地記以爲東鄂矣九州記曰鄂今武昌也孫權
以魏黃初元年官本曰按此下近刻衍中字　案朱衍趙刪刊誤曰中字衍文自公安徙此改曰武昌縣

鄂縣徙治于袁山東又以其年立爲江夏郡分建業之民千家以益之至黃龍元年權遷都建業以陸遜輔太子鎭武昌孫皓亦都之皓還東令滕牧守之晉惠帝永平中始置江州傳綜爲刺史治此城後太尉庾亮之所鎭也今武昌郡治城南有袁山即樊山也武昌記曰樊口南有大姥廟孫權常獵于山下依夕趙刊誤曰箋曰依夕字誤當作依希按非也鍾惺曰依夕猶言傍晚太平御覽引武昌紀正作依夕見一姥問權獵何所得曰正得一豹母曰何不豎豹尾忽然不見應劭漢官序曰豹尾過後執金吾罷屯解圍天子鹵簿中朱天作大趙改刊誤曰大子當作天子後屬車施豹尾于道路豹尾之內爲省中蓋權事應在此故爲立廟也又孫皓亦嘗登之使將害常侍王蕃而以其首虎爭之官本曰按此句有脫誤裴松之引江表傳云使親近將蕃首作虎跳狼爭咋食之案朱以在虎下箋曰江表傳曰孫皓於殿上斬王蕃出登來山使親近將蕃首作虎跳狼爭咋齧之趙以移而字下刊誤曰以字當移在而字下北背大江江上有釣臺權常趙作嘗極飲其上曰墮臺醉乃已張昭盡言處城西有郊壇權告天即位于此官本曰案近刻脫即字案朱

脫趙增刊誤曰告天下落卽字顧謂公卿曰魯子敬嘗言此可謂明于事勢矣城東

故城言漢將灌嬰所築也 江中有節度石三段廣百

步高五六丈是西陽武昌界分江于斯石也又東得次

浦官本曰按近刻訛作又得東五丈又得次浦 案朱同趙改又東得五丈浦又東得次浦刊誤曰得東二字當倒互五丈下落浦字又下落東字 江浦也

東逕五磯北有五山沿次江陰故得是名矣仲

雍謂之五圻江水左則巴水注之官本曰按此八字原本及近刻並訛作經 案朱訛

趙改刊誤曰八字是注混作經水出雩婁縣之下靈山卽大別山也孫校曰巴

別聲相近與決水同出一山故世謂之分水山亦或曰

巴山南歷蠻中 吳時舊立屯于水側引巴水以溉野 又

南逕巴水戍南流注于江謂之巴口又東逕軑

縣故城南官本曰按此八字原本及近刻並訛作經 案朱訛趙改刊誤曰八字是注混作經又朱箋曰漢地理志江夏郡軑縣孟康音汰又音徒系反舊本

作較宋本作軟皆誤故弦國也 趙釋曰全氏曰此是漢志語而前西陽郡下又引王隱晉書地道記是爲複也 春秋僖公五年秋

楚滅弦弦子奔黃者也漢惠帝元年封長沙相利倉趙釋曰沈氏曰漢表作黎朱倉

此從史表爲侯國城在山之陽南對五洲也江中有五洲相接故以五洲爲名宋孝武帝舉兵江州官本曰按近刻訛作洲 案朱訛趙改建牙洲上有紫雲蔭之卽是洲也東會希水口水出灊縣霍山西麓山北有灊縣故城官本曰按此二十字原本及近刻竝訛作經 案朱訛趙改朱無水字趙增刊誤曰十九字是注混作經出灊縣上落水字地理志曰縣南有天柱山卽霍山也有祠南嶽廟音潛趙釋曰譚氏元春曰二字恐非正文一清按友夏之言是也二字注中注漢志注晉灼曰音潛齊立霍州治此西南流分爲二水枝津出焉希水又南積而爲湖謂之希湖湖水又南流逕軑縣東而南流注于江是曰希水口者也官本曰按水口近刻訛作口水 案朱訛趙改然水流急濬霖雨暴漲官本曰按近刻訛作病 案朱訛病趙改疾刊誤曰箋曰孫云疑作暴澍按孫潛校改疾漂濫無常行者難之大江右岸有厭里口安樂浦官本曰按此十一字原本及近刻竝訛作經 案朱訛趙改刊誤曰十一字是注混作經從此至武昌尚方作部諸屯相接枕帶長江又東得桑步步下有章浦本西陽郡治官本曰按西近刻訛作南 案朱趙

作南趙釋曰全氏曰此地安得爲南陽郡治或因下南陽山而譌先宗伯公曰當作西陽郡治是也今悉荒蕪江水左得赤水浦（官本曰按此七字原本及近刻竝訛作經案朱訛趙改刊誤曰七字是注混作經）夏浦也江水又東逕南陽山南（官本曰按此九字原本及近刻竝訛作經案朱訛趙改刊誤曰九字是注混作經）又曰芀（朱作苟箋曰苟宋本作芀趙改芀）磯亦曰南陽磯仲雍謂之南陽圻一名洛至圻一名石姥水勢迅急江水又東逕西陵縣故城南（官本曰按此十一字原本及近刻竝訛作經案朱訛趙改刊誤曰十一字是注混作經）史記秦昭王遣白起伐楚取西陵者也漢章帝建初二年封陰堂（趙作棠）爲侯國江水東歷孟家溠（朱作洸箋曰洸疑作溠趙改溠）江之右岸有黃石山水逕其北（官本曰按此十九字原本及近刻竝訛作經案朱訛趙改刊誤曰十九字是注混作經）即黃石磯也一名石茨圻有西陵縣（官本曰按近刻此下有也字案朱有也字趙上增治字）縣北則三洲也山連延江側（官本曰按近刻延訛作逕側訛作則朱訛趙改則仍逕刊誤曰則當作側案）東山偏高謂之西塞東對黃公九磯所謂九圻者也于行小難兩山之閒爲闕塞（官本曰按此下近刻有也字案朱趙有也字）從此濟于土復

土復者北岸地名也（趙復並作澓釋曰一清按方輿紀要興國州大冶縣西塞山北即道士洑也亦名土洑則土澓者即土洑也澓與洑通用）
又東過蘄春縣南蘄水從北東注之（趙刊誤曰箋曰克家云疑作北來按北東字本禹貢不誤）
江水又得葦口（官本曰按葦近刻訛作常　案朱訛趙改又趙改右刊誤曰箋曰宋本作韋口按當作葦口下云浦東有葦山可證也又當作右）江浦也浦東有葦山江水東逕山北北崖有
東湖口江波左迆流結成湖故謂之湖口矣江
水又東得空石口江浦在（一本誤左）右臨江有空石山
南對石穴洲洲上有蘄陽縣治（官本曰按此下近刻有也字　案朱趙有）又東蘄
水注之江水又東逕蘄春縣故城南世祖建武二
十年封陳俊子浮為侯國（官本曰按此下近刻有也字　案朱趙有）江水又東得銅
零口江浦也大江右逕蝦蟆山北而東會海口
水南通大湖北達于江（官本曰按此下近刻衍水字　案朱趙有）左右翼山江

水逕其北東合臧口江浦也官本曰按近刻作矣案朱趙作矣江水又左逕長風山南得長風口江浦也江水又東逕積布山南俗謂之積布磯又曰積布圻庚仲雍所謂高山也此卽西陽尋陽二郡界也趙刊誤曰箋曰西陽一作南陽按宋書州郡志云西陽太守本縣名二漢屬江夏魏立弋陽郡又屬焉惠帝又分弋陽爲西陽國屬豫州在今湖廣黃州府境東南距九江府二百四十里右岸有土復口官本曰按近刻訛作曰案朱訛趙改刊誤曰曰當作口又趙復作復江浦也夾浦有江山山東有護口官本曰按近刻口字訛在有護上案朱趙同江浦也朱趙無也字庾仲雍謂之朝二浦也趙釋曰全氏曰朝二浦先宗伯公手校本作朝江浦卽上護江浦之義

又東過下雉縣北利水從東陵官本曰按利近刻訛作刊下同案朱訛趙改說見注中西南注之

江水東逕琵琶山南山下有琵琶灣官本曰按此下近刻有也字案朱趙有又東逕望夫山南又東得苦菜水口朱重水字趙刪刊誤曰水字重文宜衍夏浦也江之右岸富水注之水出陽新縣之青

湓山西北流逕陽新縣官本曰按近刻脫新字　案朱脫趙增刊誤曰當是陽新縣落新字故豫章
之屬縣矣朱無縣字箋曰一作屬縣趙增地多女鳥玄中記曰陽新男子官本曰按陽新近刻訛作新陽
案朱趙同于水次得之遂與共居生二女悉衣羽而去豫章閒養兒
不露路其衣言是鳥落塵于兒衣中則令兒病故亦謂之夜飛遊
女矣官本曰按夜飛近刻訛作飛夜　案朱訛趙乙刊誤曰飛夜二字當倒互朱翌猗覺寮雜記云嶺外人家嬰兒衣暮則急收不可露夜土人云有蟲名暗衣夜見小兒衣必飛
毛著其上兒必病寒熱久則瘦不可療其形大如蝴蝶水經謂之夜飛遊女搜神記又謂之夜遊女以爲即鬼車也趙釋曰方輿紀要興國州永興廢縣下云本漢鄂縣及下雉縣地孫吳初
爲武昌縣地尋析武昌縣南境置陽新縣屬武昌郡晉以後因之隋改曰富川縣今猶謂之陽新里晉志陽新屬武昌不屬豫章然吳書呂蒙傳以尋陽陽新爲奉邑意者先屬豫章後更武
昌乎且晉志又無新陽之名宋志竟陵太守屬有新陽男相殆是永初後所置是注上云陽新下云新陽而所引毛女事搜神記作豫章新淦人則是又與陽新新陽俱無當也又
西北逕下雉縣王莽更名之潤光朱作兇箋曰當作光趙改光矣後併陽新
官本曰按近刻訛作新陽　案朱趙同趙釋曰全氏曰孫吳析下雉置陽新未嘗並下雉入新陽也水之左右公私裂溉咸成沃
壤官本曰按近刻脫成字　案朱脫趙增刊誤曰咸下落成字孫潛校增舊吳屯所在也江水又東官本曰按近刻
又訛作口東字訛在下句右字之下　案朱訛趙改刊誤曰口當作又右東二字當倒互右得蘭溪水口並江浦
也又東左得青林口官本曰按此七字原本及近刻並訛作經　案朱訛趙改刊誤曰七字是注混作經水出

廬江郡之東陵鄉官本曰按水出上近刻衍即字　案朱衍趙即改江增左傍青林湖即利水八字刊誤曰寰宇記蘄州廣濟縣下引此文曰江水左傍青林湖即利水今校補八字利水世本水經注作刊水前後經注俱校改江夏有西陵縣故是言東矣

尚書云江水過九江至于東陵者也趙釋曰全氏曰按此則詹長不以洞庭爲九江以是知第四十卷九江在長沙下雋之文非本經所有如以爲經注互異則彼文詹長何無一語糾正之西南流水積爲湖

湖西有青林山宋太始元年明帝遣沈攸之西伐子勛伐柵青山覩一童子甚麗問伐者曰取此何爲答欲討賊童子曰下旬當平何勞伐此在衆人之中忽不復見故謂之青林湖湖有鯽魚食之肥美辟寒暑湖水西流謂之青林水又西南歷尋陽分爲二水一水東流通大雷一水西南流注于江經所謂利水也右對馬頭岸自富口迄此五十朱作千箋曰當作十趙改十餘里岸阻江山官本曰按水經于沔水內敘其入江之後所過蓋與江水合沔之後詳略兩見今江水止于下雉縣而沔水內訂其錯簡又東過彭蠡澤又東過皖縣南又東至石城分爲二其一東北流又東北出居巢縣南又東過牛渚又過毗陵縣爲北江參以禹貢山水澤地北江在毗陵北界東入于海下雉縣以下大江入海之大略固具在道元于江水敘次必詳悉自宋時已闕逸矣趙釋

曰何氏曰此下注文總見二十八卷沔水南江下又曰三卷述大江源委卽當繼以沔水蓋沔卽漢江漢同朝宗于海不可得而隔越也一清按義門之言非也沔水篇兼敘北江南江江水篇專敘中江豈可合也禹貢錐指曰水經江水自下雋以東所紀山水地名或瑣細難考沔水自石城以東尤多舛錯道元亦自謂未必一得其實今據府州縣志附載其下水經注江水自江郡之東陵鄉尚書云江水過九江至于東陵者也又東逕瑞昌縣北廣濟縣南又東逕德化西塞山又東逕蘄春縣故城南又東逕積布山南又東逕下雉縣北又東左得青林口水出廬縣北黃梅縣南彭蠡澤在德化縣東南九十里其水北注于江此導江東迆北會于匯之所經也江水至德化縣東北與贛水合彭蠡湖從南來注之江水又東北逕湖口縣北又東北逕彭澤縣北其對岸則宿松縣望江縣又東北逕東流縣西其對岸則懷寧縣又東北逕貴池縣北其對岸則桐城縣又東北逕銅陵縣西又東北逕繁昌縣北其對岸則無爲州又東北逕蕪湖縣西又北逕當塗縣西其對岸則和州又東北逕江寧縣西其對岸則江浦縣又東北逕上元縣北其對岸則六合縣又東逕句容縣北其北岸則儀真縣又東逕丹徒縣北其北岸則江都縣又東逕丹陽縣北又東逕武進縣北其北岸則泰州又東逕江陰縣北其北岸則泰興縣靖江縣如皋縣又東逕常熟縣北其北岸則通州又東逕太倉州北其北岸則海門縣又東入于海此東爲中江入于海之所經也又曰漢志蒲氏道下云江水東南至江都入海江都下云有江水祠海陵下云有江海會祠皆以北岸言之江海會者謂江入海處也毗陵下云北江在北東入海則以南岸言之今泰州泰興靖江如皋通州漢時皆爲海陵縣地今武進江陰常熟及太倉嶼海之鄉漢時皆爲毗陵縣地故大江入海在其境班氏所言初無滲漏然北江者大江之正流也而志與中江南江並列而爲三使枝幹不分石城分江水卽南江之上源而松江在吳縣南者中江由陽羨入海之道也志更以爲南江使首尾橫決此則其所短耳水經依導水之序先沔而後江沔水篇云與江合流東過彭蠡澤又東北出居巢縣又東至石城縣分爲二其一過毗陵縣北爲北江而不及江都蓋舉其南而遺其北也江水篇敘至下雉縣北東陵鄉之東北而止以是應過九江至于東陵之文而不知此東陵非禹貢之東陵也自是以下則以爲與沔水同故不復見然沔水篇但云過毗陵爲北江而下文則專敘南江至餘姚入海無一言及于北江遂使志家有錯認北至山陰爲浙江者貽誤不小按東樵之言亦非也世本江水篇缺軼下卷故中江入海之道遽湮耳予爲採摭遺文補亡正繆欲爲酈氏洗此沈冤長夜復

曰或庶幾焉寰宇記舒州望江縣下引水經注云江水對雷水之北側有周瑜廟亦呼大雷神桐城縣下云益塘山在縣南一里漢書武帝紀元封五年巡狩過盛唐作樅陽盛唐之歌酈元注水經云此水源東南流逕盛唐戍俗謂之小益唐雷水又名雷池水又云大雷池水西自宿松縣界流入自發源縣界東南積而爲池謂之雷池又東流逕縣南去縣百里又東入于海江行百里爲大雷口又有小雷口晉庾亮報温嶠書云足下無過雷池一步乃此地即注所云青林水又西南逕尋陽分爲二一水東南流過大雷者也御覽引水經曰雷水南逕大雷戍西注大江謂之大雷口一派東南流入江謂之小雷口也困學紀聞鮑明遠登大雷岸與妹書大雷在舒州望江縣水經注所謂大雷口也晉有大雷戍陳置大雷郡自注云積雨爲池謂之雷池東入于江謂之大雷口名勝志桐城縣下引注水經曰樅陽湖水遶團亭與江水合而東流即此處也太湖縣下引水經注云晉泰始二年置縣在龍山太湖水邊水出縣西積稻山東南流入大江漢志廬江郡湖陵邑下云北湖在南全氏曰北湖卽樅陽湖與丹陽郡溧陽縣之南湖陽江對岸初學記舒州引水經注云破虜磯東有趙屯城內有倉寰宇記和州歷陽縣下云洞口浦魏將曹休張遼伐吳至此與吳軍相望注水經云江水左列洞口書敘指南云水經和州地名洞浦初學記和州引水經注云江水北逕烏江縣之豐浦上通湖池又云次得陰塘水同受皇石湖湖水連爲包湖西翼潭湖方輿紀要云和州爲江浦在故烏江縣東四里卽亭長艤舟待項羽處水經注云江水又北得黃律口卽烏江渡也章懷後漢書張禹傳注引水經注云吳王賜子胥死浮尸于江夫差悔與羣臣臨江設祭修塘道及壇吳人因爲立廟而祭焉按東漢揚州刺史治歷陽今和州也周應合景定建康府志云白鷺洲在城之西酈道元水經云江寧之新林浦西對白鷺洲又曰曲水晉海西公于鍾山立流杯曲水延百僚水經注曰舊樂遊苑宋元嘉十一年以其地爲曲水武帝引流轉酌賦詩方輿紀要常熟縣峴承湖水經注云廣長各十八里文選江賦注引水經注曰中江東南左會滆湖漢志丹陽郡溧陽縣應劭曰溧水所出南湖也說文溧水出丹陽溧陽縣又有籓水亦出丹陽建康府志云酈道元水經曰朱湖在溧陽又云銀林堰在溧水縣東南一百里卽魯陽五堰也今蕪湖縣南有支江俗稱爲縣河經縣市中東達黃池入三湖三湖丹陽顧城石白湖也至銀林而止所謂中江東至陽羨卽此也蘇常承此下流常病漂沒故築銀林五堰以窒之自是中江不復東而宣歙皆由蕪湖西出達于大江濱湖之地皆隄爲圩田中江亦漸隘狹故老云當時慮後人復開此道則蘇常之閉

必被水患遂以石窒五堰路又液鐵以固石故曰銀淋今訛爲林又云中江舊逕溧陽縣界古
三江之一今永陽江一名九陽江一名穎陽江在縣西北三十五里即其遺迹唐開元十七年
蔣日用作本縣城隍記云此縣南壓中江風波不借舟楫無施縣宰喬翔創浮梁以便行旅中
江橋梁之設昉于此景福三年楊行密將臺濛作五堰施輕舸饋糧是時中江置堰江流亦既
狹矣東坡奏議云溧陽縣之西有五堰者古所以節宣歙金陵九陽江之衆水直趨太平州蕪
湖後之商人販賣簰木東入二浙以五堰爲阻因紿官中廢去五堰五堰既廢則宣歙金陵九
陽江之水或遇暴漲皆入宜興之荆溪由荆溪而入震澤時元祐六年也是時中江尚通其後
東壩既成中江遂不復東惟永陽江水入荆溪漫著其詳以見溧陽亦禹迹之所歷云明高淳
韓邦憲作廣通壩考曰廣通鎮在高淳縣東五十里世所謂五堰者也西有固城石臼丹陽南
湖受宣歙金陵姑孰廣德及大江水東連三塔湖長蕩湖荆溪震澤中有三五里頗高阜春秋
時吳王闔廬伐楚用伍員計開渠以運糧今尚名胥溪及傍有伍牙山云左傳襄公三年楚子
重伐吳克鳩茲至于衡山哀公十五年楚子西子期伐吳及桐汭蓋由此道鎮西有固城邑遺
址則吳所以拒楚者也自是湖流相通東南連兩浙西人大江舟行無阻矣而漢唐以來言地
理者遂以爲水源本通蓋皆指吳所開爲禹貢三江故道耳中江之蛛絲馬迹見于羣籍者如
此又漢志丹陽郡宛陵縣下云彭澤聚在西南清水西北至蕪湖入江在今寧國府界豈即清
弋江乎說文泠水出丹陽宛陵西北入江泠水疑即清水也而應劭乃移而屬之零陵郡泠道
縣下故臣瓚以爲非也此水
不見于江水注爲附記之

水經注卷三十五

水經注卷三十六　長沙王氏校本

後魏酈道元撰

青衣水　桓水　若水　沬水

延江水朱有沅西水三字存水　温水

青衣水出青衣縣西蒙山東與沬水合也

縣故青衣羌國也官本曰按故下近刻衍有字　案朱衍趙改古刊誤曰有當作古竹書紀年梁惠成王十年瑕陽人自秦道岷山青衣水來歸漢武帝天漢四年罷沈黎郡分兩部都尉官本曰按近刻訛作分沈黎郡西部都尉　案朱趙同趙郡下增置字一治青衣主漢民官本曰按此七字近刻訛作青衣之王漢五字　案朱同箋曰華陽國志作罷沈黎置兩郡都尉一治旄牛主外羌一治青衣漢民趙改治青衣主漢民六字公孫述之有蜀也青衣不服世祖嘉之建武十九年以為郡安帝延光元年置蜀郡屬國都尉青衣王子心慕漢制上求內附順帝陽嘉二年改曰漢嘉嘉得此良臣也朱不重嘉字箋曰謝云嘉字下當又有嘉字趙增縣有蒙山青衣水朱無水字箋曰疑脫水字趙增所發東逕其縣與沬水會于越

巂郡之靈關道朱無越字箋曰當作越巂郡趙增釋曰一清按此是漢嘉之靈關山非越巂郡之靈關道也道元蓋爲經所誤詳沫水篇

青衣水又東邛水注之水出漢嘉嚴道邛來山東至蜀郡臨邛縣東入青衣水

至犍爲南安縣入于江

青衣水逕平鄉謂之平鄉江益州記曰平鄉江東逕峨眉山在南安縣界去成都南千里然秋日清澄望見兩山相峙如蛾眉焉青衣水又東流注于大江

桓水出蜀郡岷山官本曰按漢書作蜀山西南行羌中入于南海

尚書禹貢岷嶓既藝沱潛既道蔡蒙旅平和夷底績鄭玄曰和上夷所居之地也和讀曰桓地理志曰朱無理字趙增刊誤曰當作地理志落理字桓水出蜀郡蜀山西南行羌中者也尚書又曰西傾因桓是來馬融王肅

云西治傾山惟因桓水是來言無他道也余按經據書岷山西傾俱有桓水桓水出西傾山更無別流所導者惟斯水耳趙釋曰禹貢錐指曰古者桓有和音故鄭康成破和為桓晉地道記云梁州自桓水以南為夷書所謂和夷底績此說是也但不當破和為桓耳又曰漢志蜀郡下桓水別是一水行羌中入南海不復經中國班氏指為禹貢之桓水何其繆也酈道元云岷山西傾俱有桓水此亦為班孔作謁人耳依鄭說其所指者當為漢志之淺水唐之大渡河而謂此水即西傾所因之桓水大非釋桓水者當以鄭注所敘之白水為正浮于潛漢而達江沔故晉地道記曰梁州南至桓水西抵朱趙作底黑水東限扞關今漢中巴郡汶山蜀郡漢嘉江陽朱提涪陵陰平廣漢新都梓潼犍為武都上庸魏興新城皆古梁州之地自桓水以南為夷書所謂和夷底績也然所可當者惟斯水與江耳桓水蓋二水之別名為兩川之通稱矣官本曰按川近刻訛作江案朱趙作江鄭玄注尚書言織皮謂西戎之國也西傾雍州之山也雍戎二野之間人有事于京

師者道當由此州而來桓是隴坂名其道盤桓旋曲而上故名曰桓是今其下民謂是坂曲爲盤也斯乃玄之別致恐乖尚書因桓之義非浮潛入渭之文余攷校諸書以具聞見今略緝綜川流沿注之緒雖今古異容本其流俗麤陳所由然自西傾至葭萌入于西漢卽鄭玄之所謂潛水者也自西漢遡流而屆于晉壽界沮漾枝津（官本曰按沮近刻訛作阻　案朱訛趙改刊誤曰阻當作沮）南歷岡穴迆邐而接漢沿此入漾書所謂浮潛而逾沔矣歷漢川至南鄭縣屬于褒水遡褒曁于衙嶺之南溪水枝灌于斜川（官本曰按近刻水訛作川枝訛作皮　案朱同箋曰川皮當作支趙改水改支刊誤曰川胡渭校改水）屆于武功而北達于渭水此乃水陸之相關川流之所經復不乖禹貢入渭之宗實符尚書亂河之義也（趙釋曰禹貢錐指曰鄭元云消）

西漢泝流而至晉壽沮漾枝津南枝津即郭璞所云水從沔陽縣南流至漢壽寰宇記所謂三泉故縣南大寒水西流者也歷岡穴迤邐而接漢岡穴即郭璞所謂峒山括地志所謂龍門山大石穴者也又曰水經注以褒斜二水爲自沔入渭之道考諸漢史則猶有可疑者河渠書云武帝時有上書欲通褒斜道及漕事下御史大夫張湯湯問之言抵蜀從故道故道多阪回遠今穿褒斜道少阪近四百里而褒水通沔斜水通渭皆可以行船漕漕從南陽上沔入褒褒絕水至斜閒百餘里以車轉從斜下下渭如此漢中之穀可致山東從沔無限便于底柱之漕上以爲然拜湯子卬爲漢中守發數萬人作褒斜道五百餘里道果便近而水多湍石不可漕蘇氏據此以說經曰沔無入渭之道漢人所言褒斜則其道也然褒斜之閒絕水百餘里故曰逾于沔蓋禹時通謂褒爲沔也竊謂褒斜二水禹時必有相通之道如水經注所云衙嶺之南溪水支灌于斜川者及夏殷之際梁俗變爲蠻夷貢職不修貢道遂廢周武王牧野之師八國雖嘗來會其後巴蜀恃險復不與中國通逾沔入渭之道其誰知之嘗觀江河之枝流日久亦多陻塞而況深山窮谷之中溪流一綫裁得通舟自禹至漢多歷年所豈能長存而不變褒斜二水相通之道禹時自有漢時自無不得據漢史而疑聖經亦不得據酈注而疑漢史也

若水出蜀郡旄牛徼外東南至故關爲若水也

山海經曰南海之內黑水之閒有木名曰若木若水出焉又云灰野之山有樹焉青葉赤華厥名若木生崑崙山西附西極也淮南子曰若木在建木西木有十華其光照下地故屈原離騷天問曰羲和未陽若華何光是也然若木之生

非一所也黑水之閒厥木所植水出其下故水受其稱焉若水沿流閒關蜀土黃帝長子昌意德劣不足紹承大位降居斯水爲諸侯焉娶蜀山氏女生顓頊于若水之野 孫校曰按山海經顓頊是昌意之孫 有聖德二十登帝位承少皞金官之政以水德寶 趙作膺 歷矣若水東南流鮮水注之一名州江大度水出徼外至旄牛道 官本曰按旄近刻作髦下同案朱作髦箋曰漢志作旄牛趙改旄 南流入于若水 趙釋曰一清按漢志蜀郡旄牛鮮水出徼外南入若水旄牛不曰道續志亦不曰道與注異也 又逕越巂大莋縣入繩繩水出徼外山海經曰巴遂之山繩水出焉東南流分爲二水其一水枝流東出逕廣柔縣東流注于江其一水南逕旄牛道至大莋與若水合自下亦通謂之爲繩水矣 趙釋曰一清按漢志越巂郡遂久縣繩水出徼外東至僰道入江過郡二行千四百里說文從水作澠詳本篇僰道縣入江注中孫校曰此漢志所以有若水入澠之說 莋夷也汶山曰夷 官本曰按近刻訛作莋案朱訛趙改刊誤曰莋華陽國志作夷 南中曰昆彌蜀曰邛漢嘉越巂曰

筰皆夷種也趙釋曰一清按禹貢錐指曰凡言筰者夷人於大江水上置藤橋謂之筰定筰大筰皆是近水置筰橋處筰與莋同漢志越嶲郡定莋縣下云出鹽步北澤在南都尉治

南過越嶲邛都縣西直南至會無縣淹水東南流注之朱無之字箋曰注下當有之字趙增

邛都縣漢武帝開邛莋置之　縣陷爲池今因名爲邛池南人謂之邛河官本曰按近刻脫邛字　案朱趙無趙釋曰一清案漢志越嶲邛都縣下云南山出銅有邛池澤范史西南夷傳云南人以爲邛河劉昭補註郡國志引南中志曰邛都縣東南數里有水名邛廣都河從廣三十里深百餘丈有魚長一二丈頭特大遙視如戴鐵釜狀　河中有蜯嶲山官本曰按蜯近刻訛作蛙　案朱訛趙改刊誤曰箋曰華陽國志云邛都河中有奉嶲山按劉昭郡國志補注引華陽國志作蜯嶲山今校正　應劭曰官本曰案近刻脫此三字　案朱趙無　有嶲水言越此水以章休盛也後復反叛元鼎六年漢兵自越嶲水伐之趙釋曰一清按有嶲水言越此水以章休盛說本應劭漢書音義然漢書西南夷傳又作粵嶲粵與越通猶百粵之爲百越揚越之稱揚粵耳則越嶲二字相連仲瑗之說大抵附會道元引之非也　以爲越嶲郡　治邛都縣王莽遣任貴爲領戎大尹守之更名爲集嶲也縣故邛都國也　越嶲水即繩若矣似隨水

地而更名矣又有温水冬夏常熱其源可𬇙雞豚下湯沐洗能治宿疾 昔李驤敗李流于温水是也 若水又逕會無縣縣有駿馬河水出縣東高山山有天馬徑厥跡存焉馬日行千里民家馬牧之山下或産駿駒言是天馬子河中有貝子胎銅 朱箋曰胎銅謂銅璞也 以羊祠之則可取也又有孫水焉水出臺高縣 卽臺登縣也 孫水一名白沙江南流逕邛都縣司馬相如定西南夷 官本曰按近刻脫南字 案朱脫趙增刊誤曰漢書是西南夷傳本傳亦有南字今校補 橋孫水卽是水也 又南至會無入若水 趙釋曰一清按漢志越巂郡臺登縣孫水南至會無入若行七百五十里 若水又南逕雲南郡之遂久縣青 朱趙作蜻下同 蛉水入焉水出青蛉縣西東逕其縣下縣以氏焉有石豬圻長谷中有石豬子母數千頭長老傳言夷昔牧此一朝化爲石迄今夷人不敢往牧貪水出焉青蛉水又東注于繩水 趙釋曰一清按漢志注應劭曰蜻蛉水東入江 繩水又

逕三絳縣西又逕姑復縣北對三絳縣淹水注之三絳一曰小會無故經曰淹至會無注若水趙釋曰全氏曰按越巂原有會無經之所指乃三絳縣故嗇長晰言之若水又與母血水合朱無若字趙增刊誤曰水上落若字水出益州郡弄棟縣東農山母血谷北流逕三絳縣南北入繩趙釋曰一清按漢志益州郡弄棟縣東農山母血水出北至三絳入繩行五百一十里繩水又東涂水注之孫校曰此涂水疑即山海經所謂淹水注邛澤者水出建寧郡之牧靡趙增縣字南山官本曰按牧今漢書作收縣山並即草以立名山在縣東北烏句山南五百里山生牧靡趙增草字可以解毒百卉方盛烏多誤食烏喙口中毒趙無口字必急飛往牧靡山啄牧靡以解毒也趙釋曰朱氏謀㙔箋曰李奇曰牧靡即升麻也涂水導源臘谷西北流至越巂入繩趙釋曰一清按漢志益州郡牧靡縣螣涂水所出西北至越巂入繩過郡二行千二百里今本漢書落谷字當以水經注補之繩水又逕越巂郡之馬湖縣謂之馬湖江又左合卑水水出卑水縣官本曰按近刻脫水出卑水四字案朱趙無趙釋曰一清按漢志越巂郡卑水縣孟康曰音班劉昭郡國志補註卑水縣華陽國志云水通馬湖而東流注馬

湖江也趙釋曰一清按漢志越巂諸水皆與注合惟蘇示縣下云尼江在西北獨無可考耳

又東北至犍爲朱提縣西爲瀘江水官本曰按近刻脫爲字案朱趙同趙增注之二字刊誤曰水下落注之二字孫潛校補

朱提山名也應劭曰在縣西南縣以氏焉朱無縣字箋曰孫云當作縣以氏焉趙增犍爲屬國也在郡南千八百許里建安二十年立朱提郡郡治縣故城郡西南二百里得所綰堂琅縣西北行上高山羊腸繩屈八十餘里或攀木而升或繩索相牽而上緣陟者若將階天故袁休明巴蜀志云高山嵯峨巖石磊落傾側縈迴下臨峭壑行者扳緣牽援繩索三蜀之人及南中諸郡以爲至險 有瀘津東去縣八十里水廣六七百步深十數丈多瘴氣鮮有行者 晉明帝太寧二年李驤等侵越巂攻臺登縣寧州刺史王遜遣將軍姚岳趙釋曰一清按晉書王遜傳作姚崇擊之戰于堂琅驤軍大敗岳追之至瀘水赴水死者千餘人遜以岳等不窮追怒甚

髮上衝冠帢裂而卒按永昌郡有蘭倉水出西南博

南縣朱作郡箋曰宋本作縣趙改縣漢明帝永平二年置官本曰按近刻訛作十二年　案朱趙作十二年趙釋曰一清按郡國志是永平二年置博南山名也縣以氏之其水東北流逕博南山官本曰按逕近刻訛作出　案朱趙作出漢武帝時通博南山道渡蘭倉津土地絕遠行者苦之歌曰漢德廣開不賓渡博南越倉津渡蘭倉爲作人趙釋曰一清按作人猶役徒也而華陽國志作爲佗人全祖望曰作卽荏之省則爲當讀去聲唐書張柬之傳引此語作他人則仍華陽志也山高四十里蘭倉水出金沙越人收以爲黃金又有珠光穴官本曰按近刻訛作光珠穴　案朱訛趙乙刊誤曰御覽引此文作珠光穴穴出光珠又有琥珀珊瑚黃白青珠也蘭倉水又東北逕不韋縣與類水合水出巂唐縣漢武帝置類水西南流曲折又北流東至不韋縣注蘭倉水趙釋曰一清按漢志益州郡巂唐縣類水西南至不韋行六百五十里又東與禁水合水自永昌縣而北逕其郡西水左右甚饒犀象山有鉤蛇長七八丈尾末有岐蛇在山澗水中以尾鉤

岸上人牛食之此水傍瘴氣特（朱作時箋曰宋本作特趙改特）惡氣中有物不見其
形其作有聲中木則折中人則害名曰鬼彈惟十一月十二月
差可渡正月至十月逕（趙作經下同）之無不害人故郡有罪人徙之禁
旁（官本曰按近刻訛作防案朱訛趙改刊誤曰防何焯校改旁）不過十日皆死也禁水又北注
瀘津水又東逕不韋縣北而東北流　兩岸皆高山
數百丈瀘峯最爲傑秀（官本曰按傑近刻作高案朱同趙改刊誤曰高秀名勝志引此文作傑秀）孤高三千餘
丈是山于晉太康中崩震動郡邑水之左右馬步之徑裁通而
時有瘴氣三月四月逕之必死非此時猶令人悶吐五月以後
行者差得無害故諸葛亮表言五月渡瀘幷日而食臣非不自
惜也顧王業不可偏安于蜀故也　益州記曰瀘水源出
曲羅嶲下三百里曰瀘水（官本曰按嶲近刻訛作舊又此句有舛誤未詳案朱訛趙改刊誤曰舊全氏云當作嶲曲羅嶲者嶲人種名唐置曲州以此）兩峯有殺氣暑月舊不行故武侯以
夏渡爲艱瀘水又下合諸水而總其目焉故有

瀘江之名矣自朱提至僰道有水步道水道有黑水羊官水官本曰按近刻脫水道二字案朱趙無至險難三津之阻行者苦之故俗爲之語曰楢溪赤水盤蛇七曲盤羊烏櫳氣與天通看都濩泚住柱呼伊官本曰按近刻作尹案朱同趙改刊誤曰箋曰二語未詳按說文濩雨流霤下貌又廣韻布濩流散也泚汗出也言行道艱苦流汗也呼尹當作呼伊住柱呼伊停仗呼其儔類也泚伊相叶古三聲通韻惟看都二字義難通曉庲降賈子左擔七里趙刊誤曰箋曰庲降屯名也華陽國志云建寧郡治故庲降都督屯也李充蜀記云蜀山自綿谷葭萌道徑險窄北來擔負者不容易肩謂之左擔道按蜀志李恢爲庲降都督領交州刺史住平夷後馬忠爲庲降都督移治建寧味縣裴松之曰庲降去蜀二千餘里時未有寧州號爲南中置此職以總攝之平夷城在今雲南陸涼州又曲靖軍民府南寧縣有廢味縣此蜀漢之庲降屯若江油左擔道卽陰平道鄧艾由之入蜀在今四川龍安府平武縣界去南中絕遠不得因蜀記左擔字漫引之也又有牛叩頭馬搏頰坂趙頰改額刊誤曰頰方輿紀要作額說文頰面旁也非能搏者額之訓爲額易說卦傳其于馬也爲的顙是也吳穎芳曰頰字亦通道藏道家拜天名曰搏頰拜崖嶺峻險馬必低首拳蹄以上有如搏頰坂由此以得名也其艱險如此也

又東北至僰道縣入于江

若水至僰道官本曰按近刻此下有縣字案朱趙有又謂之馬湖江繩水瀘

水孫水淹水大渡水隨決入而納通稱是以諸書錄記羣水或言入若又言注緜亦咸言至僰人道入江（趙咸改或刊誤曰咸當作或）正是異水沿注通爲一津更無別川可以當之水有孝子石昔（朱作西箋曰宋本作昔趙改昔）縣人有隗叔通者性至孝爲母給江膂水（官本曰按膂今華陽國志作脊箋曰華陽國志云爲母汲江脊水全氏云江膂江心也　案趙給作汲刊誤曰膂字不誤）天爲出平石至江膂中今猶謂之孝子石可謂至誠發中而休應自天矣

沫水出廣柔徼外（朱箋曰漢地理志蜀郡有廣柔縣）

縣有石紐鄉禹所生也（朱箋曰開山圖注云女狄暮汲石紐山下泉中得月精如雞子吞之遂孕十四月而生禹）今夷人共營之地方百里不敢居牧有罪逃野捕之者不逼能藏三年不爲人得則共原之言大禹之神所祐之也

東南過旄牛縣北又東至越巂靈道縣出蒙山南

靈道縣一名靈關道漢制夷狄曰道（趙釋曰禹貢錐指曰漢靈關道屬越巂郡去此地甚遠今

盧山縣西北有靈關廢縣通典雅州盧山縣有靈關山是也其地當爲沫水之所經蓋漢後別置宋書符瑞志云晉咸寧三年黃龍見漢嘉靈關則縣屬漢嘉之靈關非越嶲之靈關道也經注並誤一清按靈史記作零寰宇記雅州盧山縣下云靈關鎮在縣北八十二里四向嶮峻控帶蕃蠻一夫守之可以禦百蜀都賦云廓靈關而爲門注云關爲西南漢嘉郡界也又云靈關山在縣北二十里峰嶺嵯峨山聳十里傍夾大路下有山峽口闊三丈長二百步俗呼爲重關通蠻貊之鄉入白狼夷之境是也縣有銅山官本曰按近刻重一山字案朱重趙刪又有利慈渚官本曰按近刻脫諸字案朱脫趙增刊誤曰利慈下落渚字晉太始九年黃龍二見于利慈池官本曰按近刻脫利字案朱作慈池趙改利慈刊誤曰慈池當作利慈全氏校改縣令董玄之率吏民觀之以白刺史王濬濬表上之晉朝改護龍縣也沫水出岷山西東流過漢嘉郡南流衝一高山山上合下開水逕其間山即蒙山也

東北與青衣水合

華陽國志朱趙作記曰二水于漢嘉青衣縣東合爲一川自下亦謂之爲青衣水沫水又東官本曰按近刻脫沫字案朱脫趙增刊誤曰水上落沫字逕開刊縣官本曰按刊近刻訛作邦案朱趙作邦故平鄉也晉初置沫水又東逕臨邛南而東出于江原縣也朱原作源趙改刊誤曰源當作原

東入于江

昔沬水自蒙山至南安西溷崖官本曰按西近刻訛作而案朱訛趙改爲刊誤曰箋曰孫云當作若沬水按非也漢書司馬相如傳云西至沬若水又云故乃關沬若謂沬水及若水也孫汝澄誤以二水爲一名又以己意改沬若爲若沬繆之甚矣御覽引此文是昔字而當作爲水脈漂疾破害舟船歷代爲患蜀郡太守李冰發卒鑿平溷崖河神贔怒冰乃操刀入水與神鬬遂平溷崖通正水路開處卽冰所穿也趙釋曰一清按溷崖卽江水篇之熊耳峽也續志犍爲郡南安縣有魚泣津劉昭補注蜀都賦注曰魚符津數百步在縣北三十里縣臨大江岸便山嶺相連經益州郡有道廣四五尺深或百丈塹鑿之迹今存昔唐蒙所造然則溷崖之鬬爲李冰始事而成于唐蒙也范史吳漢傳章懷注引續志作魚涪津又曰魚鳧津寰宇記引南北八郡志云犍爲有魚鳧津符涪鳧音同通用泣字誤也

延江水出犍爲南廣縣東至牂柯鄨縣又東屈北流朱趙又字在東至上

鄨縣故犍爲郡治也趙釋曰一清按兩漢晉宋諸志俱不云犍爲郡治鄨且鄨屬牂柯已見經文善長注自異何也縣有犍山晉建興元年置平夷郡縣有鄨水出鄨邑西不狼山

東與溫水合溫水一曰煖水出犍爲符縣而南

入䵳水䵳水亦出符縣南與温水會官本曰按䵳水原本及近刻並訛作鼈水今改正漢書地理志符縣温水南至鼈入䵳水䵳水亦南至鼈入江　案朱訛趙改刊誤曰鼈水當作䵳水漢書地理志校下同闞駰謂之闞水俱南入鼈水鼈水于其縣而東注朱趙有于字延江水官本曰按近刻脫江字下同　案朱脫趙增刊誤曰延水當作延江水下並同趙釋曰全氏曰按漢志犍爲郡符縣温水南至鼈入䵳水䵳水亦南至鼈入江牂柯郡鼈縣不狼山鼈水所出東入沅過郡二行七百三十里今以是注考之蓋温入䵳䵳入延延入沅以入江也說文温水出涪南入黔水黔字誤當作䵳然酓長所引卻不錯蓋流俗本之失也延江水又與漢水合水出犍爲漢陽道山闟谷官本曰按此三字近刻訛在下句新通也之下闟訛作關　案三字朱趙並在下朱作關箋曰山闟谷漢地理志作山闟谷趙改闟朱脫水字趙增刊誤曰出上落水字王莽之新通也東至鼈邑入延江水也趙釋曰一清按漢志犍爲郡漢陽縣都尉治山闟谷漢水所出東至鼈入延漢陽不云是道續志之犍爲屬國晉志之朱提郡下亦無道字漢志續志鼈是縣非邑也二縣注並與史異

至巴郡涪陵縣注更始水

更始水即延江枝分之始也延江水北入涪陵水涪陵水出縣東故巴郡之南鄙官本曰按巴近刻訛作邑　案朱訛趙改刊誤曰邑當作巴兩漢志涪陵屬巴郡王莽更名巴亭魏武分邑立爲涪陵郡官本曰按邑立近刻訛作巴丘　案朱趙同趙釋曰

朱氏謀瑋箋曰晉書地理志蜀置涪陵郡今云魏武分所未詳也全氏曰晉志又云涪陵是劉璋置劉璋之末巴郡入于張魯魯降曹氏更入魏因置三巴見于魏書則魏或嘗立涪陵郡未可知也特史志不詳耳張堪爲縣會公孫述擊堪同心義士選習水者筏渡堪于小別江即此水也其水北至枳縣入江更始水東入巴東之南浦縣其水注引瀆口石門官本曰按口近刻訛作水　案朱趙作水空岫陰深邃澗闇密傾崖上合恆有落勢行旅避瘴時有經之官本曰按此四字近刻訛作將有逕之處　案朱同趙刪處字刊誤曰處字衍文全氏校無不危心于其下又謂之西鄉水亦謂之西鄉溪溪水閒關二百許里方得出山又通波注遠復二百餘里東南入遷陵縣也

又東南至武陵酉陽縣官本曰按酉近刻訛作西　案朱訛趙改刊誤曰西陽當作酉陽漢書地理志校入于

酉水

武陵先賢傳曰潘京世長爲郡主簿太守趙偉趙刊誤曰續漢書郡國志注引先賢傳作趙厥甚器之問京貴郡何以名武陵京答曰鄙郡本名義陵在辰陽

縣界與夷相接數爲所破光武時移治東山之上遂爾易號傳曰止戈爲武詩云高平曰陵于是名焉趙釋曰一清按劉昭補注郡國志曰前書本名武陵不知此對何所據而出西水北岸有黚陽縣許慎曰溫水南入黚蓋𤁚水以下津流沿注之通稱也故縣受名焉西鄉溪口在遷陵縣故城上五十里左合酉水酉水又東際其故城北又東逕酉陽故縣南而東出也兩縣相去水道可四百許里于酉陽合也

酉水東南至沅陵縣入于沅官本曰按酉水原委詳沅水注內　案趙十一字改注接于酉陽合也下刊誤曰十一字是延江水篇注尾誤作酉水篇經文趙釋曰一清按酉水源流詳具沅水篇而俗本目錄作沅酉水已是不合所存卷中僅此經文而注無一字全氏曰此是延江水篇注結語後人妄分之耳何焯亦云酉水入沅當附沅水篇但酉水出充縣明見漢志而應劭于酉陽縣以爲酉水所出誤也善長云東逕酉陽則善矣蓋酉水自充縣至此始與延江水合也應劭又曰東入湘亦誤今經文既改隸而其目亦削去焉

存水出犍爲郁鄢縣朱鄢作鄢箋曰漢地理志作郁鄢縣注云鄢音莫亞反趙改鄢釋曰全氏曰按水經皆用東漢郡縣名獨郁鄢不見于續志或者是和帝以後所幷作經時其縣尚在與天水隆慮同一例也

王莽之屛鄨朱作鄨箋曰孫云漢志莽曰屛鄨趙改鄨也益州大姓雍闓反結壘于山繫馬柳柱官本曰按柳近刻訛作柳案朱趙作柳柱生成林今夷人名曰雍無梁林梁夷言馬也存水自縣東南流官本曰按存近刻訛作周案朱趙作周逕牧靡縣北又東逕且蘭縣北而東南出也

東南至鬱林定周縣爲周水

存水又東官本曰按存近刻亦訛作周案朱趙作周逕牂柯郡之毋斂縣北官本曰按毋近刻作無下同案朱同趙改刊誤曰無斂當作毋斂漢書地理志校而東南與毋斂水合官本曰按此下近刻有矣字案朱趙有水首受牂柯水東逕毋斂縣爲毋斂水又東注于存水存水又東逕鬱林定周縣爲周水蓋水變名也趙釋曰一清按漢志益州郡嶲唐縣周水首受徼外又鬱林郡定周縣水首受毋斂東入潭行七百九十里蓋自徼外合毋斂水同入潭也

又東北至潭中縣注于潭官本曰按潭水源委詳溫水注內

溫水出牂柯夜郞縣

縣故夜郎侯國 趙釋曰一清按漢志應劭注作邑 也唐蒙開以爲縣王莽名曰同亭矣 温水自縣西北流逕談藁 官本曰按原本及近刻並訛作臺今據漢書改正 案朱訛趙改 與迷水合水西出益州郡之銅瀨縣談虜山 朱箋曰晉地道記同瀨縣有同虜山 東逕談藁縣右注温水温水又西逕昆澤縣南又逕味縣 縣故滇國都也諸葛亮討平南中劉禪建興三年 官本曰按近刻訛作元年 案朱趙作元趙釋曰一清按諸葛南征在建興三年不得有元年置郡事也元字誤當作三字 分益州郡置建寧郡于此水側皆是高山山水之間悉是木耳夷居語言不同嗜欲亦異 朱箋曰華陽國志云夷人大種曰昆小種曰叟皆曲頭木耳環鐵裹金 雖曰山居土差平和而無瘴毒 温水又西南逕滇池城池在縣西 官本曰按近刻訛作滇池于西北池 案朱同趙于下增縣字以池字下屬刊誤曰箋曰于當作之按非也于下落縣字 周三百許里上源深廣下流淺狹似如倒流 朱作池箋曰當作倒流趙改流 故曰滇池也 趙釋曰一清按漢志益州郡滇池縣滇池澤在西北有黑水祠 長老傳言 官本曰按傳下近刻衍下流淺三字 案朱同箋曰宋本作長老傳曰無下流淺三字趙刪三字 池中有神馬家馬交之則生駿駒日行五百里晉太元十四

年寧州刺史費統言晉寧郡滇池縣兩神馬一白一黑盤戲河水之上有滇州元封二年立益州郡治滇池城官本曰按近刻脫城字　案朱趙無劉禪建寧郡也官本曰按郡下近刻衍治字　案朱趙有溫水又西會大澤官本曰按大近刻訛作水　案朱訛趙改刊誤曰水澤當作大澤漢書地理志益州郡滇池縣下云大澤在西是也趙釋曰一清按漢志益州郡滇池縣大澤在西與葉榆僕水合朱箋曰漢地理志益州有葉榆縣溫水又東南逕牂柯之毋單縣官本曰按毋音無原本及近刻竝訛作母下同今改正　案朱訛趙改建興中劉禪割屬建寧郡橋水注之水上承俞元之南池趙釋曰一清按漢志益州郡俞元縣池在南橋水所出東至毋單入溫行千九百里縣治龍池洲周四十七里一名河水趙釋曰一清按漢志益州郡勝休縣河水東至毋棳入橋而善長以為卸橋水之一名與邪龍分浦後立河陽郡治河陽縣縣在河源洲上又有雲平縣竝在洲中橋水東流至毋單縣官本曰按近刻脫至字　案朱脫趙增逕字說見下注于溫溫水又東南逕興古郡之毋棳縣東官本曰按近刻脫逕字又毋棳原本及近刻竝訛作毋掇下同今改正　案朱脫訛趙增改刊誤曰橋水東流溫水又東南下俱落逕字孫潛校增漢書地理志毋棳縣師古曰棳之悅反其字从木王莽更名有棳也與南橋水合官本曰按近刻脫此二字　案朱脫趙增刊誤

曰南橋下落水合工字 水出縣之橋山 趙釋曰一清按漢志益州郡毋掇縣橋水首受橋山東至中留入潭過郡四行三千一百二十里善長以爲南橋蓋以別于俞元之橋也全氏曰按善長既加南字以別之矣然南橋水因河水之所入也又謂俞元之橋一名河水則二橋互相出入矣恐有誤 東流梁水注之梁水上承河水于俞元縣 官本曰按于近刻訛作與案朱訛趙改刊誤曰與當作于 而東南逕與古之勝休縣 王莽更名勝𪎭縣 梁水又東逕毋掇縣左注橋水橋水又東注于溫

溫水又東南逕律高縣南 劉禪建興二年分牂柯置興古郡 官本曰按近刻脫郡字　案朱脫趙增 治溫縣 官本曰按原本及近刻並訛作治宛溫縣今改正華陽國志興古郡屬縣十一溫縣郡治　案朱趙作宛溫刊誤曰箋曰孫云漢志牂柯郡有宛漏縣此宛溫疑誤按今本漢書正作宛溫蓋所見者誤本耳與古下落郡字 晉書地道記治此

溫水又東南逕梁水郡南溫水上合梁水故自下通得梁水之稱是以劉禪分興古之監南 官本曰按華陽國志梁水郡在興古之監南　案朱監作盤趙改刊誤曰漢書地理志益州郡律高縣監町山出銀鉛師古曰監音呼鵙反今俗本盤字誤也 置郡于梁水縣也 趙釋曰一清按宋志梁水太守晉成帝分興古立梁水縣與郡俱立此云蜀置蓋東晉復立此郡也

溫水東南 官本曰按近刻脫水字　案朱無水字箋曰李云當作溫水又東南趙依增 逕鐔封縣北又逕來惟 朱趙作唯下同 縣東而僕水

右出焉

又東至鬱林廣鬱縣爲鬱水

秦桂林郡也漢武帝元鼎六年更名鬱林郡王莽以爲鬱平郡矣應劭地理風俗記曰周禮鬱人掌祼器凡祭醊賓客之祼事官本曰按醊近刻訛作祀　案朱訛趙改刊誤曰祭祀黃省曾本作祭醊和鬱鬯以實樽彝鬱芳草也百草之華煮以合釀黑黍以降神者也或說今鬱金香是也一曰鬱人所貢因氏郡矣　温水又東逕增食縣有文象水注之其水導源牂柯句町縣　應劭曰故句町國也王莽以爲從化文象水蒙水與盧惟水來細水官本曰按漢書作來西水伐水並自縣東歷廣鬱至增食縣注于鬱水也趙釋曰全氏曰漢志牂柯郡句町縣文象水東至增食入鬱又有盧唯水來細水伐水而蒙水獨無稱又鬱林郡下云有小谿水七并行三千一百一十里

又東至領方縣東與斤南水合官本曰按斤南水漢書作斤員水　趙釋曰全氏曰按斤南即漢志之斤員宋祁曰一作斤南者也經又別稱斤江又曰員水者是

縣有朱涯朱趙作厓下同水出臨塵縣東北流驩水注之水源上承牂柯水東逕增食縣而下注朱涯水趙釋曰一清按漢志鬱林郡增食縣驩水首受牂柯東界入朱厓水行五百七十里朱涯水又東北逕臨塵縣王莽之監塵也縣有斤南水趙南改員刊誤曰箋曰漢地志云鬱林郡臨塵縣有斤南水按今漢書作斤員宋祁曰一作斤南朱氏據小宋之說何可以蒙班固乎侵離水官本曰按侵近刻訛作浸 案朱訛趙改釋曰全氏曰四十卷末作侵黎並逕臨塵東入領方縣流注鬱水趙釋曰一清按漢志鬱林郡臨塵縣朱厓水入領方又育斤員水又有侵離水行七百里領方縣斤員水入鬱

東北入于鬱

鬱水即夜郎豚水也趙釋曰一清按漢志鬱林郡廣鬱縣鬱水首受夜郎豚水牂柯郡夜郎縣豚水東至廣鬱然則鬱水非郎豚水矣范史西南夷傳作遯水章懷注引前書地理志亦作遯水也漢武帝時有竹王興于豚水有一女子浣于水濱有三節大竹流入女子足閒推之不去聞有聲持歸破之得一男兒遂雄夷濮氏竹爲姓所捐破竹于野成林今竹王祠竹林是也王嘗從人止大石上命作羹從者白無水王以

劍擊石出水今竹王水是也後唐蒙開牂柯斬竹王首夷獠咸怨以竹王非血氣所生求爲立祠（朱箋曰華陽國志作嗣趙改嗣）帝封三子爲侯及死配父廟今竹王三郎祠其神也　豚水東北流逕談稾縣東逕牂柯郡且蘭縣謂之牂柯水　水廣數里縣臨江上故且蘭侯國（趙釋曰一清按漢志應劭注作邑）也一名頭蘭牂柯郡治也楚將莊蹻泝沅伐夜郎椓牂柯繫船（官本曰按近刻作徑牂柯繫船顏師古云牂柯繫船杙也　案朱趙作徑）因名且蘭爲牂柯矣漢武帝元鼎六年開王莽更名同亭有柱浦關（官本曰按有近刻訛作在　案朱訛趙改浦趙作蒲）牂柯亦江中兩山名也左思吳都賦云吐浪牂柯者也元鼎五年武帝伐南越發夜郎精兵下牂柯江同會番禺是也（趙釋曰一清按漢志牂柯郡下應劭曰臨牂柯江也師古曰牂柯係船杙也華陽國志曰楚頃襄王時遣莊蹻伐夜郎軍至且蘭椓船于岸而步戰既滅夜郎以且蘭有椓船牂柯處乃改名爲牂柯）　牂柯水又東南逕毋斂縣西（官本曰按毋原本及近刻竝訛作母下同今改正　案朱訛趙改）　毋斂水出焉又東驩水出焉（官本曰按驩近刻訛作驩　案朱訛趙改刊誤曰驩水漢書地理志作驩水）　又逕鬱林廣鬱縣爲鬱水又東

北逕領方縣北又東逕布山縣北鬱林郡治也吳陸績曰 官本曰按陸下近刻衍緒謂子三字　案朱趙有 從今以去六十年 官本曰按去近刻作後　案朱趙同 車同軌書同文 趙釋曰何氏曰據吳志此是績語未知酈據何書且績父康裴注引謝承書曰康字季寧拜廬江太守不名緒也 至太康元年晉果平吳又逕中留縣南與温水合又東入阿林縣潭水注之 朱作温箋曰宋本作之趙改之 水出武陵郡鐔成縣玉山東流逕鬱林郡潭中縣周水自西南來注之潭水又東南流與剛水合水西出牂柯毋斂縣王莽之有斂也東至潭中 趙有縣字 入潭 趙釋曰一清按此段注水道與存水注合 潭水又逕中留縣東阿林縣西右入鬱水 趙釋曰一清按漢志武陵郡鐔成縣玉山潭水所出東至阿林入鬱過郡二行七百二十里 地理志曰橋水東至中留入潭又云領方縣又有橋水 官本曰按又近刻訛作而　案朱趙同朱箋曰漢地理志鬱林郡領方縣有斤員水入鬱 余診其川流更無殊津正是橋温亂流故兼通稱作者咸言至中留入潭潭水又得鬱之兼稱而字

當爲温非橋水也蓋書字誤矣官本曰按橋水在毋掇縣卽入温橋水小温水大已下不得稱
橋水其逕領方至中留者乃温水非橋水也又温水于中留入鬱其下乃潭水入鬱潭與鬱皆大水地理志因併鬱之上流稱爲潭故云橋水東至中留入潭實乃温水至中留入鬱也道元
之意以領方縣當云有温水不當云有橋水橋卽温字之誤故云字當爲温非橋水也蓋書字誤矣近刻訛作字當爲南南橋水也文義遂不可通　案朱趙温非作南南趙釋曰全氏曰漢
志橋水益州郡有二鬱林郡有一三橋水各爲源流善長既以俞元之橋混入毋掇之橋玆又以毋掇之橋混入領方之橋一清按漢志鬱林郡領方縣下云又有橋水是又字不是而字亦
是墧字从土不从木師古曰墧音橋善長卽混而一之而于下文又出嶠水則以萌渚嶠爲名何也然則南橋水之名直是繆詞豈所見有別本耶鬱水右則
留水注之水南出布山縣下逕中留入鬱趙釋曰一清按漢志
鬱林郡中留縣師古曰留音力救反水名說文溜水出鬱林郡鬱水東逕阿林縣官本曰按兩鬱字近刻皆訛作潭　案朱趙兩鬱字
皆作潭又東逕猛陵縣浪水注之官本曰按浪原本及近刻並訛作溳今改正浪水詳卷之三十七　案朱
作溳箋曰孫云溳水山海經作浪水三十七卷浪水南至鬱林潭中縣與鄰水合趙改浪又東逕蒼梧廣信縣灕
水注之鬱水又東官本曰按水近刻訛作林朱訛趙改刊誤曰林當作水　案封水注之水
出臨賀郡馮乘縣西謝沭縣東界牛屯山朱趙出上無水字又
朱箋曰晉地理志臨賀郡吳置統縣六曰臨賀謝沭馮乘封陽興安富川亦謂之臨水官本曰按近刻脫亦字水訛作賀　案朱脫訛趙增改刊誤曰
謂之上落亦字臨賀當作臨水東南流逕萌渚嶠西官本曰按近刻脫逕字　案朱脫趙增刊誤曰流下落逕字又

東南左合嶠水水庾仲初云水出萌渚嶠南流入于臨臨水又逕臨賀縣東又南至郡左會賀水水出東北興安縣西北羅山官本曰按北下近刻衍有字　案朱趙有東南流逕興安縣西盛弘之荊州記云興安縣水邊有平石上有石履言越王渡溪脫履于此賀水又西南流至臨賀郡東右注臨水郡對二水之交會故郡縣取名焉臨水又西南流逕郡南又西南逕封陽縣東爲封溪水故地理志曰縣有封水官本曰按有近刻訛作在　案朱趙同趙水下增之陽二字釋曰一清按此是應劭注非班固原文又西南流入廣信縣南流注于鬱水謂之封溪水口者也趙釋曰一清按續志交阯郡封谿縣建武十九年置劉昭補注引交州記曰有隄防龍門水深百尋大魚登此門化成龍不得過曝鰓點額血流此水恆如丹池有秦潛江出嘔山分爲九十九流三百餘里共合一口鬱水又東逕高要縣牢水注之水南出交州合浦郡朱水南出上有牢字趙刪刊誤曰牢字衍文治合浦縣漢武帝元鼎六年平越所置也官本曰按近刻脫帝字　案朱脫趙增刊誤曰漢武下落帝字王莽更

名曰桓合縣曰桓亭孫權黃武七年改曰珠官郡郡不產穀多採珠寶前政煩苛珠徙交趾會稽孟伯周為守有惠化去珠復還朱箋曰謝承後漢書孟嘗字伯周為合浦太守郡境舊採珠以易米食先時二千石貪穢使民采珠積以自入珠忽徙去合浦無珠飢死盈路孟嘗行化一年之閒去珠復還郡統臨允縣王莽之大允也牢水自縣北流逕高要縣入于鬱水趙釋曰一清按漢志合浦郡臨允縣下云牢水北至高要入鬱過郡三行五百三十里鬱水南逕廣州朱作川箋曰孫云當作廣州趙改州南海郡西泿水出焉官本曰按泿原本及近刻並訛作湏今改正此卽泿水注內所謂泿水東別逕番禺者也　案朱訛趙改又南右納西隨三水趙釋曰全氏曰按西隨三水卽葉榆水篇所謂西隨水過交阯分為五水至東界復為三水者也又南逕四會浦水上承日南郡盧容縣西古郎究浦內漕口馬援所漕水東南曲屈通郎湖趙漕口改浦口曲屈改屈曲刊誤曰漕口當作浦口曲屈黃省曾本作屈曲湖水承金山郎究究水北流左會盧容壽洽二水盧容水出西南區粟城南高山山南長嶺連接天障嶺西盧容水湊隱山遶西衛北趙刪山南下二十字刊誤曰全氏據後文校衍此二十字而東

逕區粟城北又東右與壽泠水合水出壽泠縣界朱箋曰漢地理志交趾郡有麊泠縣音麋零後漢郡國志同晉志作麋泠唯沈約宋書州郡志作壽泠晉武帝太康十年分西卷立壽泠縣屬日南郡今注俱作壽泠從宋志也魏正始九年林邑進侵至壽泠縣以爲疆界官本曰按近刻訛作界疆案朱訛趙乙刊誤曰界疆二字當倒互卽此縣也官本曰按此下近刻有區粟城南長嶺東七字係重出衍文案朱衍趙刪刊誤曰全氏據後文校衍此七字壽泠縣以水湊故水得其名官本曰按此下近刻衍隱山繞三字案朱衍趙刪刊誤曰全氏據後文校衍此三字東逕區粟故城南趙刪故字刊誤曰故字衍文攷古志竝無區粟之名應劭地理風俗記曰日南故秦象郡漢武帝元鼎六年開日南郡治西捲縣林邑記曰城去林邑步道四百餘里交州外域記曰官本曰按域近刻訛作城案朱訛趙改刊誤曰城當作域後同從日南郡南去到林邑國四百餘里準逕相符然則城故西捲縣也地理志曰水入海有竹可爲杖王莽更之曰日南亭林邑記曰其城治二水之閒三方際山南北瞰水東西澗浦流湊城下城西折十角趙折改拆刊誤曰箋曰此十字譌按非也折當作拆集韻拆裂也開也言其城角作十字形開裂也王隱晉書曰何曾尊豪累世蒸餅上不作十字不食亦取開裂象形之義周圍六里一百七十步東西度六百五十

步甎城二丈上起甎牆一丈開方隙孔甎上倚板板上五重層
閣閣上架屋屋上架樓樓高者七八丈下者五六丈城開十三
門凡宮殿南向（官本曰按近刻脫宮字案朱脫趙增刊誤曰殿上落宮字）屋宇二千一百餘閒市居
周繞（官本曰按繞上近刻衍市字案朱衍匝字趙刪刊誤曰匝字衍文黃省曾本作市居周居繞岨峭地險亦誤下居字衍文故知原文無匝字也）阻峭地
險故林邑兵器戰具悉在區粟（官本曰按近刻故字訛在林邑下案朱趙同）多城壘自林邑
王范胡達始秦餘徙民染同夷化日南舊風變易俱盡巢棲樹
宿負郭接山榛棘蒲薄騰林拂雲幽煙冥緬非生人所安區粟
建八尺表日影度南八寸自此影以南在日之南故以名郡望
北辰星落在天際日在北故開北戶以向日此其大較也范泰
古今善言曰（朱箋曰隋志宋車騎將軍范泰撰古今善言三十卷）日南張重舉計入洛正旦大會
明帝問曰南郡北向視日邪（趙作也）重曰今郡有雲中金城者不
必皆有其實（官本曰按不必近刻訛作必不案朱訛趙乙刊誤曰必不二字當倒互）日亦俱出于東耳至于
風氣暄暖日影仰當官民居止隨情面向東西南北迴背無定

人性凶悍果於戰鬭便山習水不閑平地古人云五嶺者天地以隔內外況綿途于海表顧九嶺而彌邈非復行路之逕阻信幽荒之冥域者矣壽泠水自城南官本曰按近刻城訛作西　案朱作自西南箋曰宋本自城西南趙依宋本東與盧容水合趙刪東字刊誤曰東字衍文東注郎究究水所積下潭為湖謂之郎湖官本曰按近刻郎訛作狼　案朱訛趙改刊誤曰狼當作郎浦口有秦時象郡墟域猶存自湖南望外通壽泠從郎湖入四會浦官本曰按近刻訛作漕　案朱訛趙改刊誤曰漕當作浦下同元嘉二十年以林邑頑凶歷代難化恃遠負衆慢威背德北寶既臻南金闕貢乃命偏將與龍驤將軍交州刺史檀和之陳兵日南修文服遠二十三年揚旌從四會浦口入郎湖軍次區粟進逼圍城以飛梯雲橋懸樓登壘鉦鼓大作虎士電怒風烈火揚城摧衆陷斬區粟王范扶龍首十五以上坑截無赦官本曰按坑近刻作戮　案朱趙同樓閣雨血填尸成觀官本曰按成近刻訛作城　案朱訛趙改刊誤曰城當作成謂築成京觀也自四會南入得盧容浦口晉太

康三年省日南郡屬國都尉官本曰按郡近刻訛作部朱訛趙改刊誤曰部當作郡　案以其所統盧容縣置日南郡及象林縣之故治晉書地道記曰郡去盧容浦口二百里故秦象郡象林縣治也官本曰按象郡近刻訛作象林郡　案朱有林字箋曰孫云當作象郡趙刪林字永和五年征西桓温遣督護滕畯率交廣兵伐范文于舊日南之盧容縣爲文所敗即是處也朱箋曰晉書云范文襲九真害士庶十八九征西督護滕畯率交廣之兵伐文於盧容爲文所敗舊本作膠畯交會譌也退次九真更治兵文被創死子佛代立七年畯與交州刺史楊平復進軍壽泠浦入頓郎湖討佛于日南故治佛蟻聚連壘五十餘里畯平破之佛逃竄川藪遣大帥面縛請罪軍門遣武士陳延勞佛官本曰按近刻脫士字又佛下衍子字　案朱脫衍趙增刪刊誤曰武下落士字子字衍文與盟而還

康泰扶南記曰從林邑至日南盧容浦口可二百餘里從口南發往扶南諸國常從此口出也

故林邑記曰盡紘滄之徼遠極流服之無外地濱滄海衆國津逕鬱水南通壽泠官本曰按鬱水近刻作鬱林又南下衍倉字　案朱

訛衍趙改刪刊誤曰箋曰林一作水按倉字衍文卽一浦也浦上承交趾郡南都官塞浦林邑記曰浦通銅鼓外越安定黄岡心口蓋藉度銅鼓卽駱越也官本曰按駱越近刻訛作越駱案朱趙同有銅鼓因得其名馬援取其鼓以鑄銅馬至鑿口馬援所鑿內通九真浦陽晉書地道記九德郡有浦陽縣交州記曰鑿南塘者九真路之所經也去州五百里建武十九年馬援所開林邑記曰外越紀粟望都趙釋曰一清按此處似缺一字紀粟出浦陽渡便州至典朱作與箋曰宋本作典趙改典由渡故縣至咸驩咸驩屬九真咸驩已南麞鹿朱作麕箋曰宋本作麂趙改鹿滿岡鳴咆命疇警嘯聒野孔雀飛翔蔽日籠山渡治口至九德官本曰按口近刻訛作日朱作日箋曰一作口趙改口案按晉書地道記有九德縣交州外域記曰官本曰按域近刻訛作城案朱訛趙改九德縣屬九真郡在郡之南與日南接蠻盧轝居其地死子寶綱代孫黨服從吳化定爲九德郡又爲隸之林邑記曰九德九夷所極故以名郡郡名所

置周越裳氏之夷國周禮九夷遠極越裳白雉象牙重九譯而來自九德通朱作道箋曰宋本作通趙改通類口水源從西北遠荒逕寧州界來也九德浦內逕越裳究九德究南陵究按晉書地道記九德郡有南陵縣晉置也朱箋曰宋書州郡志交州九德郡南陵縣晉武帝立竺枝趙作芝扶南記山溪瀨中謂之究地理志曰郡有小水五十二并行大川皆究之謂也趙釋曰一清按漢志九真郡下云有小水五十二並行八千五百六十里林邑記曰義熙九年交趾太守杜慧度造九真水口官本曰按近刻訛作日案朱趙同與林邑王范胡達戰擒斬胡達二子虜獲百餘人胡達遁官本曰按近刻訛作限案朱趙作限趙釋曰一清按此處有脫文蓋言胡達保險自固五月慧度自九真水歷都粟浦復襲九真長圍跨山重柵斷浦驅象前鋒接刃城下連日交戰殺傷乃退地理志曰九真郡漢武帝元鼎六年開治胥浦縣王莽更之曰驩成也官本曰按成近刻訛作城案朱訛趙改晉書地道記曰九真郡有松原縣林邑記曰松原以西鳥獸馴良不知畏弓寡

婦孤居散髮至老南移之嶺崪不踰仞倉庚懷春于其北翡翠

熙景乎其南雖嚶讙接響城隔殊非獨步難遊俗姓塗分故也

自南陵究出于南界蠻進得橫山太和三年范文

侵交州于橫山分界度比景廟由門浦至古戰灣吳

赤烏十一年魏正始九年官本曰按近刻訛作元年　案朱訛趙改刊誤曰吳赤烏十一年當魏正始九年元字誤趙釋曰全氏曰五字

注中注交州與林邑于灣大戰初失區粟也渡盧容縣日南郡

之屬縣也自盧容縣至無變官本曰按近刻訛作戀　案朱訛趙改刊誤曰箋曰無戀未詳漢志九真郡有無編

縣恐是無編之譌按卷末無變水戀當作變未可以九真無編當之越烽火至比景縣日中頭上景當

身下與景爲比如淳曰故以比景名縣闞駰曰比讀蔭庇之庇

景在已下言爲身所庇也趙釋曰全氏曰吳仁傑曰考古編云舊唐志景州北景縣晉將灌邃破林邑五月五日即其地立表表在北日

景在南故郡名日南縣爲北景按唐命太史往安南測日景亦云然然王充謂從日南還者問之曰不盡然蓋惟五月日景在南常時則不然也按水經比景縣皆芘影言影爲身所芘此爾

雅所謂距齊州以南戴日者也宋書州郡志亦作北景蓋後來傳習成訛立爲異義耳斗南以比景爲北景豈所見前後漢志有別本與林邑記曰渡

比景至朱吾官本曰按比近刻訛作庇　案朱訛趙改刊誤曰當作度比景詳本卷朱吾縣浦今之

封界 朱吾以南有文狼人野居無室宅依樹止宿食生魚肉官本曰按魚字近刻訛在食字上案朱訛趙改刊誤曰魚字當移在生字下 採香爲業與人交市若上皇之民矣 縣南有文狼究下流逕通 晉書地道記曰朱吾縣屬日南郡去郡二百里此縣民漢時不堪二千石長吏調求引屈都乾爲國林邑記曰屈都夷也 朱吾浦內通無勞湖無勞究水通壽泠浦 元嘉元年交州刺史阮彌之征林邑陽邁出婚不在官本曰按陽近刻訛作楊下同案朱趙作楊 奮威將軍阮謙之領七千人先襲區粟已過四會官本曰按已近刻訛作以案朱趙作以 未入壽泠三日三夜無頓止處凝海直岸遇風大敗陽邁攜婚都部伍三百許船來相救援謙之之遭風餘數船艦夜于壽泠浦裏相遇闇中大戰謙之手射陽邁柁工船敗縱橫崑崙單舸接得陽邁謙之以風溺之餘制勝理難 自此還渡壽泠至溫公浦 升平三年溫放之征范佛于灣分界陰陽圻朱作折箋曰宋本作圻趙改圻 入新羅灣至焉

下一名阿賁浦入彭龍灣隱避風波即林邑之海渚元嘉二十三年交州刺史檀和之破區粟已飛旍蓋海將指典沖于彭龍灣上鬼塔與林邑大戰還渡典沖林邑入浦令軍大進官本曰按大近刻訛作水朱訛趙改刊誤曰水當作大 案持重故也浦西即林邑都也治典沖去海岸四十里處荒流之徼表國越裳之疆南秦漢象郡之象林縣也東濱滄海西際徐狼南接扶南北連九德後去象林林邑之號建國起自漢末初平之亂人懷異心象林功曹姓區有子名逵官本曰按近刻訛作連連下同趙釋曰一清按梁書作逵 案朱趙作攻其縣殺令自號爲王值世亂離林邑遂立後乃襲代傳位子孫三國鼎爭未有所附吳有交土與之鄰接進侵壽泠以爲疆界自區逵以後國無文史失其纂代世數難詳宗胤滅絕無復種裔外孫范熊代立人情樂推後熊死子逸立有范文日南西捲縣夷帥范椎奴也官本曰按近刻訛作夷師雅夷奴也晉書作夷帥范椎奴也趙改夷帥椎家奴也 案朱同箋文爲奴時山澗

牧羊于淵水中得兩鯉（朱趙作鱧）魚隱藏挾歸規欲私食郎知檢求文大慙懼起託云將礪石還非爲魚也郎至魚所見是兩石信之而去文始異之石有鐵文入山中就石冶鐵鍛作兩刀舉刀向鄣因祝曰鯉魚變化治石成刀斫石鄣破者是有神靈（官本曰按近刻訛作靈神　案朱訛趙乙刊誤曰靈神二字當倒互御覽文校改）文當得此治（官本曰按得近刻作治　案朱趙作治）爲國君王斫不入者是刀無神靈進斫石鄣如龍淵干將之斬蘆藁（官本曰按藁近刻訛作臺　案朱作臺箋曰御覽作藁趙改藁）由是人情漸附今斫石尚在魚刀猶存傳國子孫如斬蛇之劍也稚嘗使文遠行商賈（官本曰按稚近刻訛作雅　案朱訛趙改）北到上國多所聞見以晉愍帝建興中南至林邑教王范逸制造城池繕治戎甲經始廓略（官本曰按廓近刻訛作廟　案朱作廟箋曰宋本作廓略趙改廓）王愛信之使爲將帥能得衆心文譖王諸子或徙或奔王乃獨立成帝咸和六年死無胤嗣文迎王子于外國海行取水置毒榔子中（官本曰按榔近刻訛作柳　案朱作柳箋曰當作榔子趙改榔）飲而殺之遂脅國人自立爲王取前王妻妾置高樓上有

鬱林合浦交阯九真日南儋耳朱崖而爲九儋耳朱崖既罷故地理志列七郡之目也民好徒跣耳廣垂以爲飾雖男女褻露不以爲羞暑褻薄日自使人黑積習成常以黑爲美離騷所謂玄國矣然則儋耳即離耳也王氏交廣春秋曰朱崖儋耳二郡與交州俱開皆漢武帝所置大海中南極之外對合浦徐聞縣官本曰按聞近刻訛作文　案朱作文箋曰孫按漢地理志合浦郡有徐聞縣趙改聞清朗無風之日徑望朱崖州官本曰按徑近刻訛作逕　案朱趙作逕如囷廩大從徐聞對渡北風舉帆一日一夜而至周迴二千餘里徑度八百里人民可十萬餘家皆殊種異類被髮雕身而女多姣好白皙長髮美鬢犬羊相聚不服德教儋耳先廢朱崖數叛元帝以賈捐之議罷郡楊氏南裔異物志曰儋耳朱崖俱在海中官本曰按近刻訛作儋耳在朱崖脫海中二字　案朱作儋耳俱在朱崖趙朱崖移儋耳下刊誤曰朱崖當移在俱在之上俱在下又有脫文詳本卷趙釋曰一清按下有脫文應劭張晏皆云在大海中也臣瓚曰茂陵書珠崖治瞫都去長安七千三百一十四里儋耳去長安七千三百六十八里領縣五分爲東蕃故山海經曰在鬱水南也鬱水又南自壽泠縣注于海昔馬文淵積石爲塘達于象浦建金標爲南極

之界俞益期牋曰馬文淵立兩銅柱于林邑岸北有遺兵十餘家不反居壽泠岸南而對銅柱悉姓馬自婚姻今有二百戶交州以其流寓號曰馬流言語飲食尚與華同山川移易銅柱今復在海中正賴此民以識故處也林邑記曰建武十九年馬援樹兩銅柱于象林南界與西屠國分漢之南疆也土人以之趙作其流寓號曰馬流世稱漢子孫也

山海經曰鬱水出象郡而西南注南海入須陵東南者也官本曰按西近刻訛作東須訛作項案朱訛洵仍東改項刊誤曰山海經作須陵項字誤趙釋曰一清按漢志鬱林郡廣鬱縣鬱水東至四會入海過郡四行四千三百里

應劭曰鬱水出廣信東入海言始或可官本曰按或近刻作則案朱同趙改刊誤曰則黃省曾本作或終則非矣

水經注卷三十六

水經注卷三十七　長沙王氏校本

後魏酈道元撰

淹水　葉榆河（朱趙作水）　夷水　油水

澧水　沅水　浪水

淹水出越巂遂久縣徼外

呂忱曰淹水一曰復水也

東南至青蛉縣（官本曰案青近刻作蜻下同　案朱趙作蜻）

縣有禺同山其山神有金馬碧雞光景儵忽民多見之漢宣帝遣諫大夫王褒祭之欲致其雞馬褒道病而卒是不果焉王褒碧雞頌曰敬移金精神馬縹縹碧雞（朱趙作縹碧之雞朱箋曰王褒碧雞頌曰持節使者敬移金精神馬影影碧雞歸來歸來漢德無疆黃龍見兮白虎仁歸來歸來可以為倫歸來翔兮何事南荒也）故左太沖蜀都賦曰金馬騁光而絕影碧雞儵忽而耀儀

又東過姑復縣南東入于若水

淹水逕縣之臨池澤趙釋曰全氏曰漢志越巂郡姑復縣臨池澤在南又青蛉縣臨池灊在北澤之與灊不知何以分也一清案灊即澤也二縣地界以此而分方輿紀要姑復廢縣在四川會川衞南沈約志雲南有東西二古復縣即漢姑復縣青蛉廢縣在雲南姚州大姚縣北而東北逕雲南縣西東北注若水也趙釋曰一清案劉昭郡國志補注引南中志曰縣西高山相連有大泉水周旋萬步名馮河

益州葉榆河出其縣北界屈從縣東北流

縣故滇池葉榆之國也漢武帝元封二年使唐蒙開之以爲益州郡郡有葉榆縣縣西北八十里官本曰案近刻脫八字　案朱趙無有弔鳥山衆鳥千百爲羣其會官本曰案其近刻作共　案朱趙作共嗚趙作鳴呼啁哳每歲七八月至十趙作集六七日則止一歲六至雉雀來弔夜燃火伺取之官本曰案伺近刻訛作而案朱趙作而其無嗉不食似特悲者以爲義趙有鳥字則不取也俗言鳳凰死于此山故衆鳥來弔因名弔鳥趙增曰字刊誤曰因名下落曰字朱箋曰郭義恭廣志作弔鳥山在縣西北八十里縣之作每歲七月八月晦望至集六日則止又九州要記云一歲必一度大集是鳳皇死也李彤四部云弔鳥山俗傳鳳死於上每歲七月至九月羣鳥常來集其處東有葉榆澤葉榆水所鍾而爲此川藪也趙釋曰禹貢錐指曰

蔡傳述程大昌之論曰樊綽以麗水爲黑水恐其狹小不足爲界其所稱西洱河者卻與漢志葉榆澤相貫廣處可二十里既足以界別二州其流又正趨南海又漢滇池卽葉榆之地武帝初開滇嶲時其地古有黑水祠夷人不知載籍必不能附會而綽及道元皆謂此澤以榆葉所漬得名則其水之黑似榆葉積漬所成且其地乃蜀之正西又東北距宕昌不遠宕昌卽三苗種裔與三苗之敘于三危者又爲相應莫此之明也而傳同叔非之杏溪之識遠過九峯矣葉榆本蠻語與中國文義不同安知爲榆樹之葉澤以榆葉所漬得名檢酈注無此言蓋亦出樊綽韓汝節云此說尤不通源之黑或由榆葉所漬若流去數千里其色尚不變有是理乎且他處黑水甚多未聞皆有樹葉落其下也宕昌國唐爲宕州地州南至扶州四百一十里北至岷州二百五十里蓋古梁州之北界而程氏云葉榆河在蜀之正西東北距宕昌不遠計宕昌西南距大理凡三千餘里而猶謂之不遠豈生不見圖籍乎且葉榆縣在益州郡西七百餘里縣東有葉榆澤其下流雖逕滇池縣南而未嘗有黑水之稱安得謂其所祠卽黑水之源哉一清案葉榆范史滇王哀牢傳俱作楪榆章懷注云楪或作蝶則此水果非因榆葉所漬致黑足以折九峯之妄而拄樊生之口矣樊綽唐咸通中爲安南都護蔡襲從事著蠻書十卷見唐書藝文志

過不韋縣

縣故九隆哀牢之國也有牢山其先有婦人名沙壹官本曰案近刻訛作臺華陽國志作壺　案朱趙作臺趙釋曰朱氏謀㙔箋曰後漢書作沙壹居于牢山捕魚水中觸沈木若有感因懷孕產十子後沈木化爲龍出水九子驚走小子不能去官本曰案小近刻訛作一　案朱訛趙改刊誤曰一黃省曾本作小背龍而坐龍因舐之官本曰案舐近刻訛作㧍據後漢書及華陽國志改正　案朱趙作㧍趙釋曰朱氏謀㙔箋曰後漢書作舐其母鳥語謂背爲九謂坐爲隆因名爲九隆官本曰案華陽國志

作元隆云元隆猶漢言陪坐也及長諸兄遂相共推九隆爲王後牢山下有一夫一婦生十女九隆皆以爲妻遂因孳育皆畫身像龍文衣皆著尾九隆死世世不與中國通漢建武二十三年王遣兵來乘革趙作箄下同船南下官本曰案近刻脫來字又此句之下衍水字　案朱趙同攻漢鹿茤民官本曰案茤近刻訛作崩下同　案朱作崩箋曰後漢書云建武二十三年其王賢栗遣兵乘箄船南下江漢擊附塞夷鹿茤注云箄音簰佳反縛竹木爲箄以當船也茤音多趙改茤下同鹿茤民弱小將爲所擒于是天大震雷疾雨南風漂起水爲逆流波涌二百餘里革船沈沒溺死數千人後數年復遣六王將萬許人攻鹿茤鹿茤王與戰殺六王哀牢耆老共埋之其夜虎掘而食之明日但見骸骨驚怖引去乃懼謂其耆老小王曰趙耆老移謂其上哀牢犯徼自古有之今此攻鹿茤輒被天誅中國有受命之王乎何天祐之明也即遣使詣越巂奉獻官本曰案近刻詣訛作道奉訛作奏　案朱趙同朱箋曰道一作詣求乞內附長保塞徼漢明帝永平十二年置爲永昌郡官本曰案昌近刻訛作平　案朱作平箋曰永平當作永昌漢郡國志明帝永平十二年分益州置永昌郡罷益州西部都尉趙改昌郡治不韋縣蓋秦始皇徙呂不韋子

從己者取而納之不從己者絕其飲食而死乃官本曰按而近刻訛作乃 案朱趙作乃江
東舊事云范文本揚州人少被掠爲奴賣墮交州年十五六遇
罪當得杖畏怖因逃隨林邑賈人渡海遠去沒入于王大被幸
愛經十餘年王死文害王二子詐殺侯將自立爲王威加諸國趙釋曰一清按通鑑晉紀成帝咸康二年初日南夷帥范惟有奴曰范文後至林邑林邑王范逸愛信之是歲逸卒文詐迎逸子于他國置毒于椰酒而殺之文自立爲王于是出兵攻大岐界小岐界式僕徐狼屈都乾魯扶單等國皆滅之篇中所紀諸地名皆夷王國也屈都徐狼並見前或夷椎鑾語口食鼻飲或雕
面鏤身狼䑋裸種官本曰按近刻無狼字䑋訛作脫 案朱身下脫文箋曰孫云疑缺一字䑋作脫趙下增衣字刊誤曰脫下落衣字漢魏
流赭趙釋曰一清按漢書刑法志云赭衣塞路蓋罪人之服注云流赭謂徒人也咸爲其用建元二年攻日南
九德九真百姓奔迸千里無煙乃還林邑林邑西去廣州
二千五百里城西南角高山長嶺連接天鄣嶺
北接澗大源淮水出郍郍遠界三重長洲隱山
遶西衞北迴東朱作衞山迴東趙改曲街迴北刊誤曰箋曰山舊本作北按非也當作曲街迴北下云曲街迴東可證也其嶺
南開澗小源淮水出松根界上山壑流隱山繞

南曲街迴東合淮流以注典沖其城西南際山東北瞰水重塹流浦周繞城下東南塹外因傍薄城東西横長南北縱狹北邊西端（官本曰按西近刻訛作兩 案朱趙作兩）迴折曲入城周圍八里一百步甎城二丈上起甎牆一丈（官本曰按牆近刻訛作城 案朱訛趙改刊誤曰城當作牆）開方隙孔甎上倚板（官本曰按近刻脫甎字 案朱脫趙增刊誤曰上字上落甎字）板上層閣閣上架屋屋上構樓高者六七丈下者四五丈飛觀鵄尾迎風拂雲緣山瞰水騫翥嵬峩但制造壯拙稽古夷俗城開四門東爲前門當兩淮渚濱于曲路有古碑夷書銘讚前王胡達之德西門當兩重塹北迴上山山西即淮流也南門度兩重塹對温公壘升平二年交州刺史温放之殺交趾太守杜寶别駕阮朗（官本曰按近刻脫杜字朗訛作郎 案朱脫訛趙增改刊誤曰晉書作杜寶阮朗今校補）遂征林邑水陸累戰佛保城自守重求請服聽之今林邑東城南五里有温公二壘是也北門濱淮路斷不通城内小城周圍三百二十步合堂瓦殿南壁不開兩頭長屋脊出南北南

擬背日西區城內石山順淮面陽開東向殿飛檐鴟尾青瑣丹墀(官本曰按瑣近刻訛作隟案朱訛隟趙改璅)棟題桷椽多諸古法閣殿上柱高城丈餘五牛屎為泥牆壁青光迴度(趙刊誤曰箋曰當作迴廊按非也迴度猶言迴行也)曲掖綺牖紫窗椒房嬪媵無別宮觀路寢永巷共在殿上臨踞東軒徑與下語(官本曰按徑近刻訛作逕案朱趙作逕)子弟臣侍皆不得上屋有五十餘區(朱趙作丘朱箋曰與區同)連甍接棟檐宇相承(官本曰按相近刻訛作如箋曰宋本作相承按如字不誤乃瞻望擬議之詞案朱趙同趙刊誤曰)神祠鬼塔(趙刊誤曰箋曰舊本作神乾按祠字不誤)小大八廟層臺重榭狀似佛刹郭無市里邑寡人居海岸蕭條非生民所處而首渠以永安養國十世豈久存哉元嘉中檀和之征林邑其王陽邁舉國夜奔竄山藪據其城邑收寶巨億軍還之後陽邁歸國國家荒殄(朱作殄箋曰當作殄趙改殄)時人靡存蹟躅崩擗憤絕復蘇卽以元嘉二十三年死初陽邁母懷身夢人鋪陽邁金席與其兒落席上金光色起(官本曰按金字近刻訛在席字上案朱訛趙改刊誤曰金字當移在席上之下黃省會本校正)華俗謂上金為紫磨金夷昭晰黯曜(官本曰按晰近刻訛作晣案朱趙作晣)

俗謂上金爲陽邁金父胡達死襲王位能得人情自以靈夢爲國祥慶其太子初名咄後陽邁死咄年十九代立慕先君之德復改名陽邁昭穆二世父子共名知林邑之將亡矣其城隍塹之外林棘荒蔓榛梗冥鬱藤盤筀秀參錯際天其中香桂成林氣清煙澄桂父縣人也棲居此林服桂得道（朱箋曰列仙傳云桂父象林人也色黑而時白時黃時赤南海人尊事之常服桂及葵以龜腦和之千丸十斤桂今荊州之南尚有桂丸焉）時禽異羽翔集閑關兼比翼鳥不比不飛鳥名歸飛鳴聲自呼此戀鄉之思孔悲桑梓之敬成俗也豫章俞益期性氣剛直不下曲俗容身無所遠適在南與韓康伯書曰惟檳榔樹最南遊之可觀但性不耐霜不得北植不遇長者之目令人恨深嘗對飛鳥戀土增思寄意謂此鳥其背青其腹赤（案官本曰按腹近刻訛作腸朱作腸箋曰當作腹趙改腹）丹心外露鳴情未達終日歸飛飛不十千路餘萬里（案官本曰按餘近刻訛作由朱作由箋曰宋本作餘趙改餘）何由歸哉九真太守任延始教耕犂俗化交土風行象林知耕以來六百餘年火

耨耕藝法與華同名白田種白穀七月火作十月登熟名赤田

種赤穀十二月作四月登熟所謂兩熟之稻也至于草甲萌芽

官本曰按近刻至訛作更　案朱訛趙改刊誤曰箋曰更宋本作至草甲舊本作草更按甲字不誤易曰百果草木皆甲坼後漢書章帝紀云方春生養萬物孚甲注云葉裹白皮也

穀月代種穜稑早晚無月不秀耕耘功重收穫利輕熟速故也

米不外散恆爲豐國桑蠶年八熟繭三都賦所謂八蠶之緜者

矣 其崖小水羃歷官本曰按崖字近刻訛在小水下　案朱趙同常吐飛溜或雪

霏沙漲清寒無底分溪別壑津濟相通其水自

城東北角流水上懸起高橋渡淮北岸卽彭龍

區粟之通逵也檀和之東橋大戰陽邁被創落象卽是處

也 其水又東南流逕船官口船官川源徐狠 外

夷皆裸身男以竹筒揜體女以樹葉蔽形外名狼𦣞所謂裸國

者也雖習俗裸袒猶恥無蔽惟依暝夜與人交市闇中臭朱趙作齅

金便知好惡明朝曉看皆如其言 自此外行得至扶南

按竺枝（朱趙作芝）扶南記曰扶南去林邑四千里（官本曰按近刻脫里字　案朱脫趙增刊誤曰四千下落里字）水步道通檀和之令軍入邑浦據船官口城六里者也自船官下注大浦之東湖大水連行潮上西流（官本曰按潮近刻訛作湖　案朱作湖箋曰宋本作潮趙改潮）潮水日夜長七八尺從此以西朔望並潮一上七日水長丈六七七日之後日夜分爲再潮水長一二尺春夏秋冬厲然一限（官本曰按近刻作定　案朱趙作定）高下定度水無盈縮是爲海運（官本曰按爲近刻作曰　案朱趙作曰）亦曰象水也又兼象浦之名晉功臣表所謂金潾清逕象渚澄源者也（官本曰按潾近刻作遴　案朱同趙改刊誤曰遴當作潾金潾地名張籍詩行人幾日到金潾亦作金鄰吳都賦云金鄰象郡之渠梁書扶南傳云次伐金鄰國是也）其川浦渚有水蟲彌微攢木食船數十日壞源潭湛瀨有鮮魚色黑身五丈頭如馬首伺人入水便來爲害山海經曰離耳國雕題國皆在鬱水南林邑記曰漢置九郡儋耳與焉（朱趙與作預趙釋曰一清按九郡謂南海蒼梧

孫于此故以不韋名縣趙釋曰沈氏曰常璩云武帝置不韋縣徙南越相呂嘉宗族于此因名不韋以章其先人之惡非秦徙也北

去葉榆六百餘里趙無餘字葉榆水不逕其縣官本曰案近刻脫葉字下同案朱脫趙增刊誤曰當作葉榆水落葉字下同自不韋北注者盧倉禁水耳葉榆水自縣南逕遂久縣東又逕姑復縣西與淹水合又東南逕永昌邪龍縣縣以建興三年劉禪分隸雲南于不韋縣爲東北

東南出益州界

葉榆水自邪龍縣東南逕秦臧縣官本曰案近刻臧訛作藏縣下有也字案朱訛衍趙仍藏删也刊誤曰也字衍文南與濮水同注滇池澤于連然雙柏縣也官本曰案近刻脫池字滇連然雙柏二縣名趙改滇池澤濮作僕刊誤曰漢書地理志注作滇池澤落池字案朱無池字滇作填箋曰秦臧漢志作秦臧濮作僕填作葉榆水自澤又東北逕滇池縣南官本曰案逕近刻訛作流朱作流趙下增逕字刊誤曰流案下落逕字又東逕同並縣南又東逕漏江縣伏流山下復出蝮口謂之漏江左思蜀都賦曰漏江洑流

瀆其阿汨若湯谷之揚濤沛若濛汜之湧波諸葛亮之平南中也戰于是水之南

葉榆水又逕賁古縣北東與盤江合盤水出律高縣東南盢町山官本曰案盢近刻訛作盤　案朱作盤箋曰盤町當作盢町漢地志云益州律高縣西石空山出錫東南盢町山出銀鉛注云盢音呼鷄反趙改盢釋曰一清案漢志注師古曰盢音呼鷄反町音挺孫校曰案玉篇廣韻俱無盢字未知師古何所據而爲此音合從此作盤

東逕梁水郡北賁古縣南官本曰案梁水郡晉置領梁水賁古西隨三縣朱謀㙔云當作卑水非也　趙刊誤曰箋曰梁水字誤當作卑水漢地志越巂有卑水縣案温水注云温水上合梁水故自下有梁水之稱是以劉禪分興古之盢南置郡于梁水縣也宋志梁水太守晉成帝分興古立晉書王遜傳云分永昌爲梁水郡蓋西晉廢而東晉復置耳若卑水是縣名越巂之去南中道里隔越朱氏誤矣

水廣百餘步深處十丈甚有瘴氣朱褭之反官本曰案褭近刻訛作裒　案朱趙作裒李恢追至盤江者也建武十九年伏波將軍馬援上言從麊泠出賁古官本曰案麊近刻訛作麋下同　案朱趙作麋擊益州臣所將駱越萬餘人官本曰案駱越近刻訛作越駱　案朱趙作越駱便習戰鬬者二千兵以上弦毒矢利以數發矢注如雨所中輒死愚以行兵此道最便蓋承藉水利用爲神捷也

盤水又東逕漢興縣山溪之中多生邛竹桄榔樹樹出

麪而夷人資以自給故蜀都賦曰邛竹緣嶺又曰麪有桄榔朱箋曰博物志云蜀中有樹名桄榔皮裏出屑如麪用作餅餌謂之桄榔麪魏王花木志曰桄榔出興古國者樹高七八丈其大者一樹出麪百斛臨海異物志云桄榔木外皮有毛似栟櫚而散生鮓緩漬之不爾盤水北入葉榆水諸葛亮入南趙增中字刊誤曰南下落中字戰于盤東朱作中箋曰宋本作盤東趙改東是也

入牂柯郡西隨縣北爲西隨水又東出進桑關

進桑縣牂柯之南部都尉治也水上有關故曰進桑關也故馬援言從麊朱趙作麊泠水道出進桑王國至益州賁古縣轉輸通利蓋兵車資運所由矣趙釋曰全氏曰漢志牂柯郡西隨縣麋水西受徼外東至麋泠入尚龍谿過郡二行千一百六里都夢縣壺水東南至麋泠入尚龍谿過郡二行千一百六十里益州來唯縣勞水出徼外東至麋泠入南海過郡三行三千五百六十里是皆所云麋泠水道也而壺水獨無關自西隨至交阯朱趙作阯下同崇山接險水路三千里葉榆水又東南絶温水

而東南注于交阯朱趙作阯下同

過交阯麊朱趙作麊下同泠縣北分爲五水絡交阯郡中至南界復合爲三水官本曰案南近刻訛作東　案朱趙作東朱箋曰東界一作南界東入海

尚書大傳曰堯南撫交阯于禹貢荊州之南垂幽荒之外故越
也周禮南八蠻雕題交阯有不粒食者焉春秋不見于傳不通
于華夏在海島人民鳥語秦始皇開越嶺南立蒼梧南海交阯
象郡漢武帝元鼎二年始并百越啟七郡于是乃置交阯刺史
以督領之初治廣信所以獨不稱州時又建朔方明已始開北
垂 官本曰案明近刻訛作朔朱趙作郡朱箋曰舊本作明 案 遂辟交阯于南為子孫基址也 朱趙址作阯趙釋曰
一清案後漢書章懷注引輿地志云其夷足大指開折兩足並立趾則相交阯與趾同古字通用然則非因武帝置郡而有子孫基阯之說也此蓋襲應劭漢官儀之文 麊泠
縣漢武帝元鼎六年開都尉治交州外域記曰 官本曰案州近刻訛作郡 案朱訛作阯趙改
刊誤曰當作交州阯字誤 越王令二使者典主交阯九真二郡民後漢遣伏波
將軍路博德討越王路將軍到合浦越王令二使者齎牛百頭
酒千鍾及二郡民戶口簿詣路將軍乃拜二使者為交阯九真
太守 官本曰案此下近刻衍主字 案朱趙有 諸雒將主民如故 趙釋曰全氏曰案交阯長稱西于王見漢書功臣表左將黃同斬之不稱
越亦非迎降者晉書地道記謂南越侯織封龐陽侯亦非也 交阯郡及州本治于此也州名為交州後

朱戴雒將子名詩索蒼泠雒將女名徵側爲妻趙釋曰一清案索妻猶言娶婦范史南蠻西南夷傳云嫁爲朱鳶人詩索妻亦繆之甚矣側爲人有膽勇將詩起賊官本曰案詩近刻訛作妻案朱訛趙改刊誤曰妻當作詩蓋徵側將其夫作賊也黃省曾本校攻破州郡服諸雒將皆屬徵側爲王治蒼泠縣復交趾九眞二郡民二歲調賦官本曰案復近刻訛作得案朱趙作得後漢遣伏波將軍馬援將兵討側詩走入金溪究趙釋曰全氏曰按金谿范史作禁谿章懷注引三越志作金溪穴一清按究乃穴字之誤三歲乃得爾時西蜀竝遣兵共討側等悉定郡縣爲令長也山多大蛇名曰髯蛇長十丈圍七八尺常在樹上伺鹿獸鹿獸過便低頭繞之有頃鹿死先濡令溼訖便吞頭角骨皆鑽皮出山夷始見蛇不動時便以大竹籤籤蛇頭至尾殺而食之以爲珍異故楊氏南裔異物志曰趙釋曰一清案隋書經籍志交州異物志一卷楊孚撰髯惟大蛇既洪且長采色駮舉其文錦章食豕吞鹿腴成養創賓享嘉宴是豆是觴言其養創之時肪腴甚肥搏之以婦人衣投之則蟠而不起走便可得也北二水官本曰案北近刻訛作此案朱趙作此左水東北逕望海

縣南 建武十九年馬援征徵側置 又東逕龍淵縣北

又東合南水水自麊泠縣東逕封溪縣北 交州外域記曰交趾昔未有郡縣之時土地有雒田其田從潮水上下民墾食其田因名爲雒民設雒王雒侯主諸郡縣縣多爲雒將雒將銅印青綬後蜀王子將兵三萬來討雒王雒侯服諸雒將蜀王子因稱爲安陽王後南越王尉佗舉衆攻安陽王安陽王有神人名皋通下輔佐爲安陽王治神弩一張一發殺三百人南越王知不可戰卻軍住武寧縣按晉太康記縣屬交趾 朱無屬字箋曰一本作縣屬交阯趙增釋曰全氏曰九字注中注 越遣太子名始 趙越上增南字刊誤曰當作南越落南字下並同 降服安陽王稱臣事之安陽王不知通神人遇之無道通便去語王曰能持此弩王天下不能持此弩者亡天下通去安陽王有女名曰媚珠 官本曰案媚近刻訛作眉 案朱訛趙改刊誤曰南越志作媚珠眉字誤 見始端正珠與始交通始問珠令取父弩視之始見弩便盜以鋸截弩訖便逃歸報南越王

官本曰案近刻脫南字下同 案朱脫趙增下同 南越進兵攻之安陽王發弩弩折遂敗安陽王下船逕出于海今平道縣後王宮城見有故處晉太康地記縣屬交趾 趙釋曰全氏曰九字注中注 越遂服諸雒將 趙越上增南字 馬援以西南治遠路逕千里分置斯縣治城郭穿渠通導 朱趙作道 溉灌以利其民縣有猩猩獸形若黃狗又狀貊豘人面頭顏端正善與人言音聲麗妙如婦人好女對語交言聞之無不酸楚其肉甘美可以斷穀窮年不厭又東逕浪泊馬援以其地高自西里進屯此又東逕龍淵縣故城南又東左合北水 官本曰案北近刻訛作此 案朱訛趙改刊誤曰此當作北 建安二十三年 趙釋曰一清案浪水篇注作二十二年 立州之始蛟龍蟠編于南北二津 官本曰案于下近刻衍水字 案朱趙有 故改龍淵以龍編爲名也盧循之寇交州也交州刺史杜慧度 官本曰案慧近刻作惠下同 案朱同趙改刊誤曰惠晉書作慧下同古二字本通用論語釋文云小慧魯讀慧爲惠可證 率水步晨出南津以火箭攻之燒其船艦一時潰散循亦中矢赴水而死 官本曰案水近刻訛作火 案朱訛趙改刊誤曰火晉書作水 于是斬之傳首京師慧度

以斬循動封龍編侯劉欣期交州記曰龍編縣功曹左飛曾化爲虎數月還作吏旣言其化亦化無不在牛哀易虎不識厥兄當其革狀安知其譎變哉其水又東逕曲易縣趙刊誤曰箋曰孫云曲易當作由易漢志交阯郡有由易縣按漢志續志晉志皆作曲易古陽字無作由易者東流注于泿朱作泿箋曰當作泿鬱趙改泿鬱經言于郡東界復合爲三水此其二也官本曰案二近刻訛作一案朱趙作一趙釋曰全氏曰當作此其二也二水謂南水北水其次一水謂中水合之爲三水其次一水東逕封溪縣南又西南逕西于縣南又東逕嬴𨻻縣北又東逕北帶縣南又東逕稽徐縣涇水注之水出龍編縣高山東南流入稽徐縣朱徐作度趙改刊誤曰漢書地理志是稽徐縣度字誤注于中水中水又東逕嬴𨻻縣南朱箋曰嬴𨻻音蓮籑交州外域記曰縣本交趾郡治也官本曰案縣本近刻訛作本縣案朱訛趙乙刊誤曰本縣二字當倒互林邑記曰自交趾南行官本曰案記曰下近刻有縣本二字係衍文案朱同趙去本存縣刊誤曰本字衍文都官塞浦出焉其水自縣東逕安定縣北帶長江江中有越王

所鑄銅船潮水退時人有見之者其水又東流隔水有泥

黎城言阿育王所築也又東南合南水南水又東南

逕九德郡北官本曰案近刻訛作北案朱趙作北交州外域記曰交趾郡

界有扶嚴究在郡之北隔渡一江卽是水也江

水對交趾朱載縣趙水改北刊誤曰水黃省曾本作北又東逕浦陽縣北

又東逕無切朱作功箋曰無功漢志作無切趙改切縣北建武十九年九月馬援

上言臣謹與交趾精兵萬二千人與大兵合二萬人船車大小

二千艘自入交趾于今為盛十月援南入九真至無切縣賊渠

降進入餘發朱箋曰餘發縣名渠帥朱伯棄郡亡入深林巨藪犀象所聚

羊牛數千頭官本曰案羊近刻作羣案朱趙作羣時見象數十百為羣援又分兵入

無編縣王莽之九真亭趙釋曰全氏曰六字注中注至居風縣帥不降並斬級數

十百九真乃靖朱作清箋曰當作靖趙改靖其水又東逕句漏縣縣帶

江水江水對安定縣林邑記所謂外越安定紀

粟者也官本曰案安定下近刻衍縣字朱衍趙刪刊誤曰縣字衍文 案縣江中有潛牛趙刪縣字增水字刊誤曰劉昭郡國志補注引交州記作有潛水牛落水字縣字衍文 形似水牛上岸鬭角輭還入江水角堅復出

又東與北水合又東注鬱亂流而逝矣此其三

也平撮通稱同歸鬱海故經有入海之文矣

夷水出巴郡魚復縣江

夷水卽佷山清江也水色清照十丈分沙石官本曰案近刻脫石字 案朱趙無朱箋曰後漢書注引此云分沙石 蜀人見其澄清因名清江也趙釋曰一清案應劭曰夷山在夷陵西南又云夷水出巫東入江然夷水之源最遠方輿紀要云源出巒中南流名柘林溪經天池洛浦名黔黎溪南至金洞唐崖入黔江縣名黔江又云黔江自貴州思州之上豐溪發源經五十八節名灘至黔州境分流入黔江縣界爲施州江入湖廣施州衞謂之清江是也水源之遠如此是以善長不記其所出而以佷山清江爲限至應劭所云夷山似因夷水得名大類常璩漾山漾水之殊目不足爲據江水篇經云江水又東南過夷道縣北夷水從佷山縣南東北注之注云夷道縣爲二江之會是夷水出江入江而胡朏明云禹循江而南且東以至于巫山乃不出三峽而竝夷水以東且南逾澧水沅水以至于衡山導江云東別爲沱又東至于澧則不經三峽可知又云夷水首出魚復江尾入宜都江行五百餘里是亦荆州之沱也古時自巴入楚避三峽之險皆由此路史記張儀說楚王曰秦西有巴蜀大船積粟起于汶山浮江以下至楚三千餘里舫船載卒 日行三百餘里不至十日而拒扞關扞關驚則從境以東盡城守矣黔中巫郡非王之有此言舟師自夷水以入楚也楚世家肅王四年蜀伐楚取茲方于是楚爲扞關以拒之水經注江水自江關東逕弱關扞關蓋大江出三峽逕

弱關江沱出佷山逕扞關劃然兩道儀言浮江以下拒扞關則不逕巫峽明矣夷水受江處不知何時日就湮塞後漢建武中公孫述遣將田戎等乘枋箄下江關拔夷道夷陵光武命岑彭吳漢伐之泝江而上則皆取道于三峽而不復由夷水矣蓋其時水已淺狹不勝戰艦自後荊梁用師未有不由峽江者然酈注云河梁裁得通船則後魏時猶存下逮唐初建始之北遂成斷港故章懷注西南夷傳寰宇記明一統志不復知此水出西北奉節之大江而以為西南施州衛之山源然自漢志已不言首受江未知何故班氏疏略頗多水經注源委詳明而又有張儀之言為證無可疑者禹導江自梁入荊必浮此水也東樵此言較宛溪為覈然則夷水乃跨有荊梁之沱禹貢所記二州指此已備紛紛郫江玉輪江鄗江枝江皆後起之名耳　昔

廩君浮土舟于夷水據捍關而王巴是以法孝直有言魚復捍關臨江據水實益州禍福之門夷水又東逕建平沙渠縣官本曰案近刻脫渠字　案朱脫趙增刊誤曰晉書地理志建平郡統沙渠縣落渠字　縣有巫城水南岸山道五百里官本曰案水字近刻訛在南岸下　案朱同趙增臨字作南岸臨水　其水歷縣東出焉

東南過佷山縣南朱箋曰前漢地志佷山縣屬武陵郡後漢郡國志佷山屬南郡晉地理志佷山屬宜都郡

夷水自沙渠縣入官本曰案近刻訛作入縣　案朱訛趙改刊誤曰入縣二字當倒互　水流淺狹裁得通船東逕難留城南　城即山也獨立峻絕西面上里餘得石穴把火行百許步得二大石磧並立穴中相去一丈俗名陰陽石陰石常溼陽石常燥每水旱不調居民作威儀

服飾往入穴中旱則鞭陰石應時雨多雨則鞭陽石俄而天晴相承所說往往有效但捉鞭者不壽人頗惡之故不為也東北面又有石室可容數百人每亂民入室避賊無可攻理因名難留城也昔巴蠻有五姓未有君長俱事鬼神乃共擲劍于石穴約能中者奉以為君（官本曰案奉近刻訛作舉案朱訛趙改刊誤曰舉黃省曾本作奉）巴氏子務相乃中之又令各乘土舟約浮者當以為君惟務相獨浮因共立之是為廩君乃乘土舟從夷水下至鹽陽鹽水有神女謂廩君曰此地廣大魚鹽所出願留共居廩君不許鹽神暮輒來宿旦化為蟲羣飛蔽日天地晦暝積十餘日廩君因伺便射殺之天乃開明廩君乘土舟下及夷城夷城石岸險曲其水亦曲廩君望之而歎山崖為崩廩君登之上有平石方一丈五尺因立城其傍而居之四姓臣之死精魂化而為白虎故巴氏以虎飲人血遂以人祀鹽水即夷水也（趙釋曰全氏曰按江水篇夷水出夷谿鹽水出巫溪今此合為一）又有鹽石即陽

石也官本曰案卽下近刻衍鹽字案朱衍趙刪刊誤曰鹽字衍文 盛弘之以是推之疑卽廩君所射鹽

神處也將知陰石是對陽石立名矣官本曰案知下近刻衍是字案朱衍趙刪刊誤曰是字衍文 事旣

鴻古難爲明徵 夷水又東逕石室 在層巖之上石室南

向水出其下懸崖千仞自水上徑望見官本曰案徑近刻訛作逕案朱趙作逕 每有陟

山嶺者扳木側足而行莫知其誰村人駱都小時到此室邊採

蜜見一仙人坐石牀上見都凝矚不轉都還招村人重往則不

復見鄉人今名爲仙人室袁山松云都孫息尚存官本曰案息近刻作昔案朱同又

存訛作孝趙改刊誤曰箋曰孝字當作存案昔當作息 夷水又東與溫泉三水合大溪

南北夾岸有溫泉對注夏煖冬熱上常有霧氣

瘍痍百病官本曰案痍近刻作疾案朱趙作疾 浴者多愈父老傳此泉先

出鹽于今水有鹽氣夷水有鹽水之名此亦其

一也夷水又東逕佷山縣故城南 縣卽山名也孟

康曰音恆出藥草恆山今世以銀爲音也趙釋曰全氏曰孟康曰下十七字注中注 舊武

陵之屬縣南一里卽清江東注矣南對長楊溪溪
水西南潛穴穴在射堂村東六七里谷中有石
穴清泉潰（朱箋曰當作濆 趙改濆）流三十許步復入穴卽長楊
之源也水中有神魚大者二尺小者一尺居民釣魚先陳所
須多少拜而請之拜訖投鉤餌（官本曰案鉤近刻訛作釣 案朱趙作鉤）得魚過數者水
輒波湧暴風卒起樹木摧折水側生異花路人欲摘者皆當先
請不得輒取（官本曰案輒近刻作扳 扳箋曰宋本作輒趙改輒 案朱作）水源東北之風井山
迴曲有異勢穴口大如盆袁山松云夏則風出冬則風入春秋
分則靜余往觀之其時四月中去穴數丈須臾寒飄卒至（官本曰案飄近
刻作慓 案朱同箋曰當作慓趙改慓 卒改言刊誤曰卒黃省曾本作言）六月中尤不可當往人有冬過者置
笠穴中風吸之經月還步楊溪得其笠則知潛通矣其水重
源顯發北流注于夷水此水清泠甚于大溪縱
暑伏之辰尚無能澡其津流也縣北十餘里有神穴

平居無水時有渴者誠啓請乞輒得水或戲求者水終不出縣東十許里至平樂村又有石穴出清泉中有潛龍每至大旱平樂左近村居官本曰案平樂下近刻衍村字 案朱趙同輦草穢著穴中龍怒須臾水出蕩其草穢傍側之田皆得澆灌從平樂順流五六里東亭村北山甚高峻上合下空空竅東西廣一丈許起高如屋官本曰案竅近刻作徼起高作高起 案朱趙同中有石牀官本曰案近刻訛作林 案朱訛趙改刊誤曰林當作牀甚整頓傍生野韭人往乞者神許則風吹別分隨偃而輸趙改揃下同不得過越不偃而輸輒凶往觀者去時特平曁處自然恭肅矣

又東過夷道縣北

夷水又東逕虎灘岸石有虎像故因以名灘也夷水又東逕釜瀨其石大者如釜小者如刁斗形色亂真惟實中耳官本曰案惟實近刻訛作雜石 案朱訛趙改刊誤曰雜石孫潛校惟實夷水又東北有水注之其源百里與丹水出西南望州山山形竦峻峯秀

甚高東北白巖壁立西南小演通行登其頂平可有二畝許上有故城城中有水登城望見一州之境故名望州山俗語訛今名武鍾山山根東有湧泉成溪卽丹水所發也下注丹水天陰欲雨輒有赤氣故名曰丹水矣丹水又逕亭下有石穴甚深未嘗測其遠近穴中蝙蝠大如烏多倒懸（官本曰案近刻訛作大者悉多倒懸刊誤曰箋曰悉一作如烏按於文大者下落如烏二字悉字宜存　案朱同趙增如烏二字）玄中記曰蝙蝠百歲者倒懸得而服之使人神仙穴口有泉冬溫夏冷（趙釋曰一清案此處有脫文蓋言泉水有魚故下有秋藏春遊之文）秋則入藏春則出遊（官本曰案二語言魚之出入此上當有脫文）民至秋闌斷水口得魚大者長四五尺骨軟肉美異于餘魚丹水又逕其下積而爲淵淵有神龍每旱村人以芮（朱箋曰宜都山川記芮作茵趙改茵）草投淵上流魚則多死龍怒當時大雨丹水又東北流兩岸石上有虎迹甚多或深或淺皆悉成就自然咸非人工丹水又北注于夷水水色清澈

與大溪同夷水又東北逕夷道縣北而東注

東入于江

夷水又逕宜都北東入大江有涇渭之比亦謂

之佷山北溪 水所經皆石山略無土岸 其水虛映俯

視游魚如乘空也淺處多五色石冬夏激素飛

清傍多茂木空岫靜夜聽之恆有清響百鳥翔

禽哀鳴相和巡頹浪者不覺疲而忘歸矣

油水出武陵孱陵縣西界

縣有白石山油水所出東逕其縣西與洈水合

水出高城趙作成縣洈山東逕其縣下東至孱陵縣

入油水也

東過其縣北官本曰案此五字近刻接上經西界下 案朱在上趙移此刊誤曰箋曰據宋本補五字案此五字經文當補在注入油水也之次行另爲一條趙

琦美本校正

縣治故城王莽更名孱陵也官本曰案陸近刻訛作陵改刊誤曰漢書地理志作孱陸 案朱訛趙劉備孫夫人權妹也又更脩之其城背油向澤官本曰案此注近刻與上注連爲一節 案朱同趙改說見上

又東北入于江

油水自孱陵縣之東北逕公安縣西又北流注于大江

澧水出武陵充縣西歷山東過其縣南

澧水自縣東逕臨澧零陽二縣故界水之南岸白石雙立厥狀類人高各三十丈周四十丈古老傳言昔充縣尉與零陽尉共論封境因相傷害化而爲石東標零陽西揭充縣充縣廢省官本曰案近刻脫充縣二字 案朱趙無朱揭作碣趙改刊誤曰碣當作揭又刪廢省二字說見下臨澧卽其地縣卽充縣之故治官本曰案近刻訛作縣臨封縣之故治 案朱同趙刪臨澧二字改如下說刊誤曰廢省臨澧四字衍文當作後卽其地爲臨澧縣之故治全氏校改臨側澧水故爲縣名官本曰案故近刻作卽 案朱趙作卽晉太康四年置澧水又

東茹水注之水出龍茹山水色清澈漏石分沙
莊辛說楚襄王所謂飲茹溪之流者也茹水東
注澧水官本曰案注近刻訛作流　案朱同趙東流下增注入二字刊誤曰箋云克家云當作東流入澧水案孫潛校增注字

又東過零陽縣之北

澧水東與溫泉水會水發北山石穴中長三十
丈冬夏沸湧常若湯焉溫水南流注于澧水澧
水又東合零溪水源南出零陽之山歷溪北注
澧水趙釋曰一清案漢志武陵郡零陽縣應劭曰零水所出東入湘殆即零溪也而道元以爲入澧澧水又東九渡水
注之水南出九渡山山下有溪又以九渡爲名
山獸咸飲此水而逕越他津皆不飲之九渡水北逕仙
人樓下傍有石形極方峭世名之爲仙樓水自下
歷溪曲折透迤傾注行者閑關每所褰浜山水
之號蓋亦因事生焉九渡水又北流注于澧水

澧水又東婁水入焉水源出巴東界東逕天門郡婁中縣北又東逕零陽縣注于澧水澧水又東逕零陽縣南縣即零溪以著稱矣官本曰案縣即近刻訛作蘊郡案朱作蘊郡趙改郡緣刊誤曰蘊字誤全氏校改緣移在郡字下澧水又逕澲陽縣官本曰案澲近刻訛作澧脫陽字案朱趙作澧並有陽字右會澲水官本曰案近刻重一澲字案朱作澲澲木趙改澲水刊誤曰澲木二字誤當作右會澲水水出建平郡水出建平郡東逕澲陽縣南晉太康中置澲水又左合黃水黃水趙刪一黃字出零陽縣西北連巫山溪出雄黃頗有神異採常以冬月趙增之字刊誤曰採下落之字祭祀鑿石深數丈方得佳黃故溪水取名焉黃水北流注于澲水澲水又東注澧水謂之澲口澧水又東逕澧陽縣南南臨澧水晉太康四年立天門郡治也吳永安六年武陵郡嵩梁山官本曰案郡下近刻衍有字案朱衍趙刪高峯孤竦素壁千尋望之若亭有似香爐其山洞開玄朗如門高三百丈廣二百丈門角上各生一竹倒垂下拂謂之天帚官本

曰案近刻脫此十五字　案朱脫趙增刊誤曰廣二百丈下御覽引荊州圖副記有門角上各生一竹倒垂下拂謂之天帚天中記引此文亦有之今校補孫休以爲
嘉祥分武陵置天門郡澧水又東歷層步山朱山作出趙改刊誤曰出當作山方輿紀要云澧州石門縣有層步山在縣東北三里外望如一內有三重高秀特出趙作立山下有峭澗
泉流所發南流注于澧水
又東過作唐縣北
作唐縣後漢分孱陵縣置　澧水入縣左合涔水水出
西北天門郡界趙北改南刊誤曰北當作南南流逕涔坪屯官本曰案坪近刻訛作評　案朱訛趙改刊誤曰評方輿紀要作坪此是吳屯所也吳書周泰傳荊州平定將兵屯岑是也屯堨涔水溉田數千頃
趙釋曰一清案說文涔陽渚在郢中又東南流注于澧水澧水又東澹水
出焉澧水又南逕故郡城東東轉逕作唐縣南
澧水又東逕南安縣南官本曰案南安近刻訛作安南　案朱訛趙乙刊誤曰晉書地理志南平郡統南安縣安南二字當倒互晉太康元年分孱陵立澹水注之水上承澧水于
作唐縣東逕其縣北又東注于澧謂之澹口趙釋曰一

清案澹水三國時亦曰誕水吳書黃蓋傳所謂巴醴由誕者也由卽油水誕卽澹水也王仲宣贈士孫文始詩

曰官本曰案近刻脫士字　案朱脫趙增刊誤曰文選贈答詩有王仲宣贈士孫文始一首李善注引三輔決錄注曰士孫孺子名萌字文始落士字萌卽士孫瑞之子獻帝都許錄瑞功封萌都亭侯悠悠澹澧者也澧水又東與赤沙湖水會

湖水北通江而南注澧謂之沙口官本曰案沙口近刻訛作決口　案朱訛趙改刊誤曰箋曰克家云疑作湖口案當作沙口卽赤沙湖口也上云澧水又東與赤沙湖水會是也澧水又東南注于沅水

曰澧口蓋其枝瀆耳離騷曰沅有茝兮澧有蘭

又東至長沙下雋縣西北東入于江

澧水流注于洞庭湖俗謂之曰澧江口也

沅水出牂柯且蘭縣趙刊誤曰漢志續志皆作故且蘭落故字詳本卷趙釋曰一清案漢志續志皆云故且蘭至晉志始去故字宋志云且蘭令漢舊縣故且蘭是也此條經文與江水篇氏道縣同一例爲旁溝水又東至鐔成縣爲沅

水東過無陽縣朱趙過作逕朱箋曰舊本此六字作注文據宋本是經文今改正趙仍改作注刊誤曰箋曰舊本作注文據宋本是經文按非也仍當作注說詳本卷趙釋曰一清案後漢省無陽故不見于續志晉志作舞陽宋志云太康地志有蓋復立也此句之首注有脫文朱謀㙔箋曰舊本作注文據宋本是經文非是塘珠沅州府志云方輿紀要沅江在沅州府西南五里自貴州番界入沅州境又云㵲水在州南四里又引熊氏曰今辰州之武溪卽古舞水沅州之㵲溪蓋卽沅水之異名耳案諸書皆謂㵲水卽沅水是混㵲沅而一之其說均

非不可不辨蓋熊氏之以潕水即沅水者由誤以武溪即潕水耳今瀘溪縣志亦祖其說是踵誤也夫無水之名見于水經注武溪之名亦見于水經注水經注謂武溪源出武山南注于沅後漢書注今辰州盧溪縣西有武山高可萬仞元和郡縣志亦云盧水在盧溪縣西二百五十里即武溪所出是武溪可名盧水而案其源流與出自故且蘭東南入沅之無水迥別顧熊氏之爲此說或因荆州記五溪有武溪無潕溪故遂以武溪當潕溪與不知五溪之名出入不一武溪之不能當潕溪猶潕溪之不能當沅溪也惟見于水經注者爲足據耳至于顧氏之言則又泥解水經注何也漢書注言沅水至鐔成縣爲沅水鐔成今黔陽也水經注言無水南流至無陽故縣無陽故縣今芷江也安得無水首受故且蘭又言沅水出牂柯首受與出既異文則義固自有別是沅與潕本二水也水經言經文自沅水出牂柯云云至東至鐔成縣爲沅水句止下云東逕無陽縣五字則注起語也酈道元謂無陽卽鐔成耶乃或者疑經文有沅水東逕無陽縣句可以證沅無總一水之說不知舊本此段北魏人其所謂無陽縣者乃晉義熙中徙故鐔成之無陽亦卽今黔陽已非漢舊故稱漢之無陽爲故縣以別之且下卽云無水出故且蘭南流至無陽故縣者蓋謂沅之上流另有一支之水流入于沅故注文至謂之潕口句下又云沅水東逕無陽縣前有故字而後無故字則五字之非經文可知自朱鬱儀移作經文且自謂據宋本改正鬱儀號稱博雅其點竄古人不無穿鑿附會顧氏不細繹經注漫以泝始析流爲得解强合爲一以誤後人而莫有知其非者尤可怪也

無水出故且蘭南流至無陽故縣朱箋曰漢地理志武陵郡有無陽縣注云無水首受故且蘭南入沅八百九十里後漢省無陽縣故云無陽故縣縣對無水官本曰案近刻脫一縣字朱脫趙增刊誤曰對上落縣字案因以氏縣

無水又東南入沅謂之無口趙釋曰一清案漢志無水首受故且蘭南入沅行八百九十里沅水東逕無陽縣南臨運水水源出東南岸許山西北逕其縣南流注于熊溪熊溪南帶移山趙釋曰一

清案浪水篇注無陽縣有移溪殆卽熊溪也 山本在水北夕中風雨日而山移水南故山以
移爲名蓋亦蒼梧郁州東武怪山之類也 官本曰案亦近刻訛作以東武怪山訛作佐山 案朱訛趙改刊誤曰以當作亦佐山當作東武怪山全氏校正 熊溪下注沅水沅水又東逕辰陽
縣縣有龍溪水南出于龍嶠 朱作橋箋曰宋本作嶠趙改嶠 之山北流
入于沅沅水又東 官本曰案近刻脫一沅字又東訛作又一 案朱脫訛趙增改刊誤曰水上落沅字一當作東 溢水
注之水南出扶陽之山北流會于沅沅水又東
與序溪合水出武陵郡義陵縣鄜梁山 官本曰案武近刻訛作義 案朱訛趙改刊誤曰當是武陵郡義字誤 西北流逕義陵縣 王莽之建平縣也治序
溪其城劉備之秭歸馬良出五溪 官本曰案馬近刻訛作焉脫良字 案朱訛脫趙改增刊誤曰箋曰秭歸以下有脫誤案此處無脫文焉當作馬良二字之猶往也詳本卷 綏撫蠻夷良率諸蠻所築也 官本曰案良近刻訛作亮 案朱訛趙改釋曰一清案義陵縣後漢廢蜀志先主傳軍次秭歸武陵五溪蠻夷遣使請兵將軍吳班陳式水軍屯夷陵夾江東西岸先主自秭歸率諸將進軍緣山截嶺于夷道猇亭駐營自佷山通道武陵遣侍中馬良安撫五谿蠻夷咸相響應良所築城卽故義陵城也之猶往也 所治序溪最爲沃壤良田數百頃
特宜稻修作無廢 又西北入于沅 趙釋曰一清案漢志武陵郡義陵縣鄜梁山序水所出西入沅

沅水又東合溆水水導源溆溪官本曰案溆近刻訛作杜案朱趙作杜說見下北流注沅趙釋曰一清案序水方輿紀要作溆水引舊志云今溆浦縣南有雙龍江其水一自縣南百二十里之龍潭發源一自縣東二十里龍灣發源流經縣南二里之龍堆合流而西入于沅蓋卽序溪矣注又別名之曰杜溪杜序音同通用故耳沅水又東逕辰陽縣南東合辰水水出縣三山谷趙釋曰一清案漢志武陵郡辰陽縣三山谷辰水所出南入沅行七百五十里東南流獨母水趙增合字刊誤曰流下落合字孫潛校增注之趙無二字水源南出龍門山歷獨母溪北入辰水辰水又逕其縣北舊治在辰水之陽故卽名焉楚辭所謂夕宿辰陽者也王莽更名會亭朱作亶箋曰今漢地志作會亭趙改亭矣辰水又右會沅水名之爲辰溪口武陵有五溪謂雄溪樠溪無溪西溪官本曰案樠溪下近刻衍力溪二字案朱衍趙刪刊誤曰箋曰宋書說五溪曰雄溪樠溪西溪潕溪辰溪而無力溪二字案後漢書馬援傳章懷注引酈注及東坡小圃五詠薏苡詩王十朋集注李厚引水經注俱無力溪唐宋相沿足證世本之誤辰溪其一焉夾溪悉是蠻左所居官本曰案左下近刻衍右字案朱衍趙刪刊誤曰六朝人稱蠻郡曰左郡蠻縣曰左縣故稱蠻左謂五溪蠻也右字衍文故謂此蠻五溪蠻也趙增爲字刊誤曰此蠻下落爲字水又逕沅陵縣西趙增沅字刊誤曰水上落沅字有武溪源

出武山與酉陽分山 水源石上有盤瓠迹猶存矣盤瓠者高辛氏之畜狗也其毛五色高辛氏患犬戎之暴乃募天下有能得犬戎之將軍吳將軍頭者妻以少女下令之後盤瓠遂銜吳將軍之首于闕下帝大喜未知所報女聞之以爲信不可違請行乃以配之盤瓠負女入南山 官本曰案女近刻訛作妻 案朱趙同 上石室中所處險絶人迹不至帝悲思之遣使不得進經二年生六男六女盤瓠死因自相夫妻織績木皮染以草實好五色衣裁製皆有尾 官本曰案製近刻訛作置 案朱趙作置 其母白帝賜以名山其後滋蔓號曰蠻夷今武陵郡夷即盤瓠之種落也其狗皮毛嫡孫世寶錄之 武水南流注于沅沅水又東施水注之水南出施山溪源有陽敷崖崖色純素望同積雪下有二石室 官本曰案近刻脫室字 案朱脫趙增刊誤曰石下落室字孫潛校增 先有人居處其間 趙無居字 細泉輕流望川競注故不可得以言也 官本曰案近刻脫得字刊誤曰不可下落得字孫潛校增 案朱脫趙增 施水北流會于

沅沅水又東逕沅陵縣北漢故頃侯吳陽之邑也趙釋曰一清案漢表陽以高后元年封王莽改曰沅陸縣北枕沅水沅水又東逕縣故治北移縣治縣之舊城趙刪下縣字刊誤曰下縣字衍文置都尉府因岡傍阿勢盡川陸臨沅對酉二川之交會也酉水導源益州巴郡臨江縣故武陵之充縣酉源山東南流逕無陽故縣南朱脫逕無二字趙增刊誤曰箋曰陽故縣上缺一無字案無陽上又落逕字又東逕遷陵故縣界朱箋曰案漢地理志武陵郡有無陽遷陵二縣相近後漢志省無陽晉太康地志有舞陽云即無陽也後漢晉宋地志武陵郡有遷陵南齊地志無遷陵矣與酉鄉溪合即延江之枝津更始之下流謂之酉鄉溪口酉水又東逕遷陵縣故城北官本曰案近刻重一城字案朱重趙刪王莽更名曰遷陸也酉水東逕酉陽故縣南縣故西陵也酉水又東逕沅陵縣北又東南逕潘承明壘西承明討五溪蠻營軍所築也朱無也字趙增刊誤曰築下落也字其城跨山枕谷酉水又南注沅水闞駰謂之受水其水所決入

名曰酉口趙釋曰一清案漢志武陵郡充縣酉原山酉水所出南至沅陵入沅行千二百里沅水又逕竇應明城側應明以元嘉初伐蠻所築也沅水又東官本曰案又下近刻衍合字案朱趙不衍趙刊誤曰箋曰一作沅水又合東溪溪水南出茗山案本文無脫字溪水南出茗山山深迴險人獸阻絕溪水北瀉沅川官本曰案近刻川下衍水字案朱衍趙刪刊誤曰水字衍文沅水又東與諸魚溪水合水北出諸魚山山與天門郡之澧陽縣分嶺溪水南流會于沅官本曰案溪水下近刻衍合字案朱趙有沅水又東夷水入焉水南出夷山北流注沅夷山東接壺頭山朱壺作胡箋曰後漢書作壺頭山下同趙改壺釋曰一清案章懷後漢書注引武陵記曰此山與東海方壺山相似神仙多所遊集故名壺頭山也山高一百里廣圓三百里山下水際有新息侯馬援征武溪蠻停軍處壺頭徑曲多險其中紆折千灘援就壺頭希效早成道遇瘴毒終沒于此忠公朱趙作以朱箋曰舊本作公獲謗信可悲矣劉澄之曰沅水自壺頭枝分跨三十三渡逕交趾龍編縣東北入于海脈水尋梁乃非關究但古人許

以傳疑聊書所聞耳

又東北過臨沅縣南

臨沅縣與沅南縣分水沅南縣西有夷望山孤竦中流浮險四絕昔有蠻民避寇居之故謂之夷望也官本曰案近刻脫之字 案朱脫趙增刊誤曰謂下落之字南有夷望溪水南出重山遠注沅沅水又東得關下山東帶關溪瀉注沅瀆沅水又東歷臨沅縣西爲明月池白璧灣灣狀半月清潭鏡澈上則風籟空傳下則泉響不斷行者莫不擁檝嬉遊徘徊愛玩沅水又東歷三石澗鼎足均跱秀若削成其側茂竹便娟致可玩也又東帶綠蘿山綠蘿蒙羃頹巖臨水實釣渚漁詠之勝地其迭響若鐘音信爲神仙之所居朱作頹巖臨水懸蘿釣渚漁詠幽谷浮響若鐘無綠下二十九字趙同釋曰朱氏謀㙔箋曰御覽引水經注云綠蘿蒙羃積巖臨水實釣渚漁詠之勝地其迭響若鐘音信爲神仙之所居沅水又東逕平山西南臨沅水寒松上蔭清泉下注栖託者不能

自縣于其側沅水又東逕臨沅縣南縣南臨沅水因以
爲名朱箋曰荊州記臨沅縣南臨沅水水源出牂柯且蘭縣至郡界分爲五谿王莽更之曰監沅也朱趙無曰字沅下有縣字縣
南有晉徵士漢壽人龔玄之墓官本曰案人近刻訛作詩龔訛作襲 案朱同箋曰詩宋本作人趙改刊誤曰何焯云宋本晉書作龔玄之通志氏族略晉有隱士龔玄之南史有龔蘄蓋希姓也銘太元中車武子立縣治武陵郡下本
楚之黔中郡矣秦昭襄王二十七年使司馬錯以隴蜀軍攻楚
楚割漢北與秦官本曰案近刻脫一楚字 案朱脫趙增刊誤曰割上落楚字至三十年秦又取楚巫黔
及江南地官本曰案近刻脫秦字 案朱脫趙增刊誤曰又取上落秦字以爲黔中郡漢高祖二年割黔
中故治爲武陵郡王莽更之曰建平也朱趙無曰字平下有郡字南對沅南
縣後漢建武中所置也縣在沅水之陰因以沅南爲名縣治
故城昔馬援討臨鄉所築也沅水又東歷小灣謂之
枉渚渚東里許便得枉人山山西帶脩溪一百
餘里官本曰案脩近刻訛作循 案朱訛趙改刊誤曰循當作脩茂竹便娟披溪蔭渚長川逕引
遠注于沅沅水又東入龍陽縣有澹水出漢壽

縣西楊山南流東折逕其縣南縣治索城即索縣之故城也漢順帝陽嘉中改從今名闞駰以爲輿水所出東入沅而是水又東歷諸湖方南注沅亦曰漸水也水所入之處謂之鼎口（趙釋曰一清案漢志武陵郡索縣漸水東入沅）沅水又東歷龍陽縣之氾洲洲長二十里吳丹楊太守李衡（官本曰案楊近刻訛作陽朱訛趙改刊誤曰當作丹楊）案植柑于其上臨死敕其子曰吾州里有木奴千頭（官本曰案州近刻訛作洲案朱訛趙改）不責衣食歲絹千匹太史公曰江陵千樹橘可當封君此之謂矣吳末衡柑成歲絹千匹今洲上猶有陳根餘枿蓋其遺也（趙釋曰全氏曰胡三省曰汎洲乃柑洲非橘洲湘水篇臨湘縣之橘洲乃衡所植也晏公類要曰湘江四洲橘洲其一焉張舜民郴行錄橘洲東對潭州以是知非汎洲也）沅水又東逕龍陽縣北城側沅水（趙增臨字刊誤曰城下落臨字）沅水又東合壽溪內通大溪口有木連理根各一岸而凌空交合其上承諸湖（趙增水字刊誤曰其下落水字）下注沅

水

又東至長沙下雋縣西北入于江趙釋曰一清案漢志牂柯郡故且蘭縣沅水東南至益陽入江資水篇經文與班志合則此條不容有參錯且與澧水篇經文相同惟少一東字耳

沅水下注洞庭湖方會于江

浿水出武陵鐔成縣北界沅水谷官本曰案成近刻訛作城下同案朱訛趙改孫校曰阜昌禹迹圖石刻作㟰水

山海經曰禱過之山浿水出焉而南流注于海

是也

南至鬱林潭中縣與鄰水合

水出無陽縣縣故鐔成也晉義熙中改從今名俗謂之

移溪溪溪水南歷潭中注于浿水

又東至蒼梧猛陵縣爲鬱溪又東至高要縣爲大

水

鬱水出鬱林之阿林縣官本曰案近刻脫出字趙增自字刊誤曰鬱水下落自字案朱脫文東逕

猛陵縣趙釋曰全氏曰案漢志蒼梧郡猛陵縣龍山合水所出南至布山入海而酋長不志猛陵縣在廣信之西南王莽之猛陸也浪水于縣左合鬱溪亂流逕廣信縣地理志朱趙有曰字蒼梧郡治武帝元鼎六年開王莽之新廣郡縣曰廣信亭王氏交廣春秋曰趙釋曰一清案虞喜志林云太康八年廣州大中正王範上交廣二州春秋元封五年交州自羸𨻻縣移治于此建安十六年吳遣臨淮步騭爲交州刺史將武吏四百人之交州道路不通蒼梧太守長沙吳巨官本曰案近刻訛作臣下同　案朱訛趙改刊誤曰三國志吳書步騭傳是吳巨臣字誤下並同擁衆五千騭有疑于巨先使諭巨巨迎之于零陵遂得進州巨既納騭而後有悔騭以兵少恐不存立巨有都督區景勇略與巨同士爲用騭惡之陰使人請巨巨往告景勿詣騭騭請不已景又往乃于廳事前中庭俱斬以首徇衆卽此也鬱水又逕高要縣晉書地理志曰縣東去郡五百里刺史夏避毒從縣水居也縣有鵠奔亭趙刊誤曰箋曰搜神記云鵠奔亭謝承後漢書作鵲巢亭案列異傳云鵠奔亭方掘其屍時有雙鵠來奔其亭故名江淹獄中上書曰梧邱之魂不愧于沈首鵠亭之鬼無恨于灰骨正使此事

廣信蘇施妻始珠鬼訟于交州刺史何敞處事與鶩亭女鬼同官本曰案鶩郤古字通原本及近刻竝訛作鼇亭今改正鶩亭事詳渭水注內　案朱趙作鼇朱箋曰搜神記云九江何敞爲交州刺史行部到蒼梧高要宿鵠奔亭夜半有一女子自稱蘇娥字始珠廣信人嫁施氏夫死有雜繒帛百二十匹及婢一人名致富欲之旁縣賣繒賃牛車一乘到此亭爲亭長龔壽所殺刺致富亦死掘樓下合埋之取財物去無所告訴故來自歸於明使君敞乃遣吏補問具服並其父母兄弟皆斬之謝承後漢書所記事同但作鵲巢亭爲異王氏交廣春秋曰步隲殺吳巨區景使嚴舟船合兵二萬下取南海蒼梧人衡毅錢博宿巨部伍與軍逆隲于蒼梧高要峽口兩軍相逢于是遂交戰毅與衆投水死者千有餘人趙釋曰一清案三國志吳書呂岱傳云高涼賊帥錢博乞降岱因承制以博爲高涼西部都尉方輿紀要高涼山在高州府東北九十里本名高梁衡毅錢博拒步隲于高要峽口毅死博與屬亡于高梁蓋卽此山是高要峽之戰毅死而博逃其後遂降也交廣春秋未得其實

又東至南海番禺縣西分爲二其一南入于海

鬱水分泿南注

其一又東過縣東南入于海

泿水東別逕番禺山海經謂之賁禺者也交州治中合浦姚文式問云何以名爲番禺答曰南海郡昔治在今

州城中與番禺縣連接今入城東南偏有水坑陵城倚其上聞此縣人名之爲番山縣名番禺儻謂番山之禺也漢書所謂浮牂柯下離津同會番禺蓋乘斯水而入越也 官本曰案而近刻訛作西 案朱訛趙改刊誤曰西當作而 秦并天下略定揚越 官本曰按揚近刻訛作楊 案朱趙作楊 置東南一尉西北一候開南海以謫徙民至二世時南海尉任囂召龍川令趙佗曰聞陳勝作亂豪傑叛秦吾欲起兵阻絕新道番禺負險可以爲國會病綿篤無人與言故召公來告以大謀囂卒佗行南海尉事則拒關門設守以法誅秦所置吏以其黨爲守自立爲王高帝定天下使陸賈就立佗爲南越王 官本曰案近刻脫南字 案朱脫趙增刊誤曰史記尉佗傳是南越王 剖符通使至武帝元鼎五年遣伏波將軍路博德等攻南越王五世九十二歲而亡以其地爲南海蒼梧鬱林合浦交趾九真日南也建安中吳遣步騭爲交州騭到南海見土地形勢觀尉佗舊治處負山帶海博敞渺目高則桑土下則沃衍林麓鳥獸于

何不有海怪魚鼊黿鼉鮮鰐珍怪異物千種萬類不可勝記(趙作紀)佗因岡作臺北面朝漢圓基千步直峭百丈頂上三畮復(趙作複)道回環逶迤曲折朔望升拜名曰朝臺前後刺史郡守遷除新至未嘗不乘車升履于焉逍遙隮登高遠望覩巨海之浩茫觀原藪之殷阜乃曰斯誠海島膏腴之地宜爲都邑(朱作也箋曰宋本作邑趙改邑)建安二十二年遷州番禺築立城郭綏和百越遂用寧集交州治中姚文式問答云朝臺在州城東北三十里裴淵廣州記曰城北有尉佗墓墓後有大岡謂之馬鞍岡秦時占氣者言南方有天子氣始皇發民鑿破此岡地中出血今鑿處猶存以狀取目故岡受厥稱焉王氏交廣春秋曰(趙有南字)越王趙佗生有奉制稱藩之節死有秘奧(朱作異箋曰宋本作奧趙改奧)神密之墓佗之葬也因山爲墳其壠塋可謂奢大葬積珍玩吳時遣使發掘其墓求索棺柩鑿山破石費日損力卒無所獲佗雖奢僭慎終其身(朱終其作厥其趙改終厥刊誤曰箋曰厥一作)

終(案於文是慎終厥身其字衍)乃令後人不知其處有似松喬遷景牧豎固無所殘
矣鄧德明南康記曰昔有盧耽(朱趙作躭下同)仕州爲治中少棲仙術善
解雲飛每夕輒凌虛歸家曉則還州嘗于元會至朝不及朝列
化爲白鵠至闕前(官本曰案闕近刻訛作閣案朱作閣趙改闕)回翔欲下威儀以石擲之得
一隻履耽驚還就列內外左右莫不駭異時步騭爲廣州意甚
惡之便以狀列聞遂至誅滅廣州記稱吳平晉滕脩(官本曰案近刻訛作盧循 案朱訛趙改刊誤曰三國志注引交廣記是滕脩晉書有傳)爲刺史脩鄉人語脩鰕鬚長一赤(官本曰案古字尺通用赤 趙釋曰一清案裴松之三國志注引王氏交廣春秋一赤作一丈四赤作一丈四尺)脩責以爲虛(官本曰案責字近刻訛在虛字下 案朱趙同)其
人乃至東海取鰕鬚長四赤速送示脩脩始服謝(官本曰案服近刻訛作復 案朱訛趙改刊誤曰復當作服交廣記云脩乃服之是也)厚爲遣其一水南入者鬱川分派
逕四會入海也其一即川東別逕番禺城下漢
書所謂浮牂柯下離津同會番禺蓋乘斯水而
入于越也(趙釋曰一清案漢書以下與前文複蓋刪削之未盡者)泿水又東逕懷化縣

入于海水有錯魚裴淵廣州記曰錯魚長二丈大數圍皮皆鑢物生子子小隨母覓（朱趙作覔）食驚則還入母腹吳錄地理志曰錯魚子朝索食暮入母腹南越志曰暮從臍入旦從口出腹裏兩洞腸貯水以養子腸容二子兩則四焉

其餘水（朱趙無水字）又東至龍川爲涅水（趙釋曰全氏曰案師古漢志注引裴氏廣州記曰龍川縣本博羅縣之東鄉也有龍穿地而出卽穴流泉因以爲號龍川始卽涅水也）屈北入員水（官本曰案此十六字原本及近刻竝訛入注內連接上下注文今改正考注稱涀水枝津衍注卽解其餘水也又稱逕博羅縣西界龍川卽解東至龍川也下經員水又東南卽承此員水言也　案朱趙作注連接上下注文）

涀水枝津衍注自番禺東歷增城縣　南越志曰縣多鵁鶄鵁鶄山雞也光采鮮明（官本曰案采近刻訛作色　案朱作光色趙作毛色）五色（趙作采）炫（朱趙作眩）耀利距善鬭世以家雞鬭之則可擒也　又逕博羅縣西界龍川左思所謂目龍川而帶坰者也趙佗乘此縣而跨據南越矣

員水又東南一千五百里入南海（朱作經趙改注刊誤曰十三字是注混作經）

東歷揭陽縣王莽之南海亭而注于海也

水經注卷三十七

後魏酈道元撰

資水　漣水　湘水

灕水　溱水

資水出零陵都梁縣路山

資水出武陵郡無陽縣界唐紏山蓋路山之別名也謂之大溪水東北逕邵陵郡武岡縣南縣分都梁之所置也縣左右二岡對峙重阻齊秀間可二里舊傳後漢伐五溪蠻蠻保此岡故曰武岡縣即其稱焉大溪逕建興縣南又逕都梁縣南官本曰按近刻脫縣字案朱脫趙增刊誤曰都梁下落縣字漢武帝元朔五年以封長沙定王子敬侯遂之邑也官本曰按遂近刻訛作定案朱訛趙改刊誤曰敬侯定當作遂史記年表校縣西有小山山上有渟水既清且淺其中悉生蘭草綠葉紫莖芳風藻川蘭馨遠馥趙作馥遠俗謂蘭為都梁山因以趙有為字

號縣受名焉

東北過夫夷縣

夫水出縣西南零陵縣界少延山東北流逕扶縣南官本曰按扶下近刻衍陽字　案朱衍趙刪刊誤曰宋書州郡志云邵陵太守領扶縣令漢舊縣晉曰夫夷漢屬零陵晉屬邵陵今云扶者疑是避桓溫諱去夷夫不可為縣名故為扶云陽字衍文本零陵之夫夷縣也趙釋曰一清按沈約志云漢舊縣至晉曰夫夷今云扶者疑是避桓溫諱去夷夫不可為縣名故為扶云漢武帝元朔五年以封長沙定王子敬侯義之邑也夫水又東注邵陵水謂之邵陵浦水口也官本曰按水字近刻訛在口字下　案朱趙同趙刊誤曰箋曰謝耳伯云當作浦水口按本文不誤謝說非也

東北過邵陵縣之北朱趙東上有又字趙釋　按兩漢志昭陵屬長沙孫吳始改曰邵陵此亦經文晚出之證

縣治郡下南臨大溪水逕其北謂之邵陵水　魏咸熙二年吳寶鼎元年趙釋曰全氏曰五字注中注一清按魏祚終于咸熙二年乃孫皓甘露元年明年改元寶鼎寶晉武帝泰始二年也孫皓分零陵北部立邵陵郡于邵陵縣縣故昭陵也官本曰按昭近刻訛作邵　案朱訛趙改刊誤曰邵陵當作昭陵說見下趙釋曰一清按史記建元以來王子侯表武帝元朔四年封長沙定王子章為洛陵侯索隱曰表作路陵在南陽夫長沙之子何以封於南陽括地

志云即昭陵是也酈氏疑之故不著洛陵漢表作洛陽今湖南寶慶府東北五里有洛陽山蓋以侯封得名即前漢之昭陵縣屬長沙國後漢析置昭陽縣晉諱昭改曰邵陵邵陽云爾

溪水東得高平水口（官本曰按水近刻訛作又朱訛趙改刊誤曰又當作水 案）水出武陵郡沅陵縣首望山西南逕高平縣南（官本曰按逕近刻訛作流 案朱作流趙增逕字刊誤曰流下落逕字）又東入邵陵縣界南入于邵水邵水又東會雲泉水水出零陵永昌縣雲泉山西北流逕邵陽南（朱作邵陵趙改刊誤曰邵陵當作邵陽宋志云邵陵太守領邵陵子相何志屬長沙二漢無吳錄屬邵陵又邵陽男相吳立曰昭陽晉武改晉志邵陵統邵陵縣又統邵陽縣是也則昭陵是吳所置亦晉武改之而沈約不云當以水經注正之）縣故昭陽也（官本曰按昭陽朱譌瑋云疑作昭陵非也今改郡國志昭陽屬零陵郡昭陵屬長沙郡 案縣字朱在南上趙並有）雲泉水又北注邵陵水水謂之邵陽水口（趙刊誤曰箋曰克家云當作邵陵按邵陽字不誤不得因上有邵陵浦口水而改之）自下東北出益陽縣其閒逕流山峽名之爲茱萸江蓋水變名也

又東北過益陽縣北

縣有關羽瀨所謂關侯灘也南對甘寧故壘昔關羽屯軍水北孫權令魯肅甘寧拒之于是水寧謂肅曰羽聞吾咳唾之聲不

敢渡也渡則成擒矣羽夜聞寧處分曰與覇聲也遂不渡茱
萸江又東逕益陽縣北又謂之資水應劭曰縣
在益水之陽今無益水亦或資水之殊目矣然
此縣之左右處處有深潭漁者咸輕舟委浪謠詠相和羅君章
所謂其聲綿邈者也水南十里有井數百口淺者四五尺趙作赤
或二三五丈深者亦不測其深古老相傳昔人以杖撞地輒便成
井或云古人采金沙處莫詳其實也孫校曰郡國志益陽注曰荊州記曰縣南十里有平岡岡有金井數百淺者四五尺深者不測俗傳云有金人以杖撞地輒成井

又東與沅水合于湖中東北入于江也

湖即洞庭湖也所入之處謂之益陽江口

漣水出連道縣西資水之別趙改資水之別四字入注文刊誤曰全氏云四字是注混作經以先司空校本改

水出邵陵縣界南逕連道縣縣故城在湘鄉縣西朱趙有一字百六十里控引衆流合成一溪東入衡陽湘鄉

縣歷石魚山下多玄石山高八十餘丈廣十里石色黑而理若雲母開發一重輒有魚形鱗鰭首尾官本曰按鰭近刻作鰭案朱作鰭趙改鰭宛若刻畫長數寸魚形備足燒之作魚膏腥因以名之漣水又逕湘鄉縣南臨漣漣水本屬零陵長沙定王子昌邑官本曰按昌受封于建平四年去定王已遠漢書但云長沙王子此定字或後人誤加朱箋曰漢書王子侯表哀帝建平四年封長沙王子昌爲湘鄉侯疑非定王子也趙釋曰一清按漢表哀帝建平四年封長沙王子昌爲湘鄉侯無定字又長沙定王傳元帝初元二年復立旦弟宗是曰孝王五年薨子魯人嗣王莽時絕哀平之世王乃魯人也昌是魯人之子諸侯王表魯人以元帝永光二年嗣四十八年薨諡曰繆注誤漣水又屈逕其縣東而入湘南縣也

東北過湘南縣南又東北至臨湘縣西南東入于湘

漣水自湘南縣東流至衡陽湘西縣界入于湘水也于臨湘縣爲西南者矣

湘水出零陵始安縣陽海山孫校曰始安二字疑衍卽陽朔山也應劭曰湘出零山官本曰按零下近刻衍陵字案朱衍趙刪刊誤曰漢志註無陵字何焯云此長沙臨湘縣之零山不可妄加陵字蓋山之殊名也山在始安縣北縣故零

陵之南部也魏咸熙二年孫皓之甘露元年趙釋曰全氏曰七字注中注立始安郡湘灕同源分爲二水南爲灕水北則湘川趙釋曰一清按善長此言非是詳見灕水篇東北流羅君章湘中記曰湘水之出于陽朔則觴爲之舟至洞庭日月若出入于其中也

東北過零陵縣東

越城嶠水南出越城之嶠嶠卽五嶺之西嶺也秦置五嶺之戍是其一焉北至零陵縣下注湘水湘水又逕零陵縣南又東北逕觀陽縣官本曰按近刻脫縣字案朱脫趙增刊誤曰觀陽下落縣字與觀水合水出臨賀郡之謝沭縣界孫校曰案晉書孫權分蒼梧置立臨賀郡地理志謝沭蒼梧縣西北逕觀陽縣西縣蓋卽水爲名也又西北流注于湘川謂之觀口也

又東北過洮陽縣東趙釋曰一清按漢志注如淳曰洮音韜

洮水出縣西南大山東北逕其縣南卽洮水以立稱矣漢武帝元朔五年朱無帝字趙增刊誤曰漢武下落帝字後同封長沙定王子節侯拘爲侯國官本曰按節侯拘有脫誤史記作靖侯狗彘漢書作靖侯狩燕案朱趙作靖侯狗彘朱箋曰舊本作洮陽侯拘案漢書表作狩燕而史記年表作狗彘恐史記譌也孫按索隱引漢表作將燕趙釋曰朱氏謀㙔箋曰按索隱曰表作將燕一清按今本漢書將字作狩王莽更名之曰洮治也其

水東流注于湘水

又東北過泉陵縣西

營水出營陽泠道縣南山官本曰按南下近刻衍流字案朱有流字趙改留刊誤曰流全氏校改留趙釋曰沈氏曰當作營山西流逕九疑山下蟠基朱作磐基箋曰當作蟠基趙改磐基蒼梧之野峯秀數郡之間羅巖九舉各導一溪岫壑負阻異嶺同勢遊者疑焉故曰九疑山大舜窆其陽商均葬其陰趙釋曰全氏曰按胡三省曰太史公云舜南狩崩於蒼梧歸葬於江南九疑則蒼梧九疑兩地也合而言之者誤也山南有舜廟前有石碑文字缺落不可復識自廟仰山極高直上可百餘里古老相傳言未有登其峯者山之東北泠道縣界又有舜廟

縣南有舜碑碑是零陵太守徐儉立　營水又西逕營道
縣馮水注之水出臨賀郡馮乘縣東北馮岡其
水導源馮溪西北流官本曰按馮溪二字近刻訛在下句縣字下案朱訛趙改刊誤曰馮溪二字當移在導源下　縣
以託名焉馮水帶約衆流渾成一川謂之北渚歷
縣北西至關下關下地名也是商舟改裝之始朱舟作州趙改刊誤曰州當作舟
舟　馮水又左合萌渚之水水南出于萌渚之嶠
五嶺之第四嶺也　其山多錫亦謂之錫方矣　渚水北
逕馮乘縣西而北注馮水馮水又逕營道縣而
右會營水營水又西北屈而逕營道縣西　王莽
之九疑亭也　營水又東北逕營浦縣南　營陽郡治也
魏咸熙二年吳孫皓分零陵置在營水之陽故以名郡矣　營
水又北都溪水注之水出舂陵縣北二十里仰
山南逕其縣西縣本泠道縣之舂陵鄉蓋因舂溪爲名矣

漢長沙定王分以爲縣武帝元朔五年封王中子買爲舂陵侯官本曰按近刻侯上衍節字　案朱趙有縣故城東又有一城東西相對各方百步古老相傳言漢家舊城漢稱猶存知是節侯故邑也城東角有一碑文字缺落不可復識東南三十里尚有節侯廟都溪水又南逕新寧縣東官本曰按近刻脫寧字　案朱脫趙增刊誤曰方輿紀要道州寧遠縣下云舂水亦曰舂陵水出舂陵山東南流入桂陽藍山縣界下流至衡州府常寧縣入于湘水又云縣有都谿水歐陽忞曰即舂陵水也常寧縣古新寧縣三國吳時析耒陽縣置新平縣晉書地理志新寧縣屬湘東郡元和郡縣志云吳置新平縣宋元徽中號新寧下云新寧故新平也又云舂水又北逕新寧縣東蓋都谿在南而舂水在北互受通稱津渠灌注矣此文新下落寧字縣東傍都溪溪水又西逕縣南左與五溪俱會縣有五山山有一溪五水會于縣門官本曰按縣近刻訛作谿　案朱趙作谿趙釋曰朱氏謀㙔箋曰初學記引此注作會于縣門故曰都溪也都溪水自縣又西北流逕泠道縣北與泠水合水南出九疑山趙釋曰一清按應劭以此泠水爲出丹陽宛陵縣西北入江而臣瓚非之師古曰瓚說是泠水見說文卽漢志宛陵縣下之清水今謂之清弋江豈可以泠溪目之乎仲瑗誠誤矣北流逕其縣西南縣指泠溪以卽名王莽之泠陵縣也泠水又北流注于都

溪水又西北入于營水營水又北流官本曰按營近刻訛作溪　案朱訛趙改刊誤曰谿水當作營水入營陽峽官本曰按入字近刻作注于二字　案朱趙同又北至觀陽縣而出于峽朱趙有矣字大小二峽之閒爲沿溯之極艱矣營水又西北逕泉陵縣西漢武帝元朔五年官本曰按近刻脫帝字　案朱脫趙增以封長沙定王子節侯賢之邑也王莽名之曰溥潤零陵郡治故楚矣漢武帝元鼎六年分桂陽置太史公曰舜葬九疑實惟零陵官本曰按此下近刻有或作零郡四字係衍文　案朱趙有或作零郡四字趙釋曰全氏曰四字注中注郡取名焉王莽之九疑郡也下邳陳球爲零陵太守桂陽賊胡蘭攻零陵激流灌城球輒于內因地勢反決水淹賊相拒不能下朱箋曰後漢書陳球字伯真下邳人官侍御史時桂陽黠賊寇鈔荊部以球爲零陵太守賊虜消難而州兵朱蓋等反與桂陽賊胡蘭轉攻零陵球弦大弓羽矛爲矢引機發之遠射千步多所殺傷賊復激流灌城球於內輒反決水淹賊會中郎將度尚將救兵至遂共斬破蓋等縣有白土鄉零陵先賢傳曰鄭產字景載泉陵人也爲白土嗇夫漢末多事國用不足產子一歲輒出口錢民多不舉子產乃勅民勿得殺子口錢當自代出產言其郡縣爲表上言

錢得除更名自土爲更生鄉也晉書地道記曰（官本曰按記近刻訛作志 案朱趙作志）縣有香茅氣甚芬香言貢之以縮酒也 營水又北流注于湘水湘水又東北與應水合水出邵陵縣歷山崖陘險阻峻崿萬尋澄源（朱趙作淵）湛于下應水湧于上東南流逕應陽縣南 晉分觀陽縣立蓋即應水爲名也應水又東南流逕有鼻墟南 王隱曰應陽縣本泉陵之北部（官本曰按陵近刻訛作陽 案朱訛趙改 刊誤曰泉陽當作泉陵漢書地理志校）東五里有鼻墟言象所封也山下有象廟言甚有靈能興雲雨余所聞也聖人之神曰靈賢人之精氣爲鬼象生不慧（朱趙作惠）死靈何寄乎 應水又東南流而注于湘水湘水又東北得洮口水出永昌縣北羅山東南流逕石燕山東其山有石紺而狀燕因以名山其石或大或小若母子焉及其雷風相薄則石燕羣飛頡頏如真燕矣羅君章云今燕不必復飛也 其

水又東南逕永昌縣南又東流注于湘水又東北逕祁陽縣南又有餘溪水注之水出西北邵陵郡邵陵縣東南流注于湘其水官本曰按此下近刻衍濁字　案朱衍趙刪刊誤曰濁字衍文揚清泦濁水色兩分湘水又北與宜溪水合水出湘東郡之新寧縣西南新平故縣東朱箋曰宋書州郡志云湘東郡吳孫亮太平二年分長沙東部都尉立晉世七縣宋孝武太元二年省酃及新平但有臨烝新寧茶陵湘陰陰山新寧故新平也衆川瀉浪共成一津西北流東岸山下有龍穴宜水逕其下天旱則擁水注之便有雨降宜水又西北注于湘湘水又西北得舂水口水上承營陽舂陵縣西北潭山趙釋曰一清按此是吳復立之舂陵縣晉志曰舂陵屬零陵郡宋志曰舂陵令屬營陽太守又北逕新寧縣東又西北流注于湘水也趙釋曰一清按漢志桂陽郡耒陽縣舂山舂水所出北至酃入湖過郡二行七百八十里

又東北過重安縣東孫校曰郡國志零陵重安侯國故鍾武永建三年更名案此亦非西漢人語又東北

過酃縣西承水從東南來注之

承水出衡陽重安縣西邵陵縣界邪薑山東北流至重安縣逕舜廟下廟在承水之陰又東合略塘相傳云此塘中有銅神今猶時聞銅聲于水水輒變綠朱趙作淥作銅腥魚爲之死趙釋曰一清按名勝志引此注作飛養魚經曰魚滿三百六十則龍爲之長而引飛出水內鼈則魚不復去則魚飛誠亦有之

承水又東北逕重安縣南漢長沙頃王子度邑也官本曰按度近刻訛作庱案朱作庱箋曰王子庱漢表作鍾武節侯度趙改度故零陵之鍾武縣王莽更名曰鍾桓也武水入焉水出鍾武縣西南表山東流至鍾武縣故城南而東北流至重安縣注于承水趙釋曰一清按下有缺文

至湘東臨承縣北朱箋曰漢地志承陽在承水之陽故名讀若烝屬長沙國後漢志作烝陽屬零陵郡晉志宋志俱作烝陽屬湘東郡東注于湘謂之承口

臨承卽故酃縣也縣卽湘東郡治也郡舊治在湘水東故以名郡魏正元二年吳主孫亮分長沙東部立縣有石鼓高六尺朱趙作赤湘水所逕鼓鳴則土有兵

華之事羅君章云扣之聲聞數十里此鼓今無復聲觀陽縣東有裴巖其下有石鼓形如覆船扣之清響遠徹其類也 湘水又北 官本曰按近刻訛作北又 案朱訛趙乙刊誤曰北又二字當倒互 歷印石 石在衡山縣南湘水右側 官本曰按近刻訛作衡水縣南江水又有 案朱訛趙改衡山縣南湘水右側有刊誤曰方輿紀要云衡山縣漢湘南縣地三國吳析置衡陽晉改衡山水字誤又曰江水當作湘水又當作右側二字名勝志校改 盤 趙作磐 石或大或小臨水 官本曰按此下近刻衍而字 案朱衍趙刪刊誤曰而字衍文 石悉有跡其方如印纍然行列無文字如此可二里許因名爲印石也湘水又北逕衡山縣東山在西南有三峯一名紫蓋一名石囷 官本曰按近刻脫此四字 案朱趙無說見下 一名芙蓉 官本曰按容近刻訛作峯 案朱趙作容峯趙釋曰一清按胡渭曰此處有脫誤盛宏之荊州記云衡山有三峯一名紫蓋一名石囷一名芙蓉注少石囷一句 芙蓉峯最爲竦傑 官本曰按近刻脫芙字 案朱趙無 自遠望之蒼蒼隱天故羅含云望若陣雲非清霽素朝不見其峯丹水涌其左澧泉流其右山經謂之岣嶁 官本曰按此下近刻衍山字 案朱趙有 爲南嶽也山下有舜廟南有祝融冢楚靈王之世山崩毀其墳得營丘九頭圖禹治洪水 官本曰按近刻脫禹字 案朱脫趙增刊誤曰治上落禹字血馬當作用白馬全氏校改卷四十衡山注同 血

馬祭山（趙血作用自說見上）得金簡玉字之書芙蓉峯之東（朱趙無芙字）有仙人石室學者經過往往聞諷誦之音矣衡山東南二面臨映湘川自長沙至此江（趙作沿）湘七百里中有九向九背（官本曰按近刻脫九向二字　案朱脫趙增）故漁者歌曰帆隨湘轉望衡九面（朱箋曰羅含湘中記云衡山九疑皆有舜廟遙望衡山如陣雲沿湘千里九向九背乃不復見墇按此注所引漁歌九面正與轉字相叶即羅含九向之義宋本自誤作九回耳）山上有飛泉下注下映青林直注山下望之若幅練在山矣湘水又東北逕湘南縣東又歷湘西縣南分湘南置也衡陽郡治魏甘露二年（官本曰按甘露近刻訛作正元　案朱趙作正元趙釋曰一清按魏正元二年吳五鳳二年也吳書孫亮傳郡以太平二年置則魏甘露二年也）吳孫亮分長沙西部立治晉湘南太守何承天（官本曰按近刻脫晉字　案朱無趙增於太守上刊誤曰太守上落晉字）徙治湘西矣（官本曰按治近刻訛作郡　案朱訛趙改刊誤曰郡當作治）十三州志曰日華水出桂陽郴縣日華山（官本曰按近刻脫日字　案朱脫趙增刊誤曰當作日華山落日字）西至湘南縣入湘地理志曰郴縣有耒水出耒山西至湘南西入湘（趙無下西）

字朱箋曰漢地理志郴縣耒山耒水所出西至湘南入湖湘水又北逕麓山東其山東臨湘川

西傍原隰息心之士多所萃焉

又東北過陰山縣西洣水從東南來注之又北過

醴陵縣西漉水從東南來注之官本曰按近刻脫南來二字案朱脫趙增刊誤曰從東下落南來二字以漉水篇經文校補

續漢書五行志曰建安八年長沙醴陵縣有大山常鳴如牛呴朱作吼箋曰宋本作如呴聲趙改呴聲積數年後豫章賊攻沒縣亭殺掠吏民因以爲

候湘水又北逕建寧縣官本曰按此下原本及近刻有而傍湘水縣北六字係訛舛衍文歸有光本所無今刪去案朱有趙改西傍湘水縣北六字刊誤曰而當作西方輿紀要云建寧城在湘潭縣西百六十里湘江亦在縣西是也有空泠峽趙釋曰一清按方輿紀要引此文作空靈峽張舜民郴行錄同寰宇記作空舲峽驚浪雷奔濬同三峽湘水又北逕

建寧縣故城下晉太始中立

又北過臨湘縣西瀏水從縣西北流注官本曰按注下近刻有之字案朱趙有

縣南有石潭山湘水逕其西山有石室石牀臨對清

流湘水又北逕昭山西官本曰按近刻脫湘字案朱脫趙增刊誤曰水上落湘字山下有旋泉深不可測故言昭潭無底也亦謂之曰湘州潭湘水又北逕南津城西西對橘洲趙釋曰全氏曰此卽胡三省所指之橘洲或作吉字官本曰按此四字亦注內之小注趙釋曰全氏曰四字注中注何氏曰周子充云橘訣律切吉激質切本作兩音北人混而一之故酈道元水經注云橘洲或作吉字一清按吳音亦呼爲吉字不惟北也爲南津洲尾水西有橘洲子戍趙刊誤曰箋曰孫云疑作橘子洲戍按子戍戍之小者耳猶子城之類故郭尚存湘水又北左會瓦官水口湘浦也又逕船官西湘洲朱趙作州商舟之所次也北對長沙郡郡在水東州城南舊治在城中後乃移此湘水左逕麓山東上有故城山北有白露水口湘浦也又右逕臨湘縣故城西縣治湘水濱臨川側故卽名焉王莽改號撫陸故楚南境之地也官本曰按近刻脫楚字案朱脫趙增刊誤曰故下落楚字名勝志校增秦滅楚立長沙郡卽青陽之地也秦始皇二十六年令曰官本曰按近刻脫此二字案朱趙無荊王獻青陽以西趙釋曰全氏曰按此乃二十六年詔書中語其時荊亡已三年矣漢書鄒陽傳曰趙無

曰字越水長沙還舟青陽注張晏曰青陽地名也蘇林曰青陽長沙縣也漢高祖五年以封吳芮爲長沙王是城即芮築也漢景帝二年封唐姬子發爲王都此王莽之鎮蠻郡也于禹貢則荊州之域晉懷帝以永嘉元年分荊州湘中諸郡立湘州治此城之內郡廨西有陶侃廟（官本曰按近刻脫有字 案朱脫趙增刊誤曰西下落有字）云舊是賈誼宅地中有一井是誼所鑿極小而深上斂下大其狀似壺傍有一脚石牀纔容一人坐形流俗相承云誼宿所坐牀又有大柑樹亦云誼所植也城之西北有故市北對臨湘縣之新治縣治西北有北津城縣北有吳芮冢廣踰六十八丈登臨寫目爲壓郭之佳憩也郭頒世語云魏黃初末吳人發芮冢取木于縣立孫堅廟見芮尸容貌衣服竝如故吳平後與發冢人（朱與作預趙改豫刊誤曰預當作豫）于壽春見南蠻校尉吳綱曰君形貌何類長沙王吳芮乎但君微短耳綱瞿然曰是先祖也自芮卒至冢發四百年至見綱又四

十餘年矣湘水左合誓口又北得石槨口竝湘浦也右合麻溪水口湘浦也湘水又北逕三石山東山枕側湘川北即三石水口也湘浦矣官本曰按近刻脫矣字　案朱脫趙增也字水北有三石戍戍城爲二水之會也湘水又逕劉口戍西北對劉水

又北溈水從西南來注之

溈水出益陽縣馬頭山東逕新陽縣南晉太康元年改曰新康矣溈水又東入臨湘縣歷溈口戍東南注湘水湘水又北合斷口又北則下營口湘浦也朱也作矣趙改刊誤曰矣進上文當作也湘水之左岸有高口朱之作又趙删刊誤曰箋曰又宋本作之按又字衍文水出益陽縣西北逕高口戍南又西北上鼻水自鼻洲上口受湘西入焉趙增首字刊誤曰受上落首字謂之上鼻浦高水西北與下鼻浦合官本曰按西近刻訛作南　案朱訛趙改刊誤曰南黃省曾本作西

水自鼻洲下口首受湘川西通高水謂之下鼻口高水又西北右屈爲陵子潭東北流注湘爲陵子口湘水自高口戍東又北右會鼻洲左合上鼻口又北右對下鼻口又北得陵子口湘水右岸銅官浦出焉湘水又北逕銅官山西臨湘水山土紫色內含雲母故亦謂之雲母山也

又北過羅縣西潰水從東來流注官本曰按注下近刻有之字　案朱趙有

湘水又北逕錫口戍東又北左派謂之錫水西北流逕錫口戍北又西北流屈而東北注玉水焉水出西北玉池東南流注于錫浦謂之玉池口錫水又東北東湖水注之水上承玉池之東湖也南注于錫官本曰按注近刻訛作流　案朱作流趙下增注字刊誤曰流下落注字謂之三陽逕官本曰按近刻作逕下門逕三津逕苟導逕竝同　案朱趙作逕趙陽改錫刊誤曰陽當作錫水南有三戍又東北注于

湘湘水自錫口北北出又得望屯浦湘浦也湘水又北枝津北北出[官本曰按近刻脫出字 案朱作津北趙增枝字出字刊誤曰又北下黃省曾本有枝字于文是枝津北出津北下又落出字]謂之門涇[朱趙作逕下同]也湘水紆流西北東北合門水謂之門涇口又北得三溪水口水東承大湖[官本曰按大近刻訛作太下同 案朱趙作太]西通湘浦三水之會故得三溪之目耳又北東會大對水口西接三津涇[朱趙作逕]湘水又北逕黃陵亭西右合黃陵水口[官本曰按右近刻訛作又 案朱訛趙改刊誤曰又黃省曾本作右]其水上承大湖湖水西流逕二妃廟南世謂之黃陵廟也言大舜之陟方也二妃從征溺于湘江神遊洞庭之淵出入瀟湘之浦瀟者水清深也[趙釋曰一清按說文瀟水名从水蕭聲相邀切又潚水清深从水肅聲子叔切則瀟是水名故朱子以當洞庭九江之一今注以瀟爲水清深蓋誤讀說文也又按山海經曰洞庭之山帝之二女居之是常遊于江淵澧沅之風交於瀟湘之淵是在九江之閒出入必以飄風暴雨楚地記因之云巴陵瀟湘之淵在九江之閒道元既本山海經以立文而刪去在九江之閒一語殆不以洞庭爲九江也江水注指東陵在廬江亦同此旨]湘中記曰湘川清照五六丈下見底石如樗蒲矢[官本曰按近刻訛作如樗蒱矣 案朱訛趙改刊誤曰初學記

引此文作如樗蒲矢今校正五色鮮明白沙如霜雪赤崖若朝霞是納瀟湘之名矣故民爲立祠于水側焉荊州牧劉表刊石立碑樹之于廟以旌不朽之傳矣黃水又西流入于湘謂之黃陵口昔王子少有異才官本曰按少近刻訛作山　案朱趙作山年二十而得惡夢作夢賦二十一溺死于湘浦卽斯川矣朱箋曰張華博物志云王子山與父叔師到泰山從鮑子真學算到魯賦靈光殿歸渡湘水溺死王文考名延壽一字子山也南郡宜城人子山夢賦序曰臣弱冠嘗夜寢見鬼物與臣戰遂得東方朔與臣作罵鬼之書臣遂作賦一篇敘夢後人夢者讀誦以卻鬼數數有驗臣不敢蔽其詞具古文苑中湘水又北逕白沙戍西又北右會東町口瀆水也湘水又左合決湖口水出西陂東通湘渚湘水又北汨水注之水東出豫章艾縣桓山西南逕吳昌縣北與純水合水源出其縣東南純山西北流又東逕其縣南又北逕其縣故城下縣是吳主孫權立純水又右會汨水汨水又西逕羅縣北本羅子國也故在襄陽宜城縣西楚文王移之

于此秦立長沙郡官本曰按立字近刻訛在長沙下案朱訛趙改刊誤曰立字當移在長沙之上因以爲縣水
亦謂之羅水官本曰按縣近刻訛作郡脫水亦二字案朱作郡箋曰疑作縣趙改縣並無水亦二字汨水又西
逕玉笥山羅含湘中記云趙作曰屈潭之左有玉笥山道士遺
言此福地也一曰地脚山汨水又西爲屈潭即汨羅
淵也官本曰按近刻脫汨字案朱脫趙增刊誤曰羅淵上落汨字說文校補屈原懷沙自沈于此故淵潭以
屈爲名朱箋曰甄烈湘中記云屈潭之左玉笥山屈平之放棲於此山而作九歌焉趙釋曰一清按說文長沙汨羅淵屈原所沈之水从水冥省聲莫狄切昔賈
誼史遷皆嘗逕此弭檝江波投弔于淵淵北有屈原廟廟前有
碑又有漢南趙釋曰一清按南下疑落郡字太守程堅碑寄在原廟汨水又西
逕汨羅戍南西流注于湘春秋之羅汭矣世謂
之汨羅口官本曰按近刻脫之字案朱脫趙增刊誤曰謂下落之字湘水又北枝分北出
逕汨羅戍西又北逕磊石山東官本曰按磊近刻作壘下同案朱趙作壘下同又
北逕磊石戍西謂之苟導涇朱趙作逕下同矣而北合湘
水湘水自汨羅口官本曰按近刻脫湘水二字及羅字案朱趙不重二字朱無羅字趙增刊誤曰汨下落羅字顧景范曰汨羅江源

出江西寧州之柏山流逕岳州府平江縣至長沙府湘陰縣境分爲二水一南流曰汨水一西逕古羅城曰羅水復折而北出至屈潭復合故曰汨羅又西流注于江謂之汨羅口西

北逕磊石山西而北對青草湖亦或謂之爲青草山

也西對縣城口湘水又北得九口竝湘浦也湘

水又東北爲青草湖口右會（朱作合箋曰宋本作會趙改會）苟導逕北

口（官本曰按近刻脫導口字　案朱脫趙增）與勞口合又北得同拌口皆湘浦

右廸者也

又北過下雋縣西微水從東來流注（官本曰按注下近刻有之字　案朱趙有）

湘水左會清水口（官本曰按近刻訛作水青口當作清水口長沙府志云清水潭在益陽縣西七里　案朱訛趙改刊誤曰）資

水也世謂之益陽江湘水之左（官本曰按近刻無之字　案朱趙無之字）逕鹿

角山東右逕謹亭戍西又北合查浦又北得萬

石浦（官本曰按近刻脫石字　案朱趙無）咸湘浦也側湘浦北有萬石戍湘水

左則沅水注之謂之橫房口東對微湖世或謂

之麋湖也（官本曰按湖下近刻衍口字　案朱衍趙刪刊誤曰口字衍文）右屬微水即經所謂

微水經趙作逕下雋者也西流注于江謂之麋湖口湘水又北官本曰按湘近刻訛作也案朱趙作也趙增湘字刊誤曰水上落湘字逕金浦戍北帶金浦水湖溠也湘水左則澧水注之世謂之武陵江凡此四水同注洞庭北會大江官本曰按近刻重一北字案朱重趙刪刊誤曰北字重文宜衍名之五渚戰國策曰秦與荆戰大破之取洞庭五渚者也官本曰按近刻脫者字案朱趙無湖水廣圓五百餘里日月若出沒于其中山海經云洞庭之山帝之二女居焉沅澧之風交瀟湘之浦官本曰按近刻脫瀟字案朱脫趙增出入多飄風暴雨湖中有君山編山君山有石穴潛通吳之包山郭景純所謂巴陵地道者也是山湘君之所遊處故曰君山矣昔秦始皇遭風于此而問其故博士曰湘君出入則多風秦王趙作皇乃赭其山漢武帝亦登之射蛟于是山東北對編山山多篔竹兩山相次去數十里迴峙相望孤影若浮湖之石岸有山世謂之

笛烏頭石石北右會翁湖口水上承翁湖左合洞浦所謂三苗之國左洞庭者也

又北至巴丘山入于江

山在湘水右岸

趙釋曰一清按巴丘山宋人以爲禹貢之東陵曾彥和曰巴陵與夷陵相爲東西夷陵亦曰西陵則巴陵爲東陵可知又曰沅漸无辰敘酉湘資醴水皆合洞庭中東入于江是爲九江導江云過九江至于東陵今之巴陵巴陵之上卽洞庭也因九水所合遂名九江水經九江在長沙下雋縣西北楚地記云巴陵瀟湘之淵在九江之閒是也晁以道云洞庭九江也胡渭曰以洞庭爲九江始于宋初胡旦而晁曾從之朱子故主其說而力辨尋陽九江之非然去無澧二水而易以瀟蒸則意有未安澧水實會南江以東注洞庭安得而不數之蓋後人訛无爲元朱子故以爲無是水而爲之更定不若曾旼之說爲得其實全祖望曰顧景范以宋人洞庭九江謂本許叔重語大繆叔重何曾有此說乃曾旼之書曰東陵巴陵也許慎曰迆邪行也今江水過洞庭至巴陵西東北邪行以合彭蠡彥和所引許氏秖邪行一語而顧氏牽連并下文以爲皆叔重語曾氏之書今不傳猶幸其引入夏僎書解中胡氏亦引入通鑑注中不然殆難考矣王厚齋云張守節史記正義以巴陵爲東陵曾旼蓋本於此益可知許慎無此言矣孔穎達正義曰九江禹前先有其處禹導水過之非別有九江之水其言最爲精覈然既名爲九則亦必有其流派故曾晁之說自可從非若尋陽記緣江圖造作爲白蜯廩等名色遂謂之禹迹所可比也胡渭又曰周禮荊州無九江蓋已包在數澤雲夢之中矣然自是九江之名不著故或稱江南之夢或稱洞庭五渚或又稱巴邱湖後世既不知洞庭爲九江見尋陽江中多沙水相閒處遂指其九派爲九江而導山導江之文義皆不可通矣太史公不敢信山海經然其中有可信者如謂澧沅瀟湘在九江之閒賴此一語猶可推尋其有造於禹貢不小也正義又曰鄭玄以此經言過言會者皆是水名言至於者或山或澤故以澧爲陵名孔以爲水名今按易祓曰澧陵是小山因水而得名者據此適與東陵之文相對鄭義較孔爲長於是始無礙於澧爲九江之一之說也方輿紀要許慎曰

九江沅漸潕辰酉潊澧資湘也漸水在常德府武陵縣合於沅潕水在沅州城西亦入沅江辰
水在辰州府辰陵城東入沅酉水亦在沅陵城西入沅潊水在辰州府潊浦縣西北流入沅惟
澧水出岳州府澧州慈利縣西三十里之歷山東逕華容縣南而入洞庭湖然則所云九江者
惟四江達於洞庭耳余于壬寅春夏之交言涉長沙過岳州登樓遠眺惟見湖水渺瀰不知紀
極湘水東匯下瀉江流正直下儔之西北禹貢記水不應遺此鉅浸信乎非洞庭不足以當九
江之名也然漢時自有九江在尋陽史記龜策傳云神龜出於江淮之閒嘉林之中酈道元以
淮即灌決水注云決水又西北灌水注之其水導源金蘭西北東陵鄉大蘇山即淮水也許慎
曰出雩婁縣俗謂之澮水也褚先生去古未遠必有師承而又因禹貢荊州九江納錫大龜之
文遂實其說然尋陽地屬揚州何以闌入荊域神龜出江灌乃洞庭不聞有此後人欲據此以
釋經恐於經義全不合也故尋陽之九江以之言漢志則可欲以之解禹貢則非矣禹貢導水
於導漾下云東匯澤爲彭蠡此湖漢九水漢儒之所謂九江也導江下云又東至於澧過九江
至於東陵東迤北會於匯匯即東匯澤爲彭蠡之匯書法互見則九江在其上游是非以洞庭
當之不可荊揚二域水道敘次分明彼徒
執漢志以疑禹貢紛紛臆說誠何必然

山有巴陵故城本吳之巴丘邸閣城也晉太康元年立巴陵縣于此後置建昌郡宋元嘉十六年立巴陵郡　城跨岡嶺濱阻三江巴陵西對長洲其洲南分湘浦官本曰按分近刻作廦　案朱趙作廦北屆大江官本曰按屆近刻作對　案朱同趙改刊誤曰對黃省曾本作屆故曰三江也三水所會亦或謂之三江口矣夾山列關謂之射獵又北對養口咸湘浦也水色青異朱作青異趙改青黑東北入于大江有清濁之

別謂之江會也

灕水亦出陽海山

灕水與湘水出一山而分源也湘灕之閒陸地廣百餘步謂之始安嶠嶠卽越城嶠也嶠水自嶠之陽南流注灕名曰始安水故庾仲初之賦揚都云判五嶺而分流者也灕水又南與溈水合水出西北邵陵縣界朱無水字趙增刊誤曰出上落水字而東南流至零陵縣西南逕越城西建安十六年交州刺史賴恭自廣信合兵小零陵越城迎步騭卽是地也溈水又東南流注于灕水漢書所謂出零陵下灕水者也灕水又南合彈丸溪水出于彈丸山山有湧泉奔流衡激山嵁及溪中官本曰按嵁近刻作崖　案朱作崖箋曰舊本作山嵁趙改嵁有石若九自然珠圓狀彈丸矣故山水卽名焉驗其山有石

竇下深數丈洞穴深遠莫究其極官本曰按近刻脫此十八字 案朱脫趙增刊誤出故山水即名焉六字曰此句下御覽引此文有驗其山有石竇下深數丈洞穴深遠莫究其極十八字今校補溪朱作漢箋曰當作溪水謂彈丸溪水趙改溪水東

流注于灕水灕水又南逕始興縣東魏元帝咸熙二年官本曰按元帝近刻訛作文帝 案朱訛趙改刊誤曰咸熙是曹奐年號裴松之註引魏世譜曰諡曰元皇帝文字誤吳孫皓分零陵南部立始興縣趙釋曰一清按三國志吳書孫皓傳甘露元年以零陵南部爲始安郡桂陽南部爲始興郡宋書州郡志廣興公相孫皓分桂陽南部都尉立爲始興郡領始興令今注云云蓋誤記也且事在甘露元年十一月是爲晉武帝泰始元年去魏咸熙二年差一歲灕水又南右會洛

溪溪水出永豐縣西北洛溪山東流逕其縣北縣本蒼梧之北鄉孫皓割以爲縣洛溪水又東南逕始

安縣而東注灕水灕水又東南流入熙平縣逕

羊瀨山山臨灕水官本曰按近刻脫灕字 案朱脫趙增刊誤曰山臨下脫灕字石閑有色類羊趙刊誤曰箋曰孫云當作有石按色字不誤如作石字則云石閑有石類羊豈可通乎下云石色狀雜可證也又東南逕雞瀨山山帶

灕水石色狀雜官本曰按石上近刻衍山字 案朱衍趙刪刊誤曰山字衍文故二山以物象受名矣

灕水又南得熙平水口水源出縣東龍山西南

流逕其縣南又西與北鄉溪水合水出縣東北
北鄉山西流逕其縣北又西流南轉逕其縣西
縣本始安之扶鄉也孫皓割以爲縣 溪水又南注熙平
水 官本曰按近刻脫水字 案朱脫趙增刊誤曰熙平下落水字 熙平水又西注于灕水縣南
有朝夕塘水出東山西南 朱趙無東山二字 有水 官本曰按近刻訛作塘 案朱訛趙改
刊誤曰塘水黃省曾本作有水 從山下注塘一日再增再減盈縮以時
未嘗愆期同于潮水因名此塘 官本曰按近刻訛作潭 案朱訛趙改刊誤曰潭黃省曾本作
塘 爲朝夕塘矣灕水又西逕平樂縣界左合平
樂溪口水出臨賀郡之謝沭縣南歷山西北流
逕謝沭縣西南西南流至平樂縣東南左會謝
沭泉溪派流湊合西逕平樂 趙有縣字 南孫皓割蒼梧之
境立以爲縣北隸始安 溪水又西南流注于灕水謂
之平樂水 官本曰按近刻脫樂字 案朱脫趙增刊誤曰平樂水名縣取名焉上云左合平樂谿口是也落樂字

南過蒼梧荔浦縣

瀨水出縣西北魯山之東逕其縣西與濡水合水出永豐縣西北濡山朱無水字趙增 刊誤曰出上落水字東南逕其縣西又東南流入荔浦縣官本曰按入下近刻有于字 案朱趙有注于瀨溪又注于灕水灕水之上官本曰按近刻脫灕水二字 案朱脫趙移增 刊誤曰於文當重灕水二字下灕水字當移在又注于之下有關官本曰按近刻訛作有灕水關 案朱訛趙移改說見上釋曰一清按方輿紀要引注云灕水南逕都利山今本無之孫校曰關卽荔平關灕水又南左合靈溪水口水出臨賀富川縣北符靈岡朱無水字趙增 刊誤曰出上落水字南流逕其縣東又南注于灕水也

趙釋曰全氏曰灕水一名融水乃牂柯江之下流分鬱水豚水諸川入於交州復至中國歷三十六灘而爲灕水本無關於湘水其引湘水而通之灕者秦史祿運漕之故水經不知以爲湘灕同源此大繆也范成大桂海虞衡志曰湘水源出陽海山而灕水乃牂柯江下流南下興安地勢高二水遠不相謀史祿始作靈渠派湘之流而注之灕使北水南合然則灕水不出陽海其自陽海導湘水使合灕水者皆史祿之力也善長於湘灕二篇皆言之不詳亦大疏漏也又曰范云作靈渠之法於湘流沙磕中壘石作鏵嘴銳其前逆分湘流爲兩激之六十里行渠中以入灕江與俱南渠繞興安界深不數尺廣丈餘六十里置斗門三十六土人但謂之斗舟入一斗則復閘斗伺水積漸進故能循崖而上建瓴而下千斛之舟亦可往來治水巧妙無如此渠零渠通鑑作澪渠卽注所謂靈溪也又曰按柳開曰湘灕二水之名書記皆無說淳化元年開自全州移知桂州泝湘水抵分水嶺下復溯漓水知二水至嶺方分所謂相離者也而乃北

水曰湘南水曰漓疑其不當爲此漓字當以離傍加水作此灕字又字書古無此灕字酌其理
道而今以爲字焉仲塗之言頗爲鶻突蓋不識水道而妄生異議者也一清按此事見漢書嚴
助傳云長老言秦之時嘗使尉屠睢擊越又使監祿鑿渠通道張晏曰監郡御史也名祿又嚴
安傳云使尉屠睢將樓船之士攻越使監祿鑿渠運糧渠卽靈渠也寰宇記云秦鑿渠在興安
縣南二十里本灕水自柘山之陰西北流至縣西南合零渠五里始分爲二水昔秦命御史監
祿自零陵鑿至桂林漢故歸義粵侯二人爲戈船下瀨將軍出零陵下灕水卽此郡國志後漢
伏波將軍馬援開湘水爲渠六十里穿度㽦城今城南流者是因秦舊瀆耳至唐寶歷初渠道
崩壞舟楫不通觀察使李渤遂疊石造堤如鏵嘴劈分二水每水制石斗門一使制之任人開
閉閉灕水則全入於桂江擁桂江則盡歸於湘水又於湘水鑿分水渠三十五步以便
行舟據此則秦渠與零渠爲二石湖云激湘入灕永言云開灕入湘二家言稍有不同

又南至廣信縣入于鬱水

溱水出桂陽臨武縣南繞城西北屈東流

溱水導源縣西南北流逕縣西而北與武溪合
山海經曰肄水出臨武西南官本曰按肄近刻訛作肆下同　案朱訛趙改下同刊誤曰肆當作肄
而東南注于海官本曰按近刻脫而東南三字　案朱趙無　入番禺西肄水蓋
溱水之別名也武溪水出臨武縣西北桐柏山
東南流右合溱水亂流東南逕臨武縣西謂之
武溪縣側臨溪東因曰臨武縣王莽更名大武也　溪又東

南流朱又作之趙改水刊誤曰箋曰之宋本作又按當作水左會黃岑溪水官本曰按岑近刻訛作泠下同案朱訛趙改下同刊誤曰兩黃泠俱當作黃岑何孟春郴陽志曰黃岑山或曰王禽山又曰騎田嶺五嶺之一也宜章一縣之水南出韶之樂昌以入于曲江與耒水注可互證也下谿字衍文水出郴縣黃岑山朱水上有谿字趙刪說見上西南流右朱作又箋曰宋本作右趙改右合武溪水朱趙無水字武溪水朱趙無溪字又南入重山官本曰按重近刻訛作里案朱訛趙改刊誤曰里當作重山名藍豪廣圓五百里悉曲江縣界崖峻險阻官本曰按近刻訛作崖嶮峻阻朱趙同案巖嶺干天交柯雲蔚霾天晦景謂之瀧中懸湍迴注崩浪震山名之瀧水

東至曲江縣安聶邑東屈西南流

瀧水又南出峽謂之瀧口西岸有任將軍城南海都尉任囂所築也囂死尉佗自龍川始居之東岸有任將軍廟瀧水又南合泠水泠趙無泠字水東出泠君山山羣峯之孤秀也晉太元十八年崩十餘丈官本曰按十近刻訛作千案朱訛趙改刊誤曰千當作十于是懸澗瀑挂傾流注壑頹波所入瀧于

瀧水瀧水又右合林水朱趙無又字林趙無林字水出縣東北洭山王歆之始興記曰官本曰按近刻脫之字刊誤曰當作王歆之落之字後同 案朱脫趙增林水源裹有石室官本曰按近刻脫石字 案朱脫趙增刊誤曰太平廣記引水經作有石室落石字室前盤石上行羅十甕官本曰按行近刻訛作列 案朱訛趙改刊誤曰太平廣記引水經列作行中悉是餅銀采伐遇之不得取取必迷悶晉太元初民封驅之家僕密竊三餅歸發看有大蛇螫之而死湘州記曰其夜驅之夢神語曰君奴不謹盜銀三餅即日顯戮以銀相償覺視則奴死銀在矣官本曰按償近刻訛作備脫覺字 案朱訛脫趙改增刊誤曰備太平廣記引水經作償又曰太平廣記引水經視上有覺字林水自源西注于瀧水官本曰按注近刻訛作流 案朱作流趙下增注字又與雲水合水出縣北湯泉泉源沸湧浩氣雲浮以腥物投之俄頃即熱官本曰按近刻訛作熟 案朱作熱趙改熟刊誤曰熱當作熟其中時有細赤魚游之不爲灼也西北合瀧水又有藉水上承滄海水有島嶼焉其水吐納衆流西北注于瀧水瀧水又南歷靈鷲山山本名虎郡山朱箋

曰疑作虎羣山趙改羣亦曰虎市山以虎多暴故也晉義熙中沙門釋僧律
葺宇巖阿猛虎遠跡蓋律仁感所致因改曰靈鷲山瀧水又
南逕曲江縣東云縣昔號曲紅官本曰按近刻訛作又言縣皆號曲江案朱同趙改仍又言二字刊誤曰皆
當作昔曲江當作曲紅下曲字下落紅字金石錄跋尾校正隸釋及楊慎水經碑目黃省曾本同名勝志曰漢志桂陽郡有曲江縣舊圖經漢置曲紅縣以東連曲紅岡也後因其下有江故
改名曲江亦非也說詳本卷曲紅山名也官本曰按近刻脫紅字案朱脫趙增說見上東連岡是矣瀧中有碑
文曰趙釋曰一清按瀧中碑是漢桂陽太守周府君功勳銘也其文曰桂陽太守周府君者徐州下邳人也諱憬字君光體性敦仁天姿篤厚行輿閭門名〔缺〕州里舉孝廉拜尚
書侍郎遷汝南固始相遂拜桂陽迺宣魯衛之政敷二南之澤政以德綏化猶風騰撫集烝細
〔缺〕綏有方進則貞直退則錯枉崇舉濟濟吉士〔士字〕充朝招訓〔缺〕蒙開誘六蔽君子道長
小人道消信感神祇靈瑞符〔缺〕嘉穀生於野奇草像蓮蘭異相之樹超然連理於此〔缺〕時
郲域惟寧郡又與〔與字〕南海接比商旅所臻自瀑亭至乎曲紅壹由此水其水源也出於王
禽之山山蓋隆〔缺三字〕亏天泉㶁沸踊發射其顛分派離散爲十二川彌陵隮阻企阜錯連
隈陬壅藹末由騁鶩爾乃貫山鑽石經〔缺四字〕揚爭怒浮沈潛伏蚓龍蛣屈澧隆鬱浥千渠
萬澮合聚谿澗下迄安聶六瀧作難湍瀨𣶒𣶒泫泫潺湲雖詩稱百川沸騰高岸爲谷深谷爲
陵蓋莫若斯天軌所經惡得已改其下注也若奔車失轡狂牛無縻〔缺〕勿充忽臚陸不相知
及其上也則羣輩相隨檀柁提〔缺〕唱號慷慨沆漾不前其成敗也非徒喪寶玩隕珍奇替珠
貝泝象犀也往古來今變甚終矣於是府君乃思夏后之遺訓〔缺〕應龍之畫傷行旅之悲窮
哀白人困厄感蜀守冰殄絕犂鯉鼎夫昧淵求用夷易迺命良吏將帥壯夫排鑽磐石投之寥
〔缺二字〕高墳下鑿截回曲弼水之邪性償棄其經脈斷碬磯之電波弱陽侯之泓涌由是小
溪乃平直大道允通利拖布貿烝交易而至升涉周旋功萬於前除昔〔缺二字〕樹基於茲雖
非龍門之鴻〔鴻字〕續亦人君之德宗故貽〔船字〕人嘆於水渚行旅語於涂陸孔子曰禹不

決江疏河吾其魚矣於是熙寧三年歲在攝提仲冬之月曲紅長零陵重安區祉字景賢遵承典憲宣揚德訓帥禮不越欽仰高山乃與邑子故吏龔臺郭蒼龔雒等命工擊石建碑于瀧上勒銘公功傳之萬世垂示無窮其辭曰乾坤剖兮建兩儀剛柔分兮有險夷咨中嶽兮穆崔嵬嘆衡林兮獨傾虧增陵陗兮甚嶇碕嶔莫涉兮禹不規仰王禽兮又蕃蜿俯瀧淵兮惶以非岸參天兮無路徑石縱橫兮沬洄洄波隆隆兮聲若雷或拘賃兮以從利或追恩兮育赴義氾自楫兮有不避(缺)躬軀兮於元池委性命兮於芒編憯寒慄兮不皇計忽隨沬兮殆忘歸歎賢后兮發聖(聖字)英開不通兮治斯谿鑿巨石兮以湮墳開切低兮導曲機摧六瀧兮弱(隸釋刻本缺四字)兮散其波威怒定兮混瀰瀰息聊啾兮逝(隸釋刻本缺四字)兮蛟龍滅睡老唱兮朧人歌名岡兮超踰倫兮稱(缺)兮熚流沙功斐斐兮鏡海裔君兮君壽不訾周府君開瀧有功贊表善長不應無隻語贊揚之注文瀧中有碑文曰下接按地理志云云似有脫誤今從隸釋采錄此碑而訛缺太甚又據廣東通志略爲補正彼所遺佚不可復考矣此碑名下缺字是高字迺宣魯衛之政迺字是守字屬上讀烝細下缺字是振字招訓缺蒙爲招賢訓蒙缺文在訓字上靈瑞符下缺字是應字於此下缺文是之字山巔隆下缺字是崇峻極三字泉聳沸踊是涌字經下缺字是營滿畛激四字於文爲經營滿畛激揚爭怒惡得已改其下注也已字下有哉字改字是故字恐非惡得已改言無他道也檀枕提缺是檀挽提攜其成敗也成字是或字應龍之畫畫字作變化二字寥下缺字是嶜夷二字於文爲投之寥嶜夷高墳下避下缺字是沈字閉不遂兮閉或作閔弱下缺字是其勢過泌汩五字睦老唱兮老或作夫稱下缺字是揚字餘見諸跋語中附載於篇次集古錄曰桂陽周府君碑按韶州圖經云後漢桂陽太守周府君廟在樂昌縣西一百一十八里武溪上武溪驚湍激石流數百里昔馬援南征其門人轅寄生善吹笛援爲作歌和之名曰武溪深其辭曰滔滔武溪一何深鳥飛不渡獸不能臨嗟哉武溪何毒淫周府君開此溪下合湞水桂陽人便之爲立廟刻石武水源出郴州臨武縣鸕鷀石南流三百里入桂陽而桂陽桂水湞水黎溪盧溪曹溪諸水皆與武水合流其俗謂水湍浚爲瀧韓退之詩云南下樂昌瀧即此水也又後本跋尾云國子監直講劉仲章者爲余言前爲樂昌令因道府君事云名憬問何以見之云碑刻雖缺尚可識也乃以此碑並陰遺余余初以韓集云昌樂瀧疑其誤乃改從樂昌仲章曰不然縣名樂昌而瀧名昌樂其舊俗所傳如是韓集不誤也乃知古人傳疑而慎於更改者如此曾氏鞏南豐集曰熙寧八年余從知韶州

王之材求得此本之材又以書來按曲江縣圖經周府君名昕字君光其碑陰曲江字皆作曲紅而蒼江江夏字亦作紅蓋古字通用不可不知劉氏昌詩蘆浦筆記曰漢周府君碑六一先生凡三四百字跋最後方辨其名憬將穎叔作武溪深乃謂名煜且押之韻蓋石古剝落以其形似求合於君光之字故云爾曾南豐顧云從知韶州王之材得此碑書來曰按曲江縣圖經名昕則並其形似而不辨何至遽信而以六一爲未詳攷耶金石錄曰周府君碑陰題名凡卅一人姓氏具存酈道元水經注瀧水南逕曲江縣東縣昔號曲紅曲紅山名也而東西兩漢安皆作曲江今據此碑自縣長區祉而下凡十七人皆書爲曲紅則是當時縣名曲紅無可疑者不知兩漢皆作曲江何也隸釋曰右神漢桂陽太守周府君功勳之紀銘隸額周府君名憬自固始相爲桂陽守碑云熹平三年歲在攝提仲冬之月曲紅長區祉與邑子故吏建碑於瀧上蓋靈帝甲寅年也茲水發源王禽山千渠萬澮下湊六瀧舟楫過之若奔車失轡狂牛無縻叟寶玩流象犀積有日矣周府君思夏后龍門之績感李冰離堆之事排治湍梗人得利涉紀其功勳銘辭全逼騷雅有瓠子歌遺意韓退之詩云南下昌樂瀧險惡不可狀者卽謂此也樂史寰宇記云瀧上有太守周昕廟今碑在韶州張九齡廟中其名尚隱隱可辯蓋憬字也碑以蹇譌爲蹇遏犂魋爲犂堆小徯路徯皆爲蹊又曰周憬碑陰宰曲紅者一人貫曲紅者十六人熊君碑亦仝兩漢皆作曲江諸家地理書皆云水流屈曲故曰曲江唯水經云縣昔號曲紅山之名也前書工女大功皆只同用紅字未知水經何所據也盤洲之言本於南豐寰宇記梓州射洪縣下引李膺記云婁僂灘東有射江土人語訛以江爲洪則知曲江之爲曲紅亦是音同之故熊君碑是漢綏民校尉熊君也碑云除補桂陽曲紅長故洪氏引以爲證佐爾 按地理志曲江舊縣也王莽以爲除虜始興郡治魏文帝咸熙二年孫皓分桂陽南部立趙釋曰一清按三國志吳書此事在甘露元年是晉武帝泰始元年去魏咸熙二年差一歲縣東傍瀧溪號曰北瀧水水左卽東溪口也水出始興東江州南康縣界石閣山西流而與連趙改漣下同刊誤曰

（連當從水作漣）水合水出南康縣涼熱山連溪山卽大庾
嶺也五嶺之最東矣故曰東嶠山（斯則改裝之文）
其下船路名漣溪漣水南流注于東溪謂之漣口（官本曰案近刻脫口字案朱脫趙增刊誤曰漣下落口字）庾仲初謂之大庾嶠水也東溪
亦名東江又曰始興水又西邪階水注之水出
縣東南邪階山水有別源曰巢頭重嶺衿瀧湍
奔相屬祖（朱箋曰一作徂源趙改徂）源雙注合爲一川（水側有鼻天子
城鼻天子所未聞也　趙釋曰朱氏謀㙔箋曰幽明錄始興有鼻天子冢又有鼻天子城路史謂鼻天子卽象也）邪階水
又西北注于東江江水又西逕始興縣南又西
入曲江縣邸水注之水出浮岳山（山踊一處則百
餘步動若在水也因名浮岳）山南流注于東江東江又
西與利水合水出縣之韶石北山南流逕韶石
下其高百仞（趙刊誤曰箋曰其一作石按其字不誤）廣圓五里兩石對峙相去一里小

大略均似雙闕名曰韶石古老言昔有二仙分而憩之自爾年豐彌歷一紀利水又南逕靈石下靈石一名逃石高三十丈廣圓五百丈耆舊傳言石本桂林武城縣官本曰案林近刻訛作陽　案朱訛趙改刊誤曰箋曰兩漢地志桂陽郡但有臨武縣而無武城疑字誤也按沈炳巽云晉志桂林郡統武城縣朱氏但見誤本作桂陽疑武城縣之有譌而不知爲孫吳所置陽當作林因夜迅雷之變忽然遷此彼人來見歎曰石乃逃來因名逃石以其有靈運徙又曰靈石其傑處臨江壁立霞駮有若繢焉水石驚瀨傳響不絕商舟淹留聆翫不已利水南注東江東江又西注于北江謂之東江口溱水自此有始興大庾之名官本曰案庾近刻訛作江　案朱訛趙改刊誤曰大江當作大庾上云庾仲初謂之大庾嶠水也而南入湞陽縣也

過湞陽縣出洭浦關官本曰案洭原本及近刻並訛作淮今改正漢書中宿縣有洭浦關　案朱訛趙改刊誤曰洭浦關見湟水篇淮字誤又朱箋曰漢地理志湞陽縣屬桂陽郡與桂水合

溱水南逕湞陽縣西舊漢縣也官本曰案漢近刻訛作益　案朱訛趙改刊誤曰益當作漢漢書地理志

桂陽郡有湞陽縣王莽之綦武矣官本曰案綦近刻作基 案朱趙作基縣東有湞石山廣圓二十里挺崿大江之北盤址長川之際其陽有石室漁叟所憩昔欲于山北開達郡之路輒有大蛇斷道不果是以今行者趙刊誤曰箋曰宋本舊本俱作今者吳本增一行字按蓋宋本舊本有脫字耳何足據也必于石室前汎舟而濟也溱水又西南歷皐口太尉二山之閒是曰湞陽峽兩岸傑秀壁立虧天昔嘗鑿石架閣令兩岸相接以拒徐道覆溱水出峽左則湞水注之水出南海龍川縣西逕湞陽縣南右注溱水故應劭曰湞水西入溱是也趙釋曰一清按漢志桂陽郡湞陽縣下應劭曰湞水出南海龍川西入溱道元引之分而爲二上句又不云是應說溱水又西南洭水入焉官本曰案洭近刻訛作涯 案朱同箋曰涯當作洭漢志南海郡中宿縣有洭浦趙改洭山海經所謂湟水出桂陽西北山東南注肄入敦浦西者也官本曰案湟近刻訛作涅肄訛作肆敦訛作郭又脫山字湟今山海經作潢訛趙改並無山字刊誤曰涅水當作湟水肆當作肄郭浦當作敦浦 案朱溱水又西南逕中宿縣會一里水其處隘名之爲觀岐連山交枕

絕崖朱趙崖作岸朱箋曰一作崖壁竦下有神廟背阿面流壇宇虛肅趙虛改靈刊誤曰虛當作靈

廟渚攢石巉巖亂峙中川時水游至鼓怒沸騰流木淪沒必無

出者世人以為河伯下材朱作林箋曰當作材趙改材晉中朝時縣人有使者至

洛事訖將還忽有一人寄其書云吾家在觀岐前官本曰案近刻脫岐字案朱脫趙

增刊誤曰觀下落岐字石間懸藤即其處也但叩藤自當有人取之使者謹

依其言果有二人出外取書並延入水府衣不霑濡言此似不

近情然造化之中無所不有穆滿西游與河宗論寶以此推之

亦為類矣　溱水又西南逕中宿縣南　吳孫皓分四會

之北鄉立焉

南入于海

溱水又南注于鬱而入于海

水經注卷三十八

水經注卷三十九　　長沙王氏校本

後魏酈道元撰

洭(朱作匯)水　深水　鍾水　耒水
洣水　漉水　瀏水　溳水
贛水　廬江水(朱無江字)

洭水出桂陽縣盧聚官本曰按洭近刻訛作匯下同　案朱訛趙改釋曰一清按今俗本洭俱作匯誤也說文匯器也从匸淮聲尚書禹貢東匯澤爲彭蠡孔傳曰匯迴也釋文曰徐胡罪反韋空爲反別無水出桂陽之說又說文洭水出桂陽縣盧聚出洭浦關爲桂水从水匩聲去王切與水經合予宿疑水經匯水標題與下含洭字義不符觀叔重之書始知後來傳寫之誤班志桂陽縣匯水南至四會入鬱林過郡二行九百里應劭曰桂水所出東北入湘含洭縣應劭曰洭水所出東北入沅今水經不言匯水所入之處溱水篇云過湞陽縣出洭浦關與桂水合南入于海注云溱水又南注于鬱而入于海是桂水與溱水俱注于鬱而入海與班志脗合臨武縣下又云溱水東南至湞陽入匯師古曰匯胡賄反蓋匯與桂音近而與洭形似匯水卽桂水亦卽洭水道元所謂山海經謂之湟水桂水其別名者是也洭集韻曰本作洭隸省作洭漢書作洭今作洭蓋因避宋太祖諱匡缺筆作匡而誤作洭耳溱水注黄本作淮水亦卽洭字之訛誤故應劭以桂水釋桂陽洭水釋含洭而不別出匯水最爲得解史記南越傳云移檄告橫浦陽山湟溪關裴駰集解云徐廣云在桂陽通四會也索隱曰鄒氏劉氏本湟並作涅音年結反漢書作湟溪音皇又衞青傳云出桂陽下湟水姚察曰史記作匯今本有湟涅及匯不同蓋由隨見輒改故也水經云含匯縣南有匯浦關未知孰是然鄒誕作涅漢書作湟蓋近于古今考水經惟篇首作匯字下含洭縣洭浦關皆作洭小司馬以漢書湟字爲近古得之矣若作匯字去湟音益遠更作涅字尤無所據字經三寫魯變爲魚信矣九域志云開寶四年改含洭縣爲含光避太祖諱也

可知至宋猶仍洭水之稱匯字之誤審矣全祖望曰水經作洭與說文合史記作湟與山經合水經又作桂亦與說文合若匯則洭之似而訛猶之涅則湟之似而譌也而又有作瀧水者則桂音之近而譌道元特起而糾之今本瀧又轉誤作灕益不足辨矣

水出桂陽縣西北上驛山盧溪為盧溪水東南流逕桂陽縣故城謂之洭水地理志曰洭水出桂陽南至四會是也官本曰按洭今漢書桂陽下訛作匯惟含洭不誤師古曰洭音匡　案朱訛趙改下同洭水又東南流官本曰按此下近刻有出桂陽南至四會是八字即上文訛衍重出　案朱趙有嶠水注之水出都嶠之溪官本曰按近刻脫嶠水注之水出都七字　案朱趙無溪水下流歷峽南出是峽謂之貞女峽　峽西岸高巖名貞女山山下際有石如人形高七尺狀如女子故名貞女峽古來相傳有數女取螺于此遇風雨晝晦忽化為石斯誠巨異難以聞信但啓生石中摯呱空桑抑斯類矣物之變化寧以理求乎朱箋曰隨巢子淮南子並云禹娶塗山氏治鴻水通轘轅山化為熊塗山氏見之慙而去至嵩高山下化為石禹曰歸我子石破北方而生啓呂覽云有侁氏女子採桑得嬰兒於空桑之中命曰伊尹　溪水又合洭水洭水又東南入陽山縣右合湟口水源

出縣西北朱趙有一字百一趙作二十里石塘村東南流官本曰按東南近刻訛作村之案朱趙同竝以村之流下屬爲句水側有豫章木本徑可二丈官本曰按徑近刻訛作逕案朱訛趙改其株根猶存伐之積載而斧跡若新羽族飛翔不息其旁衆枝飛散遠集鄉亦不測所如惟見一枝獨在含洭水矣官本曰按衆枝飛散已下舛誤未詳漣水東南流注于洭洭水又東南流而右與斟水合官本曰按右近刻訛作又案朱訛趙改刊誤曰又當作右水導源近出東巖下穴口若井一日之中十溢十竭信若潮流而注洭水洭水又南逕陽山縣故城西官本曰按近刻脫陽山二字案朱脫趙增刊誤曰箋曰孫案南逕下疑脫含洭二字按全氏云先贈公云見宋本是陽山二字者舊傳曰往昔縣長臨縣輒遷擢超級太史逕觀言勢使然官本曰案勢近刻訛作摯案朱作摯箋曰摯字似誤當作城勢趙改城勢掘斷連岡流血成川城因傾阤遂卽傾敗閣下大鼓飛上臨武乃之桂陽追號聖鼓自陽山達平桂陽之武步驛所至循聖鼓道也其道如塹迄于鼓城矣洭水又逕陽山縣南縣故含洭縣之桃鄉

孫晧分立爲縣也淮水又東南流也朱作南東趙乙刊誤曰南東二字當倒互

東南過含淮縣

應劭曰淮水東北入沅瓚注漢書沅在武陵去淮遠又隔湘水不得入沅淮水東南左合翁水水出東北利山湖湖水廣圓五里潔踰凡水西南流注于淮謂之翁水口口已下東岸有聖鼓杖官本曰按近刻訛作枝下同　案朱訛趙改下同即陽山之鼓杖也橫在川側雖衝波所激未嘗移動百鳥翔鳴莫有萃者船人上下以篙撞者官本曰按篙撞近刻訛作高種　案朱同箋曰當作以篙撞者趙依改輒有瘧疾淮水又東南左合陶水水東出堯山官本曰按近刻脫水字　案朱脫趙增刊誤曰東上落水字山盤紆數百里有赭嵒迭起冠以青林與雲霞亂采山上有白古英出下有平陵有大堂基耆舊云堯行宮所陶水西逕縣北右注淮水淮水又逕含淮縣西王歆趙有之字始興記曰縣有白鹿城城南有白鹿岡

咸康中郡民張魴爲縣有善政白鹿來游故城及岡並即名焉

南出洭浦關爲桂水官本曰按此與鍾水注內之桂水同名而南北異流關在中宿縣洭水出關右合溱水謂之洭口山海經謂之湟水徐廣曰湟水一名洭水出桂陽通四會亦曰灌水也漢武帝元鼎元年路博德爲伏波將軍征南越出桂陽下湟水即此水矣桂水其別名也

深水出桂陽盧聚趙釋曰一清按深說文作㴱

呂忱曰深水一名邃水導源盧溪西入營水亂流營波同注湘津許愼云深水出桂陽南平縣也經書桂陽者縣本隸桂陽郡官本曰按縣下近刻有也字　案朱趙有後割屬始興縣有盧溪盧聚山在南平縣之南九疑山東也

西北過零陵營道縣南又西北過營浦縣南又西北過泉陵縣西北七里至燕室邪入于湘

水上有燕室丘亦因爲聚名也其下水深不測號曰龍淵官本曰按淵近刻作泉　案朱趙作泉

鍾水出桂陽南平縣都山官本曰按都近刻訛作部下同　趙刊誤曰箋曰宋本作部山按非也都山卽都龐嶠也東坡有送邵道士彥肅還都嶠詩王梅溪註曰洞天福地記三十六小洞天第二十都嶠山是也未可因注部龍字擅相改易北過其縣東又東北過宋渚亭又北過鍾亭與漼朱訛雖趙改下同水合

都山卽都龐之嶠官本曰按都龐近刻訛作部龍又嶠下有也字　案朱趙同說見下五嶺之第三嶺也趙釋曰一清按後漢書吳佑傳章懷注引南康記曰五嶺南康大庾一也桂陽甲騎二也九真都龐三也臨賀萌渚四也始安越嶠五也廣州記則以爲大庾一始安二臨賀三桂陽四而以九真爲揭陽合爲五嶺是注所言五嶺之次與鄧記合第考班志九真郡有都龐縣應劭曰龐音龍師古曰音襲而桂陽之部龍乃嶺嶠之名王象之輿地紀勝曰山之絕頂曰都逢土人語訛曰龐也不知都部字相似龐龍音相聯而强以都逢爲土音山之絕頂之說殆因嶺嶠而傅會耶此與九真之都龐縣無涉鄧記誤也當以南平部龍爲是

鍾水卽嶠水也庾仲初曰嶠水南入始興溱水朱趙溱作漼趙釋曰一清按耒水篇引庾說作始興溱水蓋溱水出洭浦關與桂水合也官本說見下注于海北趙釋曰一清按耒水篇引庾說北字下多

一水字入桂陽湘水注于江是也官本曰按南入溱注海者涯水北入湘注江者鍾水此統稱嶠水近刻溱訛作灌灌水卽桂水也官本曰按灌近刻訛作雜下同案朱訛趙改說見下灌桂聲相近趙刊誤曰雜當作灌上云嶠水南入始與灌水此云灌桂聲相近故字隨讀變也經仍其非矣酈蓋以經文灌水爲非也方輿紀要云桂陽州藍山縣漢南平縣地有歸水源出九疑山合縣諸水入桂陽州界會舂陵水又曰舂陵水又名舂水亦曰鍾水蓋歸灌聲之轉歸水卽灌水亦卽桂水也經注竝誤灌爲雜蓋俗本之失故字隨讀變經仍其非矣桂水出桂陽縣北界山山壁高聳三面特峻石泉懸注瀑布而下北逕南平縣而東北流屆鍾亭右會鍾水通爲桂水也故應劭曰桂水出桂陽東北入湘

又北過魏寧縣之東趙釋曰一清按續志桂陽郡漢寧縣永和元年置吳改曰陽安晉改曰晉寧宋以後因之無魏寧也此如廣魏魏與之類道元蓋併經而改之

魏寧故陽安也晉太康元年改曰晉寧縣在桂陽郡東朱趙有一字百二十里縣南西二面阻帶清溪桂水無出縣東理蓋縣邑流移今古不同故也

又北入于湘官本曰按此五字近刻與上經文連接又下有東字　案朱同趙改同官本並有東字刊誤曰六字趙琦美本別爲一條在魏寧縣注後

耒水出桂陽郴縣南山

耒水發源出汝城縣東烏龍白騎山西北流逕其縣北西流三十里中有十四瀨各數百步濬流奔急竹節相次亦爲行旅游涉之艱難也又西北逕晉寧縣北又西左合清溪水口水出縣東黃皮山西南流歷縣南又西北注于耒水汝城縣在郡東三百餘里官本曰按近刻脫城字餘里訛作里餘　案朱脫趙增仍里餘二字刊誤曰汝下落城字宋志桂陽太守領汝成令江左立卽注汝城縣也今郴州桂陽縣地山又在縣東耒水無出南山理也

又北過其縣之西

縣有淥水出縣東俠公山官本曰按俠近刻訛作俟　案朱訛趙改朱淥作綠趙改刊誤曰巵林云荊州記桂陽郴縣東界俠公山下有淥溪源官常取此水爲酒晉書武帝太康元年簡文帝咸安元年竝薦酃淥酒于太廟豈合酃湖淥溪之醖爲祼鬯嘗酎之典與綠水當作淥水俟公山當作俠公

山西北流而南屈注于耒謂之程鄉溪郡置酒官醞于山下名曰程酒獻同酃也耒水又西黃水注之水出縣西黃岑山山則騎田之嶠趙釋曰一清按南康記作甲騎五嶺之第二嶺也黃水東北流按盛弘之云衆山水出注于大溪號曰橫流溪溪水甚小冬夏不乾俗亦謂之爲貪泉飲者輒冒于財賄同于廣州石門貪流矣廉介爲二千石則不飲之昔吳隱之挹而不亂官本曰按近刻亂訛作辭案朱訛趙改刊誤曰辭當作亂晉書校改貪豈謂能渝其貞乎官本曰按近刻渝訛作汙貞訛作真案朱訛趙改真仍汙刊誤曰真當作貞蓋亦惡其名也劉澄之謂爲一涯溪通四會殊爲孟浪而不悉也庾仲初云嶠水南入始興溱水注海卽黃岑水入武溪者也趙釋曰一清按黃岑曲紅碑作王禽北水入桂陽湘水注于大江卽是水也右則千秋水注之官本曰按右則近刻訛作又側案朱訛趙改水出西南萬歲山山有石室室中有鍾乳

山上悉生靈壽木溪下即千秋水也水側民居號萬歲村其水下合黃水黃水又東北逕其縣東右合除泉水水出縣南湘陂村村有圓水廣圓可二百步一邊暖一邊冷冷處極清綠淺則見石深則見底暖處水白且濁玄素既殊涼暖亦異厥名除泉其猶江乘之半湯泉也水盛則瀉黃溪水耗則津徑輟流郴舊縣也桂陽郡治也漢高帝二年分長沙置地理志曰桂水所出因以名也趙釋曰一清按漢志桂陽郡無此語此是應注在桂陽縣下殆道元誤記也王莽更名南平縣曰宣風趙有其城二字項羽遷義帝所築也縣南有義帝冢內有石虎官本曰按石近刻訛作白趙改刊誤曰白黃省本作石案朱因呼為白虎郡東觀漢記曰茨充字子河朱趙作何為桂陽太守民惰嬾少麤履官本曰按麤近刻訛作鹿案朱作鹿箋曰當作麤趙改麤足多剖裂茨教作履今江南知織履皆充之教也朱箋曰齊民要術云茨充為桂陽令俗不種桑無蠶織絲麻之利類皆以麻枲頭貯衣民惰窳少麤履足多剖裂血出盛冬皆然燎炙充教民益種桑柘養蠶織履復令種苧麻數年之間大賴其利

黃溪東有馬嶺山高六百餘丈廣圓四十許里漢末有郡民蘇耽栖遊此山桂陽列仙傳云耽郴縣人少孤養母至孝言語虛無時人謂之癡常與衆兒共牧牛更直爲帥錄牛無散每至耽爲帥牛輒徘徊左右不逐自還衆兒曰汝直牛何道不走耶耽曰非汝曹所知即面辭母云受性應仙當違供養涕泗又說官本曰按近刻作曰　案朱同趙改刊誤曰黃省曾本作又說年將大疫死者略半穿一井飲水官本曰按一近刻訛作二　案朱訛趙改刊誤曰二孫潛校改一可得無恙如是有哭聲甚哀後見耽乘白馬還此山中百姓爲立壇祠民安歲登民因名爲馬嶺山趙釋曰朱氏謀㙔箋云無恙以下有缺文洞神傳云耽初去時云今年大疫死者略半家中井水飲之無恙果如所言閭門元吉母年百餘歲終鄉人共葬之聞山上有人哭聲服除乃止神仙傳曰耽母既終葬後州東北牛脾山紫雲蓋上有號哭聲知蘇君之神因見白馬常在嶺上遂改牛脾山爲白馬嶺黃水又北流注于耒水謂之郴口耒水又西逕華山之陰亦曰華石山孤峯特聳枕帶雙流東則黃溪耒水之交會也耒水東流沿注不得北過其縣西也兩岸連山石泉懸溜

行者輒徘徊留念情不極已也

又北過便縣之西

縣故惠帝封長沙王子吳淺爲侯國 趙釋曰全氏曰按漢表以爲江夏之編索隱曰縣屬桂陽當從道元爲是淺以惠帝元年封 王莽之便屏也縣界有溫泉水在郴縣之西北左右有田數千畮 官本曰按千近刻作十案朱趙作十 資之以漑常以十二月下種明年三月穀熟度此水冷不能生苗溫水所漑年可三登 其餘波散流入于耒水也

又西北過耒陽縣之東

耒陽舊縣也蓋因水以制名王莽更名南平亭東傍耒水水東肥南有郡故城縣有溪水 官本曰按溪近刻訛作漢案朱訛趙改刊誤曰漢當作溪 東出侯計山其水清澈冬溫夏冷西流謂之肥川川之北有盧塘 官本曰按有近刻訛作石案朱訛趙改刊誤曰石全氏校改有 塘池八頃其深不測 有大魚常至五月輒一奮躍水湧數丈波襄四陸細魚奔

迸隨水登岸不可勝計又云大魚將欲鼓作諸魚皆浮聚水側注官本曰按此三字有脫誤西北逕蔡洲洲西即蔡倫故宅傍有蔡子池倫漢黃門官本曰按此下近刻衍郎字案朱衍趙刪刊誤曰黃門郎士人之官倫是宦者不當有郎字順帝之世擣故魚網爲紙用代簡素自其始也

又北過酃縣東

縣有酃湖湖中有洲洲上民居彼人資以給釀酒甚醇美謂之酃酒歲常貢之湖邊尚有酃縣故治西北去臨承縣朱趙有字一十五里官本曰按西北上近刻有此字案朱有趙增城存此刊誤曰故下落城字從省隸官本曰按宋太元二十年省酃縣入臨承此三字上當有脫文十三州志曰大別水南出耒陽縣太山北至酃縣入湖也孫校曰此即春水矣

北入于湘

耒水西北至臨承縣而右注湘水謂之耒口也

洣水出荼陵縣上鄉西北過其縣西

水出江州安成郡廣興縣太平山官本曰按成近刻訛作城 案朱訛趙改西北流逕茶陵縣之南趙釋曰名勝志衡州府酃縣下云洣水源出洣泉注水經云泉不常見遇邑政清明年穀豐稔其泉淅然如米泔瀑湧耆舊相傳疾者飲此多愈今本無之一清按今酃縣本漢茶陵縣地宋嘉定四年置非漢之酃縣也漢武帝元朔四年封長沙定王子節侯訢之邑也趙釋曰一清按史表作欣此從漢表師古曰訢與欣同王莽更名聲鄉矣洣水又屈而過其縣西北流注也地理志謂之泥水者也

又西北過攸縣南

攸水出東南安成郡安復縣封侯山西北流逕其縣北縣北帶攸溪蓋即溪以名縣也漢武帝元朔四年封長沙定王子則為攸輿侯趙釋曰一清按索隱曰按今長沙有攸縣本名攸輿漢表在南陽小司馬蓋本之酃注即地理志所謂攸縣者也攸水又西南流入茶陵縣入于洣水也

又西北過陰山縣南

縣本陽山縣也縣東北猶有陽山故城卽長沙孝王子宗之邑

也趙釋曰一清按漢表宗以元帝永光二年封言其勢王趙言上有形家二字故蹔山堙谷改曰陰山縣趙釋曰一清按漢志桂陽郡有陽山縣又有陰山縣皆云侯國至續志有陰山無陽山蓋東京省併之故應劭曰陽山今陰山也而師古以應說爲非殆未詳考也宋志云陰山令漢舊縣屬桂陽吳湘東郡有此疑是吳所立沈約所云亦非孫吳所立是湘東郡而度桂陽之陰山縣隸之故晉志湘東郡有陰山縣陰山縣未嘗廢省何容復立乎縣上有

容水自侯曇山下注洣水水謂之容口水有大穴容一百石水出于此因以名焉洣水又西北逕其縣東又西逕歷口縣有歷水官本曰按此十八字近刻訛在容口下案朱訛趙改刊誤出下注洣水謂之容口八字曰容口下當接十行水有大穴容一百石出於此水因以名曰十六字出於此水當作水出於此名曰當作名焉又出縣有歷水四字曰歷水下當接十一行下注洣水云云下注洣謂之歷口朱作容水下注水謂之歷口趙刪容水二字注下增洣字刊誤曰箋曰下注下脫洣字按容水二字衍文下注洣水上接前十行縣有歷水洣水又西北與洋湖水會水出縣西北樂藪岡下洋湖湖去岡七里湖水下注洣謂之洋湖口洣水東北有峩山縣東北又有武陽龍尾山竝仙者羽化之處上有仙人及龍馬跡于其處得遺詠雖神栖白

雲屬相想芳流藉念泉鄉遺詠在茲官本曰按詠近刻訛作味　案朱訛趙改刊誤曰味黃省曾本作咏覽其餘誦依然息遠匪直邈想霞蹤愛其文詠可念故端牘抽札以詮其詠其畧曰登武陽觀樂藪峩嶺千嶷洋湖口命蜚螭駕白駒臨天水心踟躕千載後不知如蓋勝賞神鄉秀情超拔矣

又西北入于湘

漉水出醴陵縣東漉山西過其縣南

醴陵縣高后四年封長沙相侯越爲國　縣南臨淥水水東出安城鄉翁陵山余謂漉淥聲相近官本曰按近刻脫聲字　案朱脫趙增刊誤曰漉淥下落聲字後人藉便以淥爲稱雖翁陵名異而即麓是同

屈從縣西西北流至漉浦注入于湘

瀏水出臨湘縣東南瀏陽縣趙刊誤曰宋志湘州刺史治臨湘領瀏陽侯相吳立縣字誤趙釋曰一清按瀏陽縣本漢臨湘縣地孫吳析置以縣在瀏水之陽故名據此亦經文晚出之一證全祖望曰三國志周瑜傳以下雋漢昌瀏陽州陵爲奉邑則瀏陽自漢末已有其名雖未爲縣而已爲邑若作邑字于經爲

合西北過其縣東北與涝水合官本曰按涝水近刻作涝溪水　案朱趙同

瀏水出縣東江州豫章縣首禅山趙禅作禅注同趙釋曰全祖望曰按顧祖禹曰今瀏陽之大圍山卽首禅山其水曰白沙湖分四派一入袁之萬載一入分寧一入岳之中江其一卽瀏水予謂據顧說則經文所言是也耆長誤以分寧之水當之不知首禅山不在豫章也導源西北流逕其縣南縣憑溪以卽名也又西北注于臨湘縣也

西入于湘

濆水出豫章艾縣

春秋左氏傳曰吳公子慶忌諫夫差不納居于艾是也王莽更名治翰

西過長沙羅縣西

羅子自枝江徙此世猶謂之爲羅侯城也官本曰按近刻脫此二字　案朱脫趙增刊誤曰羅侯下落城也二字孫潛校增方輿紀要云羅縣城在湘陰縣東六十里春秋時羅國地秦置縣漢晉皆屬長沙郡濆水又西流積而爲陂謂之町湖也

又西至累石山入于湘水官本曰按近刻脫至字案朱脫趙增刊誤曰又西下落至字全氏校增

累石山在北亦謂之五木山山方尖如五木狀故俗人藉以名之朱箋曰五木者樗蒱之戲也李翺五木經云樗蒱五木玄白判厥二作雉背雉作牛注云樗蒱古戲其投有五以木爲之故呼五木 山在羅口北湞水又在羅水南流注于湘謂之東町口者也

贑水出豫章南野縣西北過贑縣東

山海經曰贑水出聶都山東北流注于江入彭澤西也班固稱南野縣彭水所發東入湖漢水庾仲初謂大庾嶠水北入豫章注于江者也地理志曰豫章水出贑縣西南而北入江蓋控引衆流總成一川雖稱謂有殊言歸一水矣故後漢郡國志曰贑有豫章水雷次宗云似因此水爲其地名雖十川均流而此源最遠故獨受名

焉朱箋曰十川者贛盧牽淦盱濁餘鄱僚循是爲十此源謂贛水也九水俱入於贛水諸本作北源誤劉澄之曰縣東南有章水西有貢水縣治二水之間二水合贛字因以名縣焉是爲謬也官本曰案此四字近刻訛在西有貢水句之下是字上又衍西字　案朱訛衍趙改刪刊誤曰下西字衍文是爲謬也四字當移在因以名縣焉之下縣治二水之間三語尚是劉澄之之詞是爲謬也下是道元解說如此宋李厚注東坡詩引水經注亦無四字可知世本之誤劉氏專以字說水而不知遠失其實矣官本曰按其下近刻衍水字　案朱衍趙刪刊誤曰水字衍文趙釋曰全氏曰按章貢圖經曰東江發源于汀州界之新樂山逕雩都而會于章水西江導源于大庾縣之聶都山與貢水合二水合而爲贛則灣之之言未可非也如善長所引山經及庾說但有貢水而無章水恐未足以釋贛水之義也沈氏曰近世皆以豫章水爲章水湖漢水爲貢水所歷十八灘之險黃公灘爲最卽所謂惶恐灘也豫章水導源東北流逕南一本作東野縣北贛川石阻水急行難傾一本作頃波委注六十餘里又北官本曰按近刻脫此二字　案朱脫趙增刊誤曰逕上落又北二字胡渭校增逕贛縣東縣卽南康郡治晉太康五年分廬江立　豫章水右會湖漢水水出雩都縣導源西北流逕金雞石其石孤竦臨川官本曰按近刻作臨水　案朱趙作水耆老云時見金雞出于石上故石取名焉　湖漢水又西北逕贛

縣東西入豫章水也

又西北過廬陵縣西

廬陵縣卽王莽之桓亭也　十三州志稱廬水西出長沙安成縣（官本曰按成近刻訛作復　案朱趙作復朱志下有曰字趙刪刊誤曰箋曰安復當作安成漢地志長沙安成縣莽曰用成按全氏云考晉太康中改安成爲安復宋齊因之酈氏作志時稱安復是也唯是縣改安復時郡亦改稱安成則當云安成安復不當襲舊隸曰長沙也朱氏欲改安復爲安成殆不考晉志故耳曰字衍文）

武帝元光六年封長沙定王子劉蒼爲侯國卽王莽之用成也（官本曰按用漢書作思　案趙改思刊誤曰漢志註作思成今校正趙釋曰一清按漢書地理志長沙國安成縣侯國續漢書郡國志無之蓋省併也吳復置晉太康元年改曰安復王子侯表蒼封是安成非安復也）吳寶鼎中立以爲安成郡（官本曰按成近刻訛作城　案朱訛趙改）東至廬陵入湖漢水也

又東北過石陽縣西

漢和帝永平九年分廬陵立漢獻帝初平二年（趙初改興刊誤曰箋曰一作興平按吳書孫策以興平二年渡江焉得有初平立郡之事乎此等直當據史改正耳）吳長沙桓王立廬陵郡治此豫章水

又逕其郡南城中有井其水色半清（趙作青）半黃黃者如灰汁

取作飲粥悉皆金色而甚芬香朱箋曰異物志云廬陵城中有一井中有二色水半青半黃黃者灰汁取作糜粥皆作金色土人名灰汁爲金因名爲金井

又東北過漢平縣南趙釋曰一清按後漢中平中立漢平縣吳改曰吳平此亦經文晚出之證又東北過新淦縣西

牽水西出朱作逕箋曰宋本作出趙改出宜春縣漢武帝元光六年封長沙定王子劉成爲侯國王莽之脩曉也官本曰按脩近刻訛作循改刊誤曰漢志作脩曉今校正案朱訛趙牽水又東逕吳平縣舊漢平也晉太康元年改爲吳平矣趙釋曰一清按宋志吳平侯相吳更名牽水又東逕新淦縣即王莽之偶亭而注于豫章水湖漢及贛竝通稱也又淦水出其縣下注于贛水

又北過南昌縣西

盱水出南城縣官本曰按城近刻訛作宮案朱作宮箋曰南宮當作南城按漢志南城縣注盱水西北至南昌入湖漢又建成縣注云蜀水東至南昌入湖漢趙改城西北流逕南昌縣南西注贛水又有濁

水注之水出康樂縣故陽樂也趙釋曰一清按宋志康樂侯相吳孫權黃武中立曰陽樂晉武帝太康元年更名濁水又東逕望蔡縣縣因汝南上蔡民萍居此土晉太康元年改爲望蔡縣趙釋曰一清按劉昭郡國志補注引豫章記曰上蔡縣中平立此地名上蔡者上蔡民分徙此地立名上蔡然則漢縣本名上蔡也濁水又東逕建成縣漢武帝元光趙釋曰沈氏曰按本表是元朔四年封長沙定王子劉拾爲侯國王莽更名之曰多聚也縣出然石異物志曰石色黃白而理疎以水灌之便熱以鼎著其上炊足以熟置之則冷灌之則熱如此無窮元康中雷孔章入洛齎石以示張公張公曰此謂然石于是乃知其名濁水又東至南昌縣東流入于贛水贛水又歷白社西有徐孺子墓吳嘉禾中太守長沙徐熙于墓隧種松太守南陽謝景于墓側立碑永安中太守梁郡夏侯嵩于碑傍立思賢亭松大合抱亭世脩治至今謂之聘君亭也贛水又北歷南塘塘之東有孺子宅際湖南小洲上孺子名穉南昌人高尚不仕

太尉黃瓊辟不就桓帝問尚書令陳蕃徐穉袁閎誰爲先後蕃答稱袁生公族不鏤自雕至于徐穉傑出薄域故宜爲先桓帝備禮徵之不至太原郭林宗有母憂穉往弔之置生芻于廬前而去衆不知其故林宗曰必孺子也詩云生芻一束其人如玉吾無德以堪之年七十二卒

贛水又逕谷鹿洲官本曰按近刻訛作州案朱訛趙改卽蓼子洲也官本曰按近刻脫此五字案朱脫趙增刊誤曰谷鹿洲下落卽蓼子洲也五字名勝志引此文校補舊作大艑處朱箋曰北堂書鈔云豫章城西南有艑䑿洲去度支步可二里是呂蒙作句鹿大艑處按此谷鹿洲卽句鹿之譌也廣雅艑䑿船也音鉤鹿

贛水又北逕南昌縣故城西官本曰按近刻脫故字案朱脫趙增刊誤曰縣下落故字于春秋屬楚卽令尹子蕩師于豫章者也秦以爲廬江南部漢高祖六年始命陳嬰趙釋曰一清按下有脫文以爲豫章郡治此卽陳嬰所築也官本曰按陳嬰原本及近刻竝訛作灌嬰今改正史記高祖功臣侯年表稱堂邑侯陳嬰定豫章漢書同案朱訛趙改王莽更名縣曰宜善郡曰九江焉劉歆云湖漢等九水入彭蠡故言九江矣陳蕃爲太守署徐穉爲功曹蕃在郡不接賓客惟穉來特設一榻去則縣之此卽縣

梢處也建安中更名西安晉又名爲豫章趙釋曰一清按兩漢及晉豫章郡治南昌晉志豫章郡領豫章縣劉昭郡國志補注引豫章記曰豫章縣建安立三國吳改曰西安故晉志豫章郡有豫章縣蓋復漢之舊也晉志不言豫章宋志不記豫章均爲脫漏且宋志云豫章太守領豫寧侯相漢獻帝建安中立吳曰要安晉武帝太康元年更名要安又是西安之誤吳書太史慈傳數爲寇于艾西安是也城在今武寧縣西二十里前漢爲海昏後漢爲建昌縣地去南昌府城三百二十里非郡治也此注言豫章郡治而釋以西安疑庸妄人所塡改覩下彭澤注卻甚分明城之南門曰松陽門門內有樟樹高七丈五尺大二十五圍枝葉扶疏垂蔭數畮應劭漢官儀曰豫章樟樹生庭中官本曰按樟近刻訛作郡案朱訛趙改刊誤曰郡字當作樟河水注引應劭漢官校故以名郡矣此樹嘗中枯逮晉永嘉中一日更茂豐蔚如初咸以爲中宗之祥也禮斗威儀曰君政訟平豫樟常爲生朱樟作章趙改刊誤曰章當從木作樟太興中元皇果興大業于南故郭景純南郊賦云弊樟擢秀于祖邑是也以宣王祖爲豫章故也贛水北出際西北歷度支步是晉度支校尉立府處步卽水渚也贛水又逕郡北爲津步步有故守賈萌廟萌與安趙有成字侯張普爭地爲普所害卽日靈見津渚故民爲立廟焉朱箋曰太平御覽引安成記云賈萌爲豫章太守與安成侯張普爭境戰于新

茨之野爲晉所害謝承漢書云賈萌爲豫章太守王莽篡漢舉兵誅莽不克而死趙釋曰全氏曰賈萌事太平御覽引謝承後漢書謂是討莽而死又引安成記謂爭地而死然考之漢書王莽傳則是爲莽九江太守拒漢而死其亦異矣豈同時先後之閒有二賈萌又皆爲南州牧守耶一清按寰宇記洪州南昌縣龍沙廟即西漢末太守賈萌也萌與安成侯張普共謀誅王莽普反告莽收萌而殺之時人咸嘆故爲立廟祭之事更詳核尤可與班書參異同也水之西岸有盤趙作磐石謂之石頭津步之處也西行二十里曰散朱箋曰二十七卷內有云勢同猒原風雨之池此當作猒趙改猒原山疊嶂四周杳邃有趣晉隆安末沙門竺曇顯建精舍于山南僧徒自遠而至者相繼焉西北五六里有洪井飛流懸注其深無底舊說洪崖先生之井也北五六里有風雨池言山高瀨激激著樹木朱重樹木二字箋曰宋本無此二字趙刪霏散遠灑若雨朱箋曰御覽引豫章記云去洪井六七里有風雨池山橋水出激著樹木星散遠灑如風雨焉西有鸞岡洪崖先生乘鸞所憩泊也岡西有鵲嶺云王子喬控鵠所逕過也官本曰按鵠近刻訛作鶴朱訛趙改刊誤曰鶴當作鵠案有一崖朱箋曰似當作峯號曰大蕭小蕭言蕭史所遊萃處也雷次宗云此乃繫風捕影之論據實本所未辨聊記奇聞以廣井魚之聽矣又按謝莊

詩莊趙作嘗遊豫章觀井賦詩言鸞岡四周有水謂之鸞陂似
非虛論矣東大湖十里二百二十六步北與城齊
趙釋曰周氏必大汎舟遊山錄云徐孺子亭在東湖徐宅名見水經又乾道庚寅奏事錄云東湖徐孺子亭洪芻職乘云湖在郡東南周廣五里酈道元云十里一百二十步實字記引雷次宗豫章記曰州城東有大湖北與城齊一清按今文似有脫誤
南緣迴折至南塘本通章江官本曰按近刻訛作水通大江 案朱同趙改大仍水刊誤曰寰宇記作章江大字誤
增減與江水同漢永元中太守張躬築塘以通南路兼遏此水冬夏不增減水至清深魚甚肥美每于夏月江水溢塘而過民居趙作居民多被水害至宋景平元年太守蔡君西起堤開塘為水門水盛旱則閉之官本曰按近刻脫旱字 案朱脫趙增刊誤曰水盛下全氏校增旱字內多則洩之自是居民少患矣贛水又東北逕王步步側有城云是孫奮為齊王鎮此城之官本曰按此下近刻衍渚字 案朱趙有今謂之王步蓋齊王之渚步也郡東南二十餘里又有一城號曰齊王城築道相通蓋其離宮也贛水又北逕南昌左尉廨西漢成帝時九江梅福為南昌尉居此後福一旦

捨妻子去九江傳云得仙趙釋曰一清按六字注中注贛水又北逕龍沙

西　沙甚潔白高峻而陁有龍形連亙五里中舊俗九月九日

升高處也昔有人于此沙得故冢刻塼題云西去江七里半筮

言其吉卜言其凶而今此冢垂沒于水所謂筮短龜長也　贛

水又逕椒丘城下　建安四年孫策所築也趙釋曰朱氏謀㙔箋曰雷次宗豫章記云

建安四年孫策破劉勳于潯陽欲謀取豫章太守華歆于郡下流一百四十里臨江築椒邱城以備之一清按然則椒邱城非策所築其後策駐軍于此以脅華歆遂以名之　贛

水又歷釣圻邸閣下　度支校尉治太尉陶侃移置此也

舊夏月邸閣前洲沒去浦遠景平元年校尉豫章因運出之力

趙刊誤曰全氏曰校尉失其姓名出字疑作米按校尉豫章疑作豫章校尉倒互耳　于渚次聚石爲洲長六十餘丈洲

裏可容數十舫　贛水又北逕鄡陽縣　王莽之豫章縣也

餘水注之水東出餘汗縣王莽名之曰治干也餘水

北至鄡陽縣注贛水贛水又與鄱水合水出鄱

陽縣東西逕其縣南武陽鄉也地有黃金采官本曰按金下近刻衍可字

案朱趙有趙釋曰一清按漢志鄱陽縣下云武陽鄉右十餘里有黃金采師古曰采者謂采取金之處可字衍王莽改曰鄉亭孫權以建

安十五年分爲鄱陽郡鄱水又西流注于贛官本曰按近刻脫鄱字 案朱脫鄱字脫趙增刊誤曰水上孫潛校增鄱字又有繚水入焉官本曰按繚近刻訛作僚下同 案朱訛趙改刊誤曰僚水全氏云寰宇記作繚水以范史校之良是其水導源建昌縣漢元帝永光二年分海昏立繚

水東逕新吳縣漢中平中立繚水又逕海昏縣王莽更名宜生謂之上繚水又謂之海昏江分爲二

水縣東津上有亭爲濟渡之要其水東北逕昌邑城官本曰按近刻脫城字 案朱脫趙增刊誤曰寰宇記云昌邑城在洪州北水路一百三十七里雷次宗豫章記云昌邑王賀既廢之後宣帝封爲海昏侯東就國築城于此注落城字而東出豫章大江謂之慨口昔漢昌邑王之封海昏也每乘流東望輒憤慨而還世因名焉其一水枝分別注入于循趙作脩水也

又北過彭澤縣西

循水出艾縣西官本曰按循水漢志作脩水近刻西訛作而 案朱訛趙改說見下又朱箋曰漢地理志豫章艾縣有脩水東北入湖此注作

循誤也趙改脩下同東北逕豫寧縣官本曰按豫下近刻衍章字　案朱衍趙刪刊誤曰而名勝志作西豫章寧縣章字衍文晉書地理志豫章郡紡豫章縣無豫寧縣豫章記云豫章縣建安立皆誤也考豫章名縣前乎此王莽改鄡陽曰豫章後乎此隋平陳廢豫章郡爲豫章縣要非所論于漢晉之世也宋書州郡志豫章太守領豫寧侯相漢獻帝建安中立吳曰要安武帝太康元年更名要字亦誤當作西方輿紀要江西南昌府武寧縣下云西安廢縣後漢置晉以後曰豫寧宋王僧綽封豫寧侯是也故西安也晉太康元年更從今名循水又東北逕永循縣漢靈帝中平二年立循水又東北注贛水其水總納十川同臻一瀆官本曰按臻近刻訛作湊　案朱趙作湊趙刊誤曰箋曰湊宋本作湊按湊與臻同漢書王褒傳萬祥畢湊是也俱注于彭蠡也趙釋曰一清按漢志豫章郡彭蠡縣禹貢彭蠡澤在西廬江郡尋陽縣禹貢九江在南皆東合爲大江九江郡下應劭曰江自廬江尋陽分爲九全祖望曰郡國志云贛有豫章水雷次宗云十川均流此源最遠書長亦云贛水總納十川按漢志豫章郡贛縣下云豫章水出西南北入大江雩都縣下云湖漢水東至彭澤入江行千九百八十里即注所謂豫章水右會湖漢水者也其十川漢志南壄縣下云彭水東入湖漢長沙國安成縣下云廬水東至廬陵入湖漢宜春縣下云南水東至新淦入湖漢新淦縣下應劭曰淦水所出西入湖漢南城縣下云盱水西北至南昌入湖漢建成縣下云蜀水東至南昌入湖漢餘汗縣下云餘水在北至鄡陽入湖漢鄡陽縣下云鄡水西入湖漢艾縣下云脩水東北至彭澤入湖漢行六百六十里蓋十川者合湖漢水之經流而爲十也湖漢水源流最長次之則脩水今校之水經鄱水下多繚水則除湖漢水得十川一清按此是漢代之九江而非禹貢之九江禹貢之九江自當以洞庭爲據猶之三江班固地理志所云乃漢時現行之水道而于禹貢亦無與也

北入于江

大江南贛水總納洪流東西四十里清潭遠漲官本曰按清潭上近刻有而字　案朱趙有綠波凝淨而會注于江川

廬江水出三天子都北過彭澤縣西北入于江

山海經三天子都一曰天子鄣王彪之廬山賦敘曰廬山彭澤之山也雖非五嶽之數穹隆朱趙作窿嵯峨實峻極之名山也孫放廬山一本作江賦曰尋陽郡南有廬山九江之鎮也臨彭蠡之澤接平敞之原官本曰按接近刻訛作按　案朱作按箋曰宋本作接趙改接開山圖曰官本曰按近刻脫開字　案朱脫趙增刊誤曰山上落開字山四方周四百餘里疊鄣之巖萬仞懷靈抱異苞諸仙迹豫章舊志曰廬俗字若孝本姓匡朱姓作性趙改刊誤曰性當作姓父東野王共鄱陽令吳芮佐漢定天下而亡漢封俗于鄡陽曰越廬若俗兄第七人皆好道術遂寓精趙有爽字于宮庭之山官本曰按近刻訛作洞庭之山　案朱訛趙改故世謂之廬山漢武帝南巡覩山以為神靈封俗大

明公（朱箋曰御覽引此注云遂寓精爽於宮庭之山漢武帝南巡此山親覲神靈封俗大明公）遠法師廬山記曰殷周之際匡俗先生受道仙人（官本曰按受近刻訛作奚　案朱訛趙改釋曰一清按慧遠廬山記曰匡俗先生受道于仙人朱箋本作奚道仙人則似道號矣奚乃受之譌當依續漢志注改正）共遊此山時人謂其所止爲神仙之廬因以名山矣又按周景式曰廬山匡俗字子孝本東里子出周武王時生而神靈屢逃徵聘廬于此山時人敬事之俗後仙化空廬猶存弟子覩室悲哀哭之旦暮事同烏號（官本曰按近刻脫事字　案朱脫趙增刊誤曰同上落事字）世稱廬君故山取號焉斯耳傳之談非實證也故豫章記以廬爲姓因廬以氏周氏遠師或託廬慕爲辭（官本曰按慕近刻訛作墓　案朱趙作墓）假憑廬以託稱（官本曰按廬近刻訛作虛　案朱趙作虛）一一證既違一一情互爽（官本曰按二情近刻作三情　案朱趙作三情）按山海經創之大禹（官本曰按之近刻訛作志　案朱趙作志）記錄遠矣故海內東經曰廬江出三天子都入江彭澤西是曰廬江之名山水相依互舉殊稱明不因匡俗始正是好事君子强引此類用成章句耳又按張華博物志曹著傳其神自云姓徐受封廬山後吳猛經過山

神迎猛猛語曰君王此山近六百年符命已盡不宜久居非據

猛又贈詩云仰矚列仙館俯察王神宅曠載暢幽懷傾蓋付三

益此乃神道之事亦有換轉理難詳矣吳猛隱山得道者也尋

陽記曰廬山上有三石梁長數十丈廣不盈尺杳然無底吳猛

將弟子登山過此梁見一翁坐桂樹下以玉杯承甘露漿與猛

又至一處見數人爲猛設玉膏猛弟子竊一寶欲以來示世人

梁即化如指猛使送寶還手牽弟子令閉眼相引而過　其山

川明淨風澤清曠氣爽節和土沃民逸嘉遯之

士繼響窟巖龍潛鳳采之賢往者忘歸矣秦始

皇漢武帝及太史公司馬遷咸升其巖望九江

而眺鍾彭焉　趙釋曰一清按鍾彭謂石鍾山及彭蠡澤也今注無石鍾山之文而唐時李渤作記尚引水經幷酈注其爲缺失無疑也寰宇記云南康軍都昌縣本漢彭蠡縣也石鍾山在縣北二百一十里西枕彭蠡連峯疊嶂壁立峭峻西南北面皆水四時如一白波撼山其聲若鍾因名之按辨石鍾山記云水經云彭蠡之口有石鍾山酈道元以爲下臨深潭微風鼓浪水石相搏響若洪鍾因受其稱予幽棲者因尋繹東湖沿瀾窮此遂躋崖穿洞訪其遺蹤次于南隅忽遇雙石欹枕潭際影淪波中詢諸水濱乃曰石鍾也

有銅鐵之異焉扣而聆之南音函胡北音清越枹止響騰餘韻徐歇若非澤滋其山山含其英聯氣凝質發爲至靈不然則安能產茲奇石乎乃知山仍石名舊矣如善長之論則瀕流庶峯皆可以斯名貫之聊刊前繆留遺將來貞元戊寅歲七月八日白鹿先生記白鹿先生姓李名渤字濬之時隱廬山因所居洞爲號後任江州刺史諫議大夫給事中桂管觀察使太和元年八月七日故吏湖口鎮將吳文幹刻石蘇文忠公又反濬之之說而廣善長之意作石鍾山記曰水經云彭蠡之口有石鍾山焉酈道元以爲下臨深潭微風鼓浪水石相搏聲如洪鍾是說也人常疑之今以鍾磬置水中雖大風浪不能鳴也而況石乎至唐李渤始訪其遺蹤得雙石於潭上扣而聆之南聲函胡北音清越枹止響騰餘韻徐歇自以爲得之矣然是說也余尤疑之石之鏗然有聲者所在皆是也而此獨以鍾名何哉元豐七年六月丁丑余自齊安舟行適臨汝而長子邁將赴饒之德興尉送之湖口因得觀所謂石鍾者寺僧使小童持斧于亂石閒擇其一二扣之硿硿焉余固笑而不信也至莫夜月明獨與邁乘小舟至絕壁下大石側立千仞如猛獸奇鬼森然欲搏人而山上棲鶻聞人聲亦驚起磔磔雲霄閒又有若老人欬且笑于山谷者或曰此鸛鶴也余方心動欲還而大聲發于水上噌吰如鍾鼓不絕舟人大恐徐而察之則山下皆石穴罅不知其深淺微波入焉涵澹澎湃而爲此也舟迴至兩山閒將入港口有大石當中流可坐百人空中而多竅與風水相吞吐有窾坎鏜鞳之聲與向之噌吰者相應如樂作焉因笑謂邁曰汝識之乎噌吰者周景王之無射也窾坎鏜鞳者魏獻子之歌鍾也古之人不余欺也事不目見耳聞而臆斷其有無可乎酈元之所見殆與余同而言之不詳士大夫終不肯以小舟夜泊絕壁之下故莫能知而漁工水師雖知而不能言此世所以不傳也而陋者乃以斧斤考擊而求之自以爲得其實余是以記之蓋歎酈元之簡而笑李渤之陋也劉氏獻廷廣陽雜記曰酈道元所謂石鍾山東坡泊舟于此作記者乃上石鍾也蓋石鍾山有二曰上石鍾下石鍾意善長每遇山水之靈奇可喜者刻畫若圖畫使人恍置身其閒迺石鍾之佳趣僅傳數語不得坡公之記世人固無有能言之者矣

廬山之北有石門水水出嶺端有雙石高竦其狀若門因有石門之目焉水導雙石之中懸流飛瀑朱箋曰御

覽引此作澍趙改澍近三百許步下散漫十許步上望之連天官本曰按十許近刻訛作千數　案朱同趙改數仍千刊誤曰數御覽引此文作許若曳飛練于霄中矣下有磐石可坐數十人冠軍將軍劉敬宣每登陟焉　其水歷澗逕龍泉精舍南　太元中沙門釋慧遠所建也　其水下入江南嶺即彭蠡澤西天子鄣也峯隥險峻人跡罕及　朱箋曰晉廬山諸道人遊石門詩序云石門在精舍南十餘里一名障山基連大嶺體絕衆阜闢三泉之會並立而開流傾岩玄暎其上蒙形表於自然故因以爲名此雖廬山之一隅實斯地之奇觀皆傳之於舊俗而未覩者衆將由懸瀨險峻人獸迹絕逕迴曲阜路阻行難故罕經焉　嶺南有大道順山而下有若畫焉　傳云匡先生所通至江道　官本曰按通近刻訛作遊　案朱作遊箋曰舊本作通趙改通　巖上有宮殿故基者三以次而上最上者極于山峯山下又有神廟號曰宮亭廟故彭湖亦有宮亭之稱焉余按爾雅云大山曰宮　趙釋曰何氏焯曰爾雅以大山宮小山爲句道元蓋誤一清按爾雅大山宮小山霍疏云宮猶圍繞也謂小山在中大山在外圍繞之山形若此者名霍非謂大山名宮小山名霍也然卷末禹貢山水澤地所在霍山爲南嶽注引爾雅作大山宮小山曰霍則彼文仍是莫謂善長真誤讀經也　宮之爲名蓋起于此不必一由三宮也山廟甚神能分風擘流住舟遣

使行旅之人過必敬祀而後得去故曹毗詠云分風爲貳擘流爲兩昔吳郡太守張公直自守徵還（趙釋曰一清按搜神記云張璞字公直不知何許人也爲吳郡太守）道由廬山子女觀祠婢指女戲妃像人其妻夜夢致聘怖而遽發明引中流而船不行合船驚懼曰愛一女而合門受禍也公直不忍遂令妻下女于江其妻布席水上以其亡兄女代之而船得進公直方知兄女怒妻曰吾何面目于當世也（官本曰按近刻脫目字　案朱脫趙增刊誤曰廣記引搜神記面下有目字）復下已女于水中將渡（一本作度）遙見二女于岸側（官本曰按遙近刻訛作逕　案朱訛趙改刊誤曰逕御覽引此文作遙）傍有一吏立曰吾廬君主簿敬君之義悉還二女故干寶書之于感應焉山東有石鏡照水之所出（趙刊誤曰箋曰照水未詳按下云又有二泉常懸注若白雲帶山卽石鏡所照之水也）有一圓石懸崖明淨照見人形（趙作影）晨光初散（官本曰按近刻訛作曜　案朱訛趙改刊誤曰曜名勝志引此文作散）則延曜入石毫細必察故名石鏡焉又有二泉常懸注若白雲帶山廬山記曰白水在黃龍南卽瀑

布也水出山腹挂流三四百丈飛湍林表望若
懸素注處悉成巨井官本曰按近刻脫成字　案朱脫趙增刊誤曰悉下落成字孫潛校增其深不
測其水下入江淵廬山之南有上霄石高壁緬
然與霄漢連接秦始皇三十六年歎斯岳遠遂
記爲上霄焉上霄之南大禹刻石誌其丈尺里
數今猶得刻石之號焉湖中有落星石周迴百
餘步高五丈上生竹木傳曰有星墜此因以名
焉又有孤石介立大湖中周迴一里竦立百丈
矗然高峻特爲瓌異上生林木而飛禽罕集言
其上有玉膏可採所未詳也耆舊云昔禹治洪
水至此刻石紀功或言秦始皇所勒然歲月已
久莫能合辨之也官本曰按近刻脫合字　案朱趙無

水經注卷三十九

水經注卷四十　　長沙王氏校本

後魏　酈　道　元　撰

漸江水　斤江水

江以南至日南郡二十水 朱無此及下條趙此十字作日南水三字水下又有補弱水補黑水二目

禹貢山水澤地所在

漸江水 趙釋曰一清按宋祁曰武陵有漸水東入沅疑此無漸水當作浙不知漸江浙江竝見說文武陵有漸水固也而未可以漸江水當之 出三天子都 趙釋曰全氏曰顧祖禹曰大鄣山在績溪縣東六十里高五百五十仞周一百五十里一名三王山祥符圖經云卽三天子鄣山海經浙江出三天子都水經因之蓋訛鄣爲都秦置鄣郡以此山名也郭璞曰三天子鄣山在新安歙縣東今謂之玉山浙水出其傍寰宇記曰大鄣山吳越于此分界葉夢得避暑錄話曰水經謂漸江出三天子都取山海經爲證三天子都在彭澤西安得至此今錢塘江乃北江下流雖自彭澤來蓋衆江所會不應獨取此一水予意漸字卽浙字水經誤分爲二名注引漢志浙江者是已今自分水縣出桐廬號歙港者與衢婺之溪合而過富陽以入大江大江自西來此江自東來皆會于錢塘按山海經三天子鄣有三一曰在閩西海北卽浙江之源也郭景純云今在新安歙縣東謂之三王山浙江出其傍者也一曰在衡山卽廬江之源也漢人以霍山爲衡山所謂在彭澤者也一曰在海中則不知其處說者曰匡廬是西鄣徽是東北大鄣婺之永陽亦有三天子鄣是南鄣其說當存而不論若石林謂但在彭澤則謬矣又謂錢塘乃北江下流來自彭澤是仍水經沔水篇以立文者然三天子鄣雖有三而大鄣則推浙江之源秦漢閒人以是取郡名爲鄣郡是非彭澤所能爭也

山海經謂之浙江也 趙釋曰一清按史記索隱曰韋昭云浙江在今錢唐浙音折晉灼音逝非也蓋其流曲折莊子所謂制河

即其水也制折聲相近地理志云水出丹陽黟縣南蠻趙有夷字中趙釋曰一淸按顏師古註漢書引地理志作漸與道元所見之本作浙江者異見高惠高后文功臣表全祖望曰按王應麟云唐盧潘引地理志作浙江出黟縣南率山東今觀是注所引則唐本爲誤也而新安人作志乘以爲山經之文有率山率水之目不知山經無此說山海經曰浙江出三天子都在其東郭景純曰出新安黟縣南蠻中此與漢志水經合當東漢時新安一帶山越居之班志謂之蠻夷今以蠻爲率則誣甚矣率山率水不見他書太平御覽云率卽歙耳亦混語也寰宇記始收其目而九域志仍不及焉以羅存齋程篁墩職志事尙不能辨正何也

北逕其縣南有博山山上有石特起十丈上峯若劍杪時有靈鼓潛發正朱作官箋曰舊本作正長趙改正長臨縣以山鼓爲候一鳴官長一年若長雷發聲則官長不吉官本曰按近刻訛作及案朱作及箋曰當作不反趙改不反浙江又

北歷黟山縣居山之陽故縣氏之漢成帝鴻嘉二年以爲廣德國封中山憲王孫雲客王于此官本曰按近刻脫中山憲王四字案朱脫趙增晉太康中以爲廣德縣分隸宣城郡會稽陳業潔身清行遁跡此山朱箋曰孔曄會稽志云陳業上虞人爲會稽太守潔身清行志懷霜雪貞亮之信同操柳下遺漢中微委官棄祿遁跡黟歙以求其志高邈妙蹤天下所聞浙江又

北逕歙縣東與一小溪合水出縣東北翁山西逕故城南又西南入浙江又東逕遂安縣南溪

廣二百步上立杭以相通水甚清深潭不掩鱗
故名新定官本曰按定近刻訛作安　案朱訛趙改刊誤曰吳書賀齊傳是新定安字誤分歙縣立之晉太康中
又改從今名浙江又左合絕溪溪水出始新縣西
東逕縣故城南爲東西長溪溪有四十七瀨濬
流驚急奔波聒天孫權使賀齊討黟歙山賊賊固黟之
林歷山山甚峻絕又工禁五兵齊以鐵杙椓山朱杙作代趙改刊誤曰杙字誤當作杙音弋橜
也鐵杙者取寸鐵如木橜所以緣而升山也升出不意又以白棓擊之官本曰按又近刻訛作人　案朱趙作人氣禁
不行遂用奇功平賊朱箋曰抱朴子云賀將軍討山賊賊中有善禁者每交戰刀劍不得拔弓弩還自向賀曰吾聞金有刃者可禁蟲有毒者可禁
不能禁無刃物矣乃多作勁木白棓選有力者五千人先登捉棓擊賊賊不知備所殺萬計于是立始新之府于歙之華鄉
官本曰按府近刻訛作尉　案朱訛趙改刊誤曰箋曰宋本作都尉按始新無都尉據吳書賀齊傳是立始新府耳尉字誤也令齊守之後移出新
亭晉太康元年改曰新安郡溪水東注浙江浙江又
東北逕建德縣南縣北有烏山山下有廟廟在縣東七
里廟渚有大石高十丈圍五尺官本曰按近刻作五尺圍　案朱同趙改刊誤曰箋曰孫云十丈當作一丈五尺宋本作五十

按非也圍字當移在五尺之上本文無誤也水瀨濬激而能致雲雨浙江又東逕壽
昌縣南自建德至此八十里中有十二瀨瀨皆
峻險行旅所難縣南有孝子夏先墓先少喪二親負土成
墓數年不勝哀卒官本曰按近刻脫哀字 案朱脫趙增刊誤曰不勝下落哀字浙江又北逕新
城縣桐溪水注之官本曰按近刻脫水字 案朱水字在浙江下趙改刊誤曰水字當移在桐溪下水出吳
興郡於潛縣北天目山山極高峻崖嶺竦疊西臨峻澗
官本曰按近刻脫峻字 案朱峻作後趙改浚刊誤曰後當作浚山上有霜木皆是數百年樹謂之翔鳳
林東面有瀑布下注數畮深沼名曰浣龍池官本曰按
浣近刻訛作蛟 案朱訛趙改刊誤曰蛟御覽引此文作浣池水南流逕縣西為縣之西溪
溪水又東南與紫溪合水出縣西百丈山即潛
山也山水東南流名為紫溪中道夾水有紫色
磐石官本曰按夾近刻訛作挾 案朱訛趙改刊誤曰挾當作夾下連山挾水之挾同石長百餘丈望之如
朝霞又名此水為赤瀨蓋以倒影在水故也紫

溪又東南流逕白石山之陰官本曰按近刻脫石字　案朱脫趙增刊誤曰方輿紀要廣德州靈山下云又南十里曰桐山亦曰桐源山一名白石山桐水發源于此又曰桐水源出州南白石山或謂之白石水杜氏曰白石之水衝突則三湖皆為泛濫是也注落石字趙釋曰一清按吳越春秋曰南踰赤岸徐天祐注曰水經曰新安縣南白石山名廣陽山水曰赤岸水今本無之山甚峻極北臨紫溪又東南連山夾水兩峯交峙反項對石往往相捍十餘里中積石磊砢相挾而上淵下白沙細石狀若霜雪水木相映泉石爭暉名曰樓林紫溪趙有又字東南流逕桐廬縣東為桐溪孫權藉溪之名以為縣目割富春之地立桐廬縣自縣至於潛凡十有六瀨第二是嚴陵瀨瀨帶山山下有一石室官本曰按近刻脫漢一字　案朱趙無漢光武帝時嚴子陵之所居也故山及瀨皆即人姓名之山下有磐石周迴十數丈交枕潭際蓋陵所遊也桐溪又東北官本曰按桐下近刻衍廬字　案朱衍趙刪刊誤曰桐廬縣名桐谿谿名二名不相及今連稱之非也廬字衍文逕新城縣入浙江縣故富春地也官本曰按近刻訛作　案朱訛趙改孫權置後省并桐廬官本曰按近刻脫置字後字　案朱脫趙增刊誤曰

孫權下落置後二字咸和九年官本曰按近刻訛作元年　案朱訛趙改刊誤曰元當作九以宋志校正復立爲縣浙江又東北入富陽縣故富春也晉后名春改曰富陽也東分爲湖浦浙江又東北逕富春縣南縣故王莽之誅歲也江南有山孫武皇之先所葬也漢末墓上有光如雲氣屬天黃武五年官本曰按近刻訛作四年　案朱趙作四孫權以富春爲東安郡分置諸郡官本曰按近刻訛作縣　案朱趙作縣趙釋曰一清按三國志吳書孫權傳事在黃武五年秋七月以討士宗官本曰按此有脫誤朱謀㙔引吳志云黃武五年秋分三郡惡地十縣置東安郡治富春以全琮爲太守平討山越又全琮傳云是時丹陽吳會山民復爲寇賊攻沒屬縣權分三郡險地爲東安郡琮領太守招誘降附　案朱宗作琮趙討下改山越命全琮五字刊誤曰箋曰吳志全琮此云以討士琮是字誤按全氏云當作以討山越命全琮于文義方合疑浙江又東北逕亭山西山上有孫權父冢趙釋曰一清按吳書孫策傳云堅薨還葬曲阿孫權傳云吳高陵松柏斯拔高陵堅冢名吳地記云堅墓在盤門內何焯曰參以謝詢請置守冢之文則文臺定葬吳也許彥周詩話云楊舜韶名友夔在姑蘇時盜發孫堅冢楊作詩云云今注所云得無因孫鍾墓而誤耶鍾因種瓜得墓地事傳幽明錄又按劉昭郡國志補註吳本國下引皇覽曰縣東門外孫武冢蓋春秋時人後人或指此訛爲堅墓則陳壽志還葬曲阿之說未可非也道元指富春所葬爲孫權父墓尤誤嘗是孫堅父鍾孫亮立廟稱曰太祖者而幽明錄沈約宋書謂以鍾爲堅之祖恐不如劉敬叔異苑以鍾是堅父之確當也

北過餘杭東入于海

浙江逕縣左合餘干朱箋曰餘干疑作餘杭趙改杭大溪江北即臨安縣界水北對郭文宅宅傍山面溪宅東有郭文墓晉建武元年驃騎王導迎文置之西園文逃此而終臨安令改葬之朱箋曰晉書郭文字文舉河內軹人少愛山水尚嘉遯鹿裘葛巾區種菽麥採竹葉木實貿鹽以自供王導聞其名迎置西園七年未嘗出入一日逃歸臨安遂以病卒建武十六年縣民郎稚作亂官本曰案稚近刻訛作雅脫作字　案朱訛脫趙改增又武改安刊誤曰建武當作建安郎雅當作郎稚吳書賀齊傳校亂上落作字賀齊討之孫權分餘杭立臨水縣晉改曰臨安縣因岡爲城南門尤高謝安莅郡游縣逕此門以爲難爲亭長浙江又東逕餘杭故縣南新縣北秦始皇南遊會稽途出是地因立爲縣王莽之淮睦也官本曰按淮近刻訛作進　案朱訛趙改刊誤曰何焯曰進宋本漢書作淮俗本誤全氏曰義門之言是也梁書劉仁茂反侯景拒謝答仁于下淮陳書留異出下淮抗禦沈恪皆其地漢末陳渾移築南城縣後溪南大塘即渾立以防水也縣南有三碑是顧颺范甯等碑縣南有大壁山趙刊誤曰箋曰孫云疑作大滌山按非也名勝志云由拳山一名大辟山此山在大滌之左壁郭文自陸渾遷居也浙江又東逕烏傷縣北王莽改曰烏孝郡國志謂之烏傷異苑曰

東陽顏烏以淳孝著聞後有羣烏助銜土塊爲墳官本曰按近刻訛作後有羣烏銜鼓集顏烏所居之邨　案朱同趙鼓改土刊誤曰箋曰異苑云羣烏銜鼓集顏所居村按寰宇記義烏縣下引異苑云羣烏助銜土塊爲墳烏口皆傷朱氏所引係誤本烏口皆傷一境以爲顏烏至孝故致慈烏欲令孝聲遠聞又名其縣曰烏傷矣浙江又東北流至錢塘縣穀水入焉朱穀作穀趙改下同刊誤曰漢志作穀水黃省曾本原是穀字水源西出太末縣縣是越之西鄙官本曰按近刻訛作部　案朱趙作部說見下姑蔑之地也趙釋曰全氏曰漢時方有分部而西部亦不在姑蔑東京分郡西部始在姑蔑耳春秋戰國時不當以西部目之西部或是西鄙之誤秦以爲縣王莽之末理朱趙並作治朱箋曰吳本作理趙釋曰一清按黃本作末理猶仍唐人寫本之舊也吳寶鼎中分會稽立隸東陽郡官本曰按近刻脫隸字　案朱脫趙增刊誤曰東陽郡上落隸字穀水東逕獨松故冢下冢爲水毀其塼文竝言吉龜言凶百年墮水中今則同龜繇矣穀水又東逕長山縣南與永康溪水合官本曰按近刻脫溪字　案朱脫趙增刊誤曰永康下落谿字縣卽朱作西箋曰宋本作卽趙改卽東陽郡治也縣漢獻帝分烏傷立郡吳寶鼎中分會稽置城居山之陽官本曰按近刻訛作君　案朱訛趙改或謂之長仙縣也言赤松采藥此山因而居之

故以爲名後傳呼乖謬字亦因改　溪水南出永康縣　縣
赤烏中分烏傷上浦立劉敬叔異苑曰孫權時永康縣有人入
山遇一大龜卽束之以歸龜便言曰游不量時爲君所得擔者
怪之載出欲上吳王夜宿越里纜船于大桑樹宵中樹忽呼龜
曰元緒奚事爾也龜曰行不擇日今方見烹雖盡南山之樵不
能潰我樹曰諸葛元遜識性淵長必致相困令求如我之徒計
將安治（官本曰按近刻作泊　案朱趙作泊）龜曰子明無多辭旣至建業權將烹之燒
柴萬車龜猶如故諸葛恪曰燃以老桑乃熟獻人仍說龜言權
使伐桑取煮之卽爛故野人呼龜曰元緒　其水飛湍北注
至縣南門入穀水穀水又東定陽溪水注之水
上承信安縣之蘇姥布（朱無水字趙增刊誤曰上承上落水字）縣本新安縣晉
武帝太康三年改曰信安　水懸百餘丈瀨勢飛注狀
如瀑布瀨邊有石如牀（官本曰按近刻訛作有如石牀　案朱訛趙乙刊誤曰如石二字當倒互）牀上有石

牒長三尺許有似雜采帖也東陽記云信安縣有懸室坂晉中朝時有民王質伐木至石室中見童子四人彈琴而歌質因留倚柯聽之童子以一物如棗核與質質含之便不復饑俄頃童子曰其歸承聲而去斧柯漼然爛盡既歸質去家已數十年親情凋落無復向時比矣 其水分納衆流混波東逝逕定陽縣夾岸緣溪悉生支竹及芳枳木連雜以霜菊金橙白沙細石狀如凝雪石溜湍波浮響無輟山水之趣尤深人情縣漢獻帝分信安立溪亦取名焉 溪水又東（官本曰按近刻訛作連案朱訛趙改刊誤曰連當作東）逕長山縣北北對高山山下水際是赤松羽化之處也炎帝少女追之亦俱仙矣後人立廟于山下（朱箋曰列仙傳云赤松子神農時雨師也服水玉以教神農能入火自燒常止西王母石室中隨風雨上下炎帝少女追之亦得仙俱去趙釋曰一清按太平御覽引水經注曰赤松澗在東陽赤松子遊金華山以火自燒而化故山上有赤松子之祠澗自山出故曰赤松澗今本無之）溪水又東入于穀水穀水又東逕烏傷縣之雲黃山山下臨溪水水際石壁傑立高（朱趙有一字）百許

丈又與吳寧溪水合水出吳寧縣下逕烏傷縣

入穀謂之烏傷溪水閩中有徐登者女子化爲丈夫與

東陽趙昞竝善越方朱箋曰越方卽封禪書所謂越巫越祝者也時遭兵亂相遇于溪各示

所能登先禁溪水爲不流昞次禁枯柳柳爲生荑二人相示趙作視而笑登年長昞師事之後登身故昞東入章安百姓未知昞

乃升茅屋梧鼎而爨朱梧作支趙改刊誤曰箋曰舊本支鼎作梧鼎按梧鼎出范史徐登傳支鼎義自通主人驚怪昞

笑而不應屋亦不損又嘗臨水求渡船人不許昞乃張蓋坐中

長嘯呼風亂流而濟于是百姓神服從者如歸章安令惡而殺

之民立祠于永寧而蚊蚋不能入昞秉道懷術而不能全身避

害事同萇弘宋元之龜孫校曰見龜策傳戹運之來故難救矣穀水又

東入錢唐縣而左入浙江官本曰按唐近刻作塘下同漢志錢唐無土旁案朱作塘趙改唐下同故

地理志曰穀水自太末東北至錢唐入浙江是

也浙江又東逕靈隱山山在四山之中有高崖洞穴左

右有石室三所又有孤石壁立大三十圍其上開散狀如似朱趙作

蓮花昔有道士長往不歸或因以稽留爲山號　山下有錢

唐故縣浙江逕其南　王莽更名之曰泉亭地理志曰會稽西部都尉治錢唐記曰防海大塘在縣東一里許郡議曹華信家議立此塘以防海水始開募有能致一斛土者卽與錢一千旬月之間來者雲集塘未成而不復取于是載土石者皆棄而去塘以之成故改名錢塘焉趙釋曰一清按武林水因武林山泉瀦而爲湖舊湖水通江後人築塘以隔江湖泉與錢通用王莽改錢唐爲泉亭闞駰曰山出錢水可證也故湖曰錢湖江曰錢江皆以一塘分限得名華信築塘與錢之事蓋出於傳記之悠謬耳　縣南江側有

明聖湖　父老傳言湖有金牛古見之神化不測湖取名焉

縣有武林山武林水所出也闞駰云山出錢水

東入海　趙釋曰全氏曰漢志會稽郡錢唐縣武林山武林水所出東入海行八百三十里武林山卽靈隱山在今錢唐縣治西五里武林水東入海則是截錢唐江而東趣龕赭以達于海不然不得云東入也計其里數不及二百何云八百三十里耶一清按說文有漸江又有浙江云江水東至山陰爲浙江則黟縣之漸江至錢唐乃有浙名班志有浙江無漸江浙江下但云東入海不計道里之數至錢唐武林水亦云東入海行八百三十里補此一句以見浙江之卽漸江也武林水旣入于江則是合江流而東入于海推本源流所行恰有

此數亦非孟堅誤記也吳地記言縣惟浙江今無此水趙釋曰一清按武林水即錢水今杭人所謂西湖者是陸氏之記殆不識眉目之言也縣東有定包朱作巳箋曰疑作包趙改包諸山皆西臨浙江水流于兩山之間江川急濬兼濤水晝夜再來來應時刻常以月晦及望尤大至二月八月最高峨峨二丈有餘吳越春秋以爲子胥文種之神也昔子胥亮于吳官本曰按亮近刻訛作死案朱訛趙改刊誤曰死當作亮全氏云隋人避諱改忠爲亮今誤作死字非也而浮尸于江吳人憐之立祠于江上名曰胥山吳錄云趙作曰胥山在太湖邊去江不百里故曰江上文種誅于越官本曰按誅近刻訛作城案朱訛趙改刊誤曰何焯云隋人避忠字寫本乃作誠又訛作城而伏劍于山陰越人哀之葬于重山趙重改種刊誤曰重山實宇記作種山御覽云吳會稽分地曰種山大夫種所葬也在西鄉郭外後潮水穴山漂去其屍俗云伍子胥乘潮水取以去今山脅有缺處文種既葬一年子胥從海上負種俱去游夫江海故潮水之前揚波者伍子胥後重水者大夫種是以枚乘曰濤無記焉然海水上潮江水逆流似神而非于是處焉秦始皇三十七年將遊

會稽至錢唐臨浙江所不能渡故道餘杭之西
津也浙江北合詔息湖湖本名阼湖因秦始皇
帝巡狩所憩故有詔息之名也浙江又東合臨
平湖 異苑曰晉武時吳郡臨平岸崩出一石鼓打之無聲以
問張華華云 朱趙作曰 可取蜀中桐材刻作魚形扣之則鳴矣于是
如言聲聞數十里 劉道民詩曰事有遠而合蜀桐鳴吳石傳言
此湖草蘙壅塞 朱蘙作穢趙改刊誤曰穢當從草作蘙下同 天下亂是湖開天下平孫皓天
璽元年吳郡上言臨平湖自漢末穢塞今更開通又于湖邊得
石函函中有小石青白色長四寸廣二寸餘刻作皇帝字于是
改天冊為天璽元年孫盛以為元皇中興之符徵五湖之石瑞
也錢唐 朱趙作塘 記曰桓元之難湖水色赤熒熒如丹湖水上通
浦陽江下注浙江 趙釋曰全氏曰臨平湖在浙江之西不得越浙江而通浦陽江若云上通南江則善矣一清按此文之誤與沔水篇
注正同即此一句乃知南江與浙江合之證 名曰東江行旅所從以出浙江也

朱此下接又逕會稽山陰縣云云趙改接浙江又東逕禦兒鄉云云刊誤曰此處有錯簡依全氏本校正浙江也下接十五葉十一行浙江又東逕禦兒鄉至湖水上承妖臯谿而下注浙江二百九十五字于此下接次行又逕會稽山陰縣浙江又逕固陵城北昔范蠡築城于浙江之濱言可以固守謂之固陵今之西陵也浙江又東逕柤塘官本曰按柤近刻訛作祖下同　案朱訛趙改刊誤曰三國志吳書孫靜傳作查瀆裴松之註云查音祖加反下祖字皆當作柤謂之柤瀆昔太守王朗拒孫策數戰不利孫靜說策曰朗負阻城守難可卒拔官本曰按近刻脫城字　案朱脫趙增刊誤曰負阻下落城字三國志校補柤瀆去此數十里是要道也若從此出攻其無備破之必矣策從之破朗于固陵有西陵湖亦謂之西城湖湖西有湖城山東有夏架山趙釋曰毛奇齡蕭山縣志刊誤曰當作東有湖城山西有夏架山夏架山去海衹數里焉得復有湖在西湖水上承妖臯溪而下注浙江官本曰按浙江又逕固陵城北至此原本及近刻並訛在後渡會稽湊山陰是也之下又逕永興縣北之上今據歸有光本改正　案朱訛趙改又逕會稽山陰縣朱此上接行旅所從以出浙江也趙改刊誤曰又逕上接十六葉六行湖水上承妖臯谿而又注浙江有苦竹里里有舊城言句踐封范蠡子之邑也浙江又東與蘭溪合湖南有天柱山湖口有亭號曰蘭亭亦曰

蘭上里太守王羲之謝安兄弟數往造焉吳郡太守謝勗封蘭亭侯蓋取此亭以爲封號也太守王廙之移亭在水中晉司空何無忌之臨郡也起亭于山椒極高盡眺矣亭宇雖壞基陛尚存浙江又逕越王允常冢北 冢在木客村耆彥云句踐使工人伐榮楯欲以獻吳久不得歸工人憂思作木客吟後人因以名地句踐都琅邪欲移允常冢冢中生分風飛沙射人人不得近句踐謂不欲遂止 浙江又東北得長湖口湖廣五里東西百三十里沿湖開水門六十九所下溉田萬頃北瀉長江湖南有覆斗山周五百里北連鼓吹山山西枕長溪溪水下注長湖山之西嶺有賀臺越入吳還而成之故號曰賀臺矣 官本曰按近刻訛作吳 案朱訛趙改刊誤曰吳當作矣 又有秦望山在州城正南爲衆峯之傑陟境便見史記云秦始皇登之以望南海自平地以取山頂七里 孫校曰御覽以取二字作至

懸隥孤危徑路險絕記云扳蘿捫葛然後能升山上無甚高木官本曰按近刻脫甚字案朱脫趙增刊誤曰無字下落甚字御覽引此文校補當由地迴多風所致山南有嶕峴峴裏有大城越王無餘之舊都也故吳越春秋云句踐語范蠡曰先君無餘國在南山之陽社稷宗廟在湖之南　又有會稽之山古防山也亦謂之爲茅山又曰棟山越絕云棟猶鎮也蓋周禮所謂揚州之鎮矣山形四方上多金玉下多玞石山海經曰夕水出焉趙夕改勺刊誤曰山海經是勺水註勺或作多然則夕字正得多字之半耳南流注于湖趙作湨吳越春秋稱覆釜山之中有金簡玉字之書黃帝之遺讖也山下有禹廟廟有聖姑像禮樂緯云禹治水畢官本曰按近刻訛作旲案朱作旱趙改刊誤曰旱日知錄引此文作畢天賜神女聖姑卽其像也山上有禹冢昔大禹卽位十年東巡狩崩于會稽因而葬之有鳥來爲之耘春拔草根秋啄其穢是以縣官禁民不得妄害此鳥犯則刑無赦山東有湮井官本曰按近刻訛作山東有硎案朱訛趙改

刊誤曰硎是陘井之誤御覽校正 去廟七里深不見底謂之禹井云東遊者多探其穴也秦始皇登會稽山 朱趙無會字 刻石紀功尚存山側孫暢之述書云 官本曰按述下近刻衍征字 案朱衍趙刪刊誤曰征字衍文 丞相李斯所篆也又有石匱山石形似匱 朱作又有石山石形似匸字箋曰御覽引此作石匱山石形似匱云云趙依增 上有金簡玉字之書言夏禹發之 趙刊誤曰箋曰言字衍按言字仍存 得百川之理也又有射的山遠望山的狀若射侯故謂射的 官本曰按謂近刻訛作爲 案朱同趙改刊誤曰爲當作謂 射的之西有石室名之爲射堂年登否常名射的以爲貴賤之準的明則米賤的闇則米貴故諺云射的白斛米百射的玄斛米千北則石帆山山東北有孤石高二十餘丈廣八丈望之如帆因以爲名 北臨大湖水深不測傳與海通 何次道作郡常于此水中得烏賊魚 南對精廬上陸修木下瞰寒泉西連會稽山 官本曰按近刻脫會字 案朱趙無 皆一山也東帶若耶溪吳越春秋所謂歐冶涸而出銅 官本曰按近刻涸訛作錮又脫下三字 案朱同趙改涸不增三字刊誤曰箋曰孫云錮疑作鑄按當作涸吳越春秋曰赤堇之山已令無雲若耶之谿深而

莫測故戰國策曰涸若耶而取銅破堇山而取錫也以成五劍趙釋曰一清按越絕外傳記寶劍曰當此造劍之時赤堇之山破而出錫若耶之溪涸而出銅赤堇山在今寧波府奉化縣東五十里漢取山名以氏縣曰鄞縣漢志會稽郡鄞縣下云有鎮亭有鮚埼亭東南有天門水入海有越天門山鎮亭山名在奉化縣西南百里勢極高天門山在縣南六十里一名蜃樓門濱襄港海兩峯對峙勢若插天天門水即縣之廣平湖及大溪是也而水經注無聞焉又按天門水在海口有龍居之明都督萬文巡海夜射眇其目今猶謂之鑿門老龍也

溪水上承嶕峴麻溪溪之下孤潭周數畝甚清深有孤石臨潭乘崖俯視官本曰按乘近刻訛作垂案朱趙作垂猨狖驚心寒木被潭森沈駭觀上有一櫟樹謝靈運與從弟惠連常遊之作連句題刻樹側麻潭下注若耶溪水至清照衆山倒影窺之如畫漢世劉寵作郡有政績將解任去治此溪父老人持百錢出送官本曰按近刻脫此溪二字案朱脫趙增刊誤曰父老上黃省曾本有此谿二字今校補寵各受一文然山栖遯逸之士谷隱不羈之民有道則見物以感遠爲貴荷錢朱趙作泉致意故受者以一錢爲榮豈藉費也義重故耳溪水下注大湖耶溪溪之東又有寒溪溪之北有鄭公泉泉方數丈冬温夏涼漢太尉鄭弘宿居潭側因以名泉

弘少以苦節自居恆躬采伐用貿糧膳每出入溪津常感神風送之雖憑舟自運無杖檝之勞村人貪藉風勢常依隨往還有淹留者徒輩相謂汝不欲及鄭風耶其感致如此　湖水自東亦注江通海水側有白鹿山山北湖塘上舊有亭吳黃門郎楊哀明（朱楊作吳趙改刊誤曰黃省曾本作楊哀明會稽志引此文亦作楊下云亭埭皆以楊爲名是也）居于弘訓里太守張景數往造焉使開瀆作埭埭之西作亭亭埭皆以楊爲名孫恩作賊從海來楊亭被燒後復脩立厥名猶在東有銅牛山山有銅穴三十許丈穴中有大樹神廟山上有冶官山北湖下有練塘里（趙練改鍊刊誤曰練塘徐天祐吳越春秋註引越舊經作鍊塘下云句踐鍊冶銅錫之處是也）吳越春秋云句踐練（朱趙作鍊）冶銅錫之處采炭于南山故其間有炭瀆句踐臣吳吳王封句踐於越百里之地（官本曰按近刻脫一吳字　案朱脫趙增刊誤曰王上落吳字）東至炭瀆是也縣南九里有侯山山孤立長湖中昔車騎將軍孔敬康少時遯世棲跡此山（朱箋曰孔曄會稽志云孔愉字敬康以論議守正爲王導所銜出爲會稽內史在郡三年乃營山陰湖南侯山下數畝地爲宅草屋數間便棄官居之趙釋曰

全氏曰孔愉棄官居山陰不得言是少時湖北有二小山謂之鹿野山在縣南十六里按吳越春秋越之麋苑也山有石室言越王所遊息處矣縣南湖北官本曰按近刻脫南字 案朱脫趙增刊誤曰縣下落南字有陳音山楚之善射者曰陳音越王問以射道又善其說乃使簡士習射北郊之外朱箋曰吳越春秋范蠡進善射者陳音楚人也王曰善子之道願子悉以教吾國人音曰道出於天事在於人人之所習無有不神乃使音教士習射北郊之外三月軍士皆能用弓弩之巧按吳越春秋音死葬于國西山上今陳音山乃在國南五里湖北有射堂及諸邸舍連衍相屬又于湖中築塘直指南山北即大越之國秦改為山陰縣會稽郡治也太史公曰禹會諸侯計于此命曰會稽會稽者會計也官本曰按近刻脫會稽二字 案朱趙無始以山名因為地號夏后少康封少子杼以奉禹祠為越趙釋曰全氏曰按夏人報杼乃夏后之賢者豈以支子分封奉祠哉史記越世家亦不云是后杼也世歷殷周至于允常列于春秋允常卒句踐稱王都于會稽吳越春秋所謂越王都埤中在諸暨北界山陰康樂里有地名邑中者是越事吳處趙刪處字刊誤曰處字衍文黃省曾本校故北其門以東為右西為左故雙闕

在北門外闕北百步有雷門門樓兩層句踐所造時有越之舊
木矣州郡館宇屋之大瓦亦多是越時故物趙釋曰全氏曰按此卽王十朋賦所云雙杉廳是越故物者也句踐霸世徙都琅邪後爲楚伐始還浙東城東郭外有靈
氾下水甚深舊傳下有地道通于震澤又有句踐所立宗廟在
城東明里中甘滂南又有玉笥竹林雲門天柱精舍並疏山創
基架林裁宇割澗延流官本曰按近刻脫割字　案朱脫箋曰疑脫一字　趙增刊誤曰澗上落割字會稽志引此文校補盡泉
石之好水流逕通浙江又北逕山陰縣西西門外百餘
步有怪山本琅邪郡之東武縣山也飛來徙此壓殺數百家吳
越春秋稱怪山者東武海中山也一名自來山百姓怪之號曰
怪山亦云越王無彊爲楚所伐去琅邪止東武人隨居山下官本曰按止近刻訛作山　案朱譌作山遠望此山其形似龜故亦有龜山之稱也越起靈
臺于山上又作三層樓以望雲物朱箋曰一云句踐起怪游臺以灼龜又仰望天氣觀天怪也川土明
秀亦爲勝地故王逸少云從山陰道上猶如鏡中行也浙江

之上又有大吳王小吳王邨竝是闔閭夫差伐越所
舍處也今悉民居然猶存故曰昔越王爲吳所敗以五
千餘衆栖于稽山卑身待士施必及下呂氏春
秋曰越王之栖于會稽也有酒投江民飲其流
而戰氣自倍所投卽浙江也許愼晉灼竝言江
水至山陰爲浙江江之西岸有朱室塢朱作堤箋曰宋本作塢趙改塢
句踐百里之封西至朱室謂此也官本曰按謂近刻訛作爲案朱訛趙改浙江又東
北逕重趙作種山西大夫文種之所葬也山上有白樓亭亭本
在山下官本曰按近刻脫在字刊誤曰本下落在字孫潛校增案朱脫趙增縣令殷朗移置今處沛國桓
儼避地會稽聞陳業履行高潔往候不見儼後浮海南入交州
臨去遺書與業不因行李繫白樓亭柱而去升陟遠望山湖滿
目也永建中陽羨周嘉上書以縣遠赴會至難求得分置遂以
浙江西爲吳以東爲會稽漢高帝十二年一吳也朱一作亦箋曰當作一趙同釋曰全

氏曰按高帝六年會稽郡屬荊王賈國中十二年屬吳王濞國中故曰亦吳也景帝四年始以郡屬天子後分為三世號三吳吳興
吳郡趙作吳郡吳興郡會稽其一焉朱此下同官本趙移浙江又東逕禦兒鄉於前刊誤曰一焉下接十六葉七行又逕永興縣南浙
江又東逕禦兒鄉萬善歷曰吳黃武六年正月獲彭綺
是歲由拳西鄉有產兒墮地便能語朱作墮便能語箋曰宋本作墮地便能語趙改云天方明
官本曰按近刻脫方字案朱脫趙增河欲清鼎脚折官本曰案近刻脫鼎字案朱脫趙增刊誤曰御覽引萬善歷曰天方明又曰鼎腳折今校補
金乃生因是詔為語兒鄉官本曰按因是近刻訛作是因案朱訛趙改刊誤曰是因二字當倒互非也禦兒
之名遠矣蓋無智之徒因藉地名官本曰按近刻訛作民按朱訛趙改刊誤曰民當作名生情穿
鑿耳國語曰句踐之地北至禦兒是也安得引黃武證地哉韋
昭曰越北鄙在嘉興浙江又東逕柴辟南舊吳楚之戰
地矣備候于此故謂之辟塞是以越絕稱吳故從由拳辟塞渡
會稽官本曰按近刻訛作夷案朱訛趙改湊山陰是也自浙江又東逕禦兒鄉至此止趙併移前行旅所從以出浙江以下又逕
永興縣北官本曰按近刻訛作南案朱趙作南縣在會稽東北朱趙有一字百二十里故
餘暨縣也官本曰按近刻脫故餘暨縣四字案朱趙無應劭曰闔閭弟夫概之所邑官本曰按近刻脫應

劭曰三字所訛作故又此句下衍也字　案朱趙同趙釋曰一清按此是應劭說而顏師古非之然吳伐越封句踐以百里之地則或取其餘地以封夫槩未可知也王莽之餘衍也漢末童謠云天子當興東南三餘之間趙釋曰一清按永興故漢之餘暨與餘姚餘杭而爲三故曰三餘也故孫權改曰永興官本曰按永近刻訛作元朱訛趙改刊誤曰當作永興　案縣濱浙江又東合浦陽江江水導源烏傷縣官本曰按江水下近刻衍之字又此句之下衍又字　案朱衍之趙改又此句下並有又字刊誤曰之當作又東逕諸暨縣與洩溪溪合溪廣數丈中道有兩高山夾溪造雲壁立凡有五洩官本曰按五近刻訛作三　案朱訛趙改下洩懸三十餘丈官本曰按近刻脫下字　案朱脫趙增廣十丈中三洩不可得至官本曰按三近刻訛作二　案朱訛趙改登趙有他字山遠望乃得見之官本曰按此下近刻衍下洩二字　案朱衍趙刪懸百餘丈水勢高急聲震水外上洩懸二百餘丈望若雲垂此是瀑布土人號爲洩也江水又東逕諸暨縣南縣臨對江流江南有射堂縣北帶烏山故越地也官本曰按此下近刻有夫槩王之故邑六字係重出衍文　案朱趙有趙釋曰一清按漢志之餘暨吳更名永興應劭云夫槩之所邑即今之蕭山縣也又諸暨莽曰疏虜不云是夫槩邑注上文于永興縣下已引應說此又複出豈誤諸暨爲餘暨乎先名上諸

暨亦曰句無矣官本曰按無近刻訛作吳下同　案朱訛趙改刊誤曰句吳國語作句無韋昭曰諸暨有句無亭括地志以爲句乘山也山在縣南五十里又闞駰曰句踐之地南至句無其後并吳因大城之章霸功以示子孫故曰句章故國語曰句踐之地南至句無王莽之疎虜也夾水多浦浦中有大湖春夏多水秋冬涸淺江水又東南逕剡縣與白石山水會山上有瀑布懸水三十丈下注浦陽江浦陽江水又東流南屈又東迴北轉逕剡縣東王莽之盡忠也縣開東門向江江廣二百餘步自昔耆舊傳縣不得開南門開南門則有賊盜　江水翼縣轉注故有東渡西渡焉東南二渡通臨海並汎單船爲浮航西渡通東陽并二十五船爲橋航江邊有查浦浦東行二百餘里與句章接界浦裏有六里有五百家並夾浦居列門向水甚有良田有青溪餘洪溪大發溪小發溪江上有趙有六字溪上八溪列溉散入江趙列作裂刪散字釋曰一清按漢志會稽郡句章縣渠水東入

海全氏曰郎六谿之水也凡言渠水必皆以人力為之句章之渠水亦是居民若江潮之斥鹵而引山谿之水為渠以利田溉是郎所謂渠水者矣蓋六谿皆簟谿之支流簟谿入浦陽而此六谿者瀦而為渠遂獨擅句章之望雖于前記無明文然舍此六谿更無水以當之矣夾溪上下崩崖若傾東有簟山朱箋曰會稽志云簟山在嵊縣東三十一里孔曄云山遙望之如鋪簟也南有黃山與白石三山為縣之秀峯山下衆流泉導官本曰按泉近刻訛作前　案朱趙作前湍石激波浮險四注浦陽江又東逕石橋廣八丈高四丈下有石井口徑七尺橋上有方石長七尺廣一丈二尺橋頭有磐石可容二十人坐溪水兩旁悉高山山有石壁二十許丈溪中相攻𩕄響外發未至橋數里便聞其聲江水北逕嵊山山下有亭亭帶山臨江松嶺森蔚沙渚平靜趙改淨刊誤曰靜御覽引此文作淨浦陽江又東北逕始寧縣嶀山之成功嶠官本曰按功近刻作工　案朱同趙改刊誤曰曹學佺云圖經稱謝元破苻堅歸越人榮之磨石大書成功嶠三字深刻其上則以為成工嶠者誤也嶠壁立臨江欹路峻狹不得併行行者牽木稍進不敢俯視嶠西有山孤峯特上飛禽罕至嘗有採藥者沿山見通溪尋上于山頂樹下有十二方石地甚光潔朱光作方箋曰會稽志引此注作地甚光潔趙改光

還復更尋遂迷前路言諸仙之所憩譃趙諸改都刊誤曰諸仙御覽引此文作都仙都諸音同故
以壇譃名山嶀北有嵊浦浦口有廟廟甚靈驗行人及樵
伐者皆先敬焉若相侵竊必爲蛇虎所傷北則嶀山與嵊山接
二山雖曰異縣而峯嶺相連其間傾澗懷煙泉溪引霧吹畦孫校曰御覽作水
風馨觸岫延賞是以王元琳謂之神明境事備謝康樂山
居記浦陽江自嵊山東北逕太康湖車騎將軍謝玄
田居所在朱箋曰會稽志引水經注作謝玄舊居右濱長江左傍連山平陵脩通澄湖
遠鏡于江曲起樓樓側悉是桐梓森聳可愛居民號爲桐亭樓
樓兩面臨江盡升眺之趣蘆人漁子汎濫滿焉湖中築路東出
趨山官本曰按趨近刻作趣案朱趙作趣路甚平直山中有二精舍高甍凌虛垂簷
帶空俯眺平林煙杳在下朱箋曰會稽志引此注云俯眺平煙杳然在下水陸寧晏足爲避地
之鄉矣江有琵琶圻圻有古冢墮水甓有隱起字云筮吉龜凶
八百年落江中謝靈運取甓詰京咸傳觀焉乃如龜繇故知冢

已八百年矣浦陽江又東北逕始寧縣西 本上虞之南鄉也漢順帝永建四年陽羨周嘉上書始分之舊治水西常有波潮之患 官本曰按潮近刻訛作湖朱訛趙改刊誤曰湖當作潮 案 晉中興之初治今處縣下有小江源出嵊山謂之嵊浦逕縣下西流注于浦陽江山下注此浦浦西通山陰浦而達于江江廣百丈狹處二百步高山帶江重障被水江閑漁商川交樵隱故桂棹蘭栧望景爭途 江南有故城太尉劉牢之討孫恩所築也 趙釋曰全氏曰按劉牢之終于鎮北將軍其討孫恩時爲會稽五部都督非太尉

江水東逕上虞縣南王莽之會稽也 朱王上有至字趙刪刊誤曰至字衍文 本司鹽都尉治 朱趙有也字 地名虞賓晉太康地記曰舜避丹朱于此故以名縣百官從之故縣北有百官橋亦云禹與諸侯會事訖因相虞樂故曰上虞二說不同未詳孰是 趙釋曰一清按釋名曰吳虞也封泰伯于此以虞其志郎虞樂之義古娛虞通用也 縣南有蘭風山山少木多石驛路帶山傍江路邊皆作

欄干山有三嶺枕帶長江若若孤危望之若傾緣山之路下臨大川皆作飛閣欄干乘之而渡謂此三嶺爲三石頭丹陽葛洪遁世居之基井存焉瑯邪王方平性好山水又爰（朱作愛箋曰舊本作爰宅趙改爰）宅蘭風垂釣于此以永終朝（朱永作詠趙改刊誤曰詠當作永）行者過之不識問曰賣魚師得魚賣否方平答曰釣亦不得得復不賣　亦謂是水爲上虞江縣之東郭外有漁浦湖中有大獨小獨二山又有覆舟山覆舟山下有漁浦王廟廟今移入裏山此（朱趙作北趙刊誤曰箋曰北一作此按北字不誤）三山孤立水中　湖外有青山黃山澤蘭山重岫疊嶺參差入雲澤蘭山頭有深潭山影臨水水色青綠山中有諸塢有石楗一所右臨白馬潭潭之深無底傳云創湖之始邊塘屢崩百姓以白馬祭之因以名水　湖之南即江津也江南有上塘陽中二里（官本曰按二近刻訛作三案朱訛趙改刊誤曰三當作二）隔在湖南

常有水患太守孔靈符遏蜂山前湖以為埭埭下開瀆直指南津又作水楗二所以舍此江得無淹潰之害縣東有龍頭山山崖之間有石井冬夏常洌清泉南帶長江東連上陂江之道南有曹娥碑娥父盱迎濤溺死娥時年十四哀父尸不得朱作測箋曰宋本作不得趙改得乃號踊江介因解衣投水祝曰若值父尸衣當沈若不值衣當浮裁落便沈娥遂于沈處赴水而死縣令度尚使外甥邯鄲子禮為碑文以彰孝烈江濱有馬目山洪濤一上波隱是山勢淪嵊亭間歷數縣行者難之縣東北上亦有孝子楊威母墓趙無上字威少失父事母至孝常與母入山採薪為虎所逼自計不能禦于是抱母且號且行虎見其情遂弭朱作㭲箋曰舊本作弭耳趙改弭耳而去自趙作是非誠貫精微孰能理感于英獸矣又有吳瀆破山導源注于胥江上虞江東逕周市而注永興地理

志云趙作曰縣有仇亭柯水東入海仇亭在縣之東

北朱趙有一字十里江北柯水疑卽江也又東北逕永

興縣東官本曰按近刻脫縣字案朱脫趙增刊誤曰永興下落縣字與浙江合謂之浦陽江

地理志又云縣有蕭山潘水所出東入海趙釋曰一清按劉昭郡國志補註引魏都賦注作潘水劉昊注作瀵水皆潘字之誤又疑是浦陽江之別名也自外

無水以應之趙釋曰全氏曰浦陽江水發源義烏分于諸暨是爲曹娥錢清二口其自義烏山南出者道由蕭𡉏所謂東小江也下流斯爲曹娥其自山北出者道由義橋所謂西小江也下流斯爲錢清考浦陽之名漢時所未有故班志不錄然志于浦陽東道之水則曰柯水而係之上虞卽曹娥也西道之水則有潘水而系之餘暨卽錢清也續志有潘水而失柯水至韋昭始以浦陽爲三江之一六朝時合曹娥錢清二江總曰浦陽故謝康樂山居賦所云皆指曹娥而南史爭戰之地則皆在錢清歷唐五代作志乘者尙無曹娥錢清之名故九域志以曹娥鎭屬會稽錢清鎭屬山陰可證也道元注水經以上虞江稱曹娥而錢清則否是知曹娥爲浦陽江經流無疑矣觀南史浦陽江南北各有埭司以稽察行旅胡梅礀曰浦陽江南津埭卽今之梁湖堰北津埭卽今之曹娥堰與西陵埭柳浦埭稱四埭六朝官制班班足與水道相證明蓋浦陽之水東行者當隄堰未興之日直自餘姚達于句章之境非猶夫今之曹娥也道元言之不明遂啓後人之疑浙江又東注于海故山海經曰

浙江在閩西北入海官本曰按近刻浙江下衍在其東三字案朱趙有韋昭以松江

浙江浦陽江爲三江

斤江水出交阯龍編縣東北至鬱林領方縣東注

于鬱官本曰按漢書作斤員水

地理志二云逕臨塵縣至領方縣注于鬱

容容

夜

緼

湛

乘

牛渚

須無

無濡

營進

皇無

地零

侵離官本曰按近刻作侵黎下同　案朱趙自容容下爲一條離並作黎

侵離水出廣州晉興郡　郡以太康中分鬱林置東至

臨塵官本曰按東近刻訛作得　案朱作得趙改行刊誤曰得當作行入鬱趙釋曰一清按漢志鬱林郡臨塵縣下云又有侵離水行七百里亦見溫水注

云逕臨塵入領方注鬱

無會

重瀨

夫省

無變趙釋曰一清按無變見溫水注

由蒲

王都

融

勇外朱趙自無會至此爲一條

此皆出日南郡西東入于海官本曰按近刻重一西字又此十一字原本及近刻並訛作經今考經文

總上二十水見于後此乃注文體例　案朱重東字趙刪朱趙十一字作經刊誤曰東字重文宜行又朱箋曰漢地理志日南郡有小水十六並行三千二百八十里屬交州此無會諸水蓋

十六水之名也容容水在南垂名之以次轉北也

右二十水從江已南至日南郡也官本曰按二十近刻訛作三十又此十三字原本及近刻並訛入注內考經文後云右禹貢山水澤地所在凡六十體例與此同今改正　案朱趙二作三此十三字並作注趙釋曰一清按自容容以下文義難曉今以雙字數之得十七水耳而注云三十水豈有脫文耶漢志日南郡下云有小水十六並行三千一百八十里屬交州稍爲近之全氏曰漢志日南郡西捲縣下云水入海則西捲亦水名西捲水見温水注

趙補弱水

禹貢雒指曰弱水經不言所出桑欽以爲出張掖刪丹縣鄭康成曰衆水東流此獨西流而水經注無之其所經入不可得而詳也一清按史記索隱曰水經曰弱水出張掖刪丹縣西北至酒泉會水縣入合黎山腹漢志張掖郡刪丹縣桑欽以爲導弱水自此西至酒泉合黎卽是小

司馬所引之文是唐時尚有弱水篇今本盡失
之耳張守節正義亦云合黎水出臨松縣東而
北流逕張掖故城下又北流至縣北二十三里
合弱水弱水自合黎山折而北流逕沙磧之西
入居延澤行千五百里又漢志金城郡臨羌縣
下云有弱水說文曰弱水自張掖刪丹西至酒
泉合黎餘波入于流沙觀此則弱水之源委約
略可得矣又曰屼山也或曰弱水之所出十六
國春秋乞伏札子擊吐谷渾覓地於弱水西元
和志弱水在刪丹縣南山下括地志蘭門山一
名窮石在刪丹縣西南七十里離騷夕次於窮
石淮南子弱水出窮石山是也隋書地理志刪
丹縣有祀山弱水胡渭曰疑即屼字之誤寰宇

記曰合黎水一名羌谷鮮水一名覆袁水亦名
張掖河南自吐谷渾界流入禹貢導弱水至於
合黎孔安國云合黎水名在流沙東卽謂此也
詳河水篇第二卷注中

趙補黑水

禹貢錐指曰傳云黑水自北而南經三危過梁
州入南海正義云地理志益州郡計在蜀郡西
南三千餘里故滇王國也武帝元封二年始開
爲郡郡內有滇池縣縣有黑水池止言有池不
知水之所在鄭云今中國無也傳之此言順經
文耳案酈道元水經黑水出張掖雞山南流至
燉煌過三危山南流入于南海然張掖燉煌並
在河北所以黑水得越河入南海者自積石以

西皆多伏流故黑水得越而南也今案滇池所祠之黑水卽金沙江與雍州無涉山海經曰灌湘之山又東五百里曰雞山黑水出焉而南流注于海雞山不知在何郡郭璞無注而孔疏引水經以爲出張掖之雞山檢今本無此文蓋其書有散逸耳太平御覽引張掖記曰黑水出縣界雞山亦名元圃昔有娀氏女簡狄浴於元邱之水卽黑水也據此則雞山當在甘州張掖縣界漢爲觻得縣地今陝西甘州衞西有張掖河卽古羌谷水出羌中北流至衞西爲張掖河合弱水東北入居延海俗謂之黑河此水竝不經三危入南海安得以此爲禹貢之黑水耶山海經明言南流注于海必非東北入居延之張掖

河其雞山恐亦不在縣界也又曰夏殷之衰雍
州西北境皆爲戎翟所據及周室東遷舊都八
百里之地悉棄以予秦秦染夷俗諸侯擯之不
與中國會盟輶軒之使莫有過而問焉況三危
西裔之區乎故屈原天問曰黑水元趾三危安
在蓋自戰國時此地之山川已與崑崙弱水同
其渺茫僅得之傳聞而無從目驗矣秦火之後
載籍淪亡漢與治尚書者不能言黑水三危之
所在武帝通西域玉門陽關之外使者往來數
十輩不聞涉大川而西可以當古之黑水者故
班志張掖酒泉燉煌郡下竝無其文司馬彪亦
無可言至酈道元始云黑水出張掖雞山而其
所謂南流至燉煌過三危入南海亦不過順經

爲義與他水歷敘所過之郡縣者詳略相去遠
矣故杜佑云道元注水經銳意尋討亦不能知
黑水所經之處唐初魏王泰括地志云黑水出
伊吾縣北此與張掖雞山未知孰是然其所謂
南流絕三危者竟亦不可復尋禹治黑水不若
治河之詳自屈原已不能知而況伏生輩乎自
古文尚書家已不能知而況班固司馬彪酈道
元魏王泰諸人乎至若樊綽程大昌金履祥李
元陽等紛紛辨論繫風捕影了無所得徒獻笑
於後人而已

嵩高爲中嶽在潁川陽城縣西北

春秋說題辭曰陰含陽故石凝爲山國語曰禹
封九山山土之聚也爾雅曰山大而高曰崧合

而言之爲嵩高分而名之爲二室西南有少室

東北有太室官本曰按二有字近刻並作爲　案朱趙作爲嵩高山記曰山下巖中有一

石室云有自然經書自然飲食又云山有玉女臺言漢武帝見

趙增嘗之二字刊誤曰見字上下有脫文當云言漢武帝嘗見之因以名臺朱箋曰紀異志嵩山有玉女擣帛石立秋前一日中夜常聞杵聲

泰山爲東嶽在泰山博縣西北

岱宗也王者封禪于其山示增高也有金策玉

檢之事焉

霍山爲南嶽在廬江灊縣西南

天柱山也爾雅云大山宮小山爲霍官本曰按爲近刻作曰　案朱趙作曰

開山圖曰其山上侵神氣下固窮泉趙釋曰全氏曰按禹貢不志霍山蓋以五岳而類及之一清按下又出衡山則禹貢荊州之山爲南嶽也此因漢武帝改祀而特記之

華山爲西嶽在弘農華陰縣西南

古文之惇物山也趙刊誤曰箋曰禹貢云終南惇物至于鳥鼠按禹敘雍州不言華山故以敦物當之然西傾朱圉鳥鼠至于太華已

記之矣漢書云惇物山垂山也豈垂華字相亂耶按漢志字不錯此是道元錯引趙釋曰一清按漢志右扶風武功縣下云垂山古文以爲惇物非華山也道元誤引朱謀㙔曰豈垂華字相亂耶孫校曰此酈君之誤史記索隱引漢書正作華山無垂山

雷首山在河東蒲坂縣東南

砥柱山朱趙無山字在河東大陽縣東河中

王屋山在河東垣縣東北也官本曰按垣下原本及近刻並衍曲字今刪案朱衍趙刪刊誤曰兩漢志晉志皆作垣縣曲字衍文又趙自雷首下連爲一條

昔黃帝受丹訣于是山也

太行山在河內野王縣西北

王烈得石髓處也朱箋曰神仙傳王烈字長休邯鄲人嘗之太行山見山破石裂數百丈兩畔皆青石石中一穴有青泥流出如髓烈取泥試丸之須臾成石嚼之氣如粳米飯用擕少許示嵇叔夜

恒山爲北嶽在中山上曲陽縣西北

碣石山在遼西臨渝縣南水中也趙自恒山下連爲一條釋曰禹貢錐指曰漢志右北平驪成縣下云大碣山在縣西南莽曰揭石遼西郡絫縣下云有揭石水南入官不言有山也及文穎注武紀曰碣石在遼西絫縣絫縣今罷入臨渝此石著海旁穎字叔良南陽人爲荆州從事謂此山臨渝之

孤石與班固異自穎始水經有魏晉閒人所附益故亦云碣石在臨渝後漢志無驪成劉昭補注遂于臨渝言碣石

大禹鑿其石夾右而納河官本曰按夾右近刻訛作右夾　案朱訛趙乙刊誤曰右夾二字當倒互禹貢校

秦始皇漢武帝皆嘗登之海水西侵歲月逾甚

而苞其山故言水中矣

析城山在河東濩澤縣西南

太嶽山在河東永安縣

壺口山在河東北屈縣東南

龍門山在河東皮氏縣西

梁山在馮翊夏陽縣西北河上

荆山在馮翊懷德縣南

岐山在扶風美陽縣西北

汧山官本曰按近刻訛作關山　案朱作關趙改開刊誤曰箋曰禹貢無關山漢志扶風汧縣有吳山在西古文以爲汧山周禮雍州之鎮曰嶽山鄭云吳嶽也按經典釋文尙書汧義曰岍音牽又作汧山馬本作開釋名曰吳山謂之開山蓋劉熙鄭康成弟子而康成馬融弟子也故同馬本關山是開山之訛又脫禹貢北條山也注在扶風汧

縣之西也趙自析城下連為一條又於此下增禹貢北條山也六字注文釋曰一清按道元既參用馬融王肅之說以西頃為中條嶓冢為南條則宜以汧山為北條地理志右扶風汧縣下云吳山在西古文以為汧山雍州山又總敘云雍州山曰嶽師古曰卽吳嶽也此本周禮鄭康成說而渭水篇注則又引班志左馮翊懷德禹貢北條荊山之文

隴山趙二字連禹貢北條山也為注文釋曰全氏曰此篇專釋禹貢而隴山非禹貢所及漢志隴西郡下應劭曰有隴坻在其西也師古曰隴坻謂隴坂卽今之隴山汧隴相接道元或因汧及隴本注中隴字其後脫落繆置誤作經文未可知也今改正

終南山惇物山在扶風武功縣西南也

西傾山官本曰按近刻脫西字頃音傾　案朱趙無朱箋曰頃讀曰傾舊作須據漢志改

在隴西臨洮縣西南趙此條連上文釋曰一清按漢志隴西郡臨洮縣禹貢西頃山在縣西南部都尉治縣西句此云西南蓋誤截

禹貢中條山也朱箋曰禹貢西頃因桓是來馬融王肅禹貢說云岍為北條西頃中條嶓冢南條凡三條也

嶓冢山在隴西氐道縣之南

南條山也

鳥鼠同穴山在隴西首陽縣西南孫校曰元和郡縣志渭源縣本漢首陽縣鳥鼠山今名青雀山在縣西七十六里

鄭玄曰鳥鼠之山有鳥焉與鼠飛行而處之又

有止而同穴之山焉是二山也鳥名爲鵌似鵽而黃黑色鼠如家鼠而短尾穿地而共處鼠內而鳥外孔安國曰共爲雌雄杜彥達曰同穴止宿養子互相哺食長大乃止張晏言不相爲牝牡故因以名山朱箋曰沈約宋書沙州甘谷嶺北有雀鼠同穴或在山嶺或在平地雀色白鼠色黃地生黃紫花草便有雀鼠穴此雖非本注存之以廣異聞

積石在隴西河關縣西南

山海經云山在鄧林東河所入也官本曰案山海經郭璞注引此爲水經之文其注乃後人所託不足據證

都野澤在武威縣東北

縣在姑臧城北三百里東北卽休屠澤也古文以爲豬野也其水上承姑臧武始澤澤水二源東北流爲一水逕姑臧縣故城西官本曰按近刻脫逕字案朱脫趙增刊誤曰一水

下落逕字東北流水側有靈淵朱作源箋曰宋本作靈淵池趙改淵池王隱晉書曰漢末博士燉煌侯瑾善內學語弟子曰涼州城西泉水當竭有雙闕起其上官本曰按近刻脫起字案朱脫趙增刊誤曰雙闕下落起字以晉書張軌傳校增至魏嘉平中武威太守條茂起學舍築闕于此泉太守塡水造起門樓與學闕相望泉源徙發趙徙改陡刊誤曰徙當作陡音斗通作斗史記封禪書成山斗入海昌黎答張十一詩斗覺霜毛一半加皆其義也重導于斯故有靈淵之名也澤水又東北流逕馬城東城卽休屠縣之故城也本匈奴休屠王都謂之馬城河又東北與横水合水出姑臧城下武威郡涼州治地理風俗記曰漢武帝元朔三年改雍趙有州字曰涼州以其金行土地寒涼故也還于冀趙釋曰全氏曰按續志涼州刺史治漢陽隴縣其再還冀則中葉以後事晉徙治此王隱晉書曰涼州有龍形故曰臥龍城南北七里東西三里本匈奴所築也及張氏之世居也官本曰按及近刻訛作乃案朱訛趙改刊誤曰乃黃省曾本作及又增築四城箱各千步東城殖園果命曰講武場北城殖園果命曰玄武圃皆有宮殿中

城內作四時宮隨節游幸并舊城爲五街衢相通二十二門大繕宮殿觀閣采綺妝飾擬中夏也 其水側城北流注馬城河河水又東北清澗水入焉俗亦謂之爲五澗水也水出姑臧城東而西北流注馬城河河水又與長泉水合水出姑臧東揟次縣王莽之播德也朱箋曰按漢地理志揟次縣屬武威郡孟康云揟音子如反次音咨舊本作楫誤 西北歷黃沙阜而東北流注馬城河又東北逕宣威縣故城南又東北逕平澤晏然二亭東又東北逕武威縣故城東 漢武帝太初四年匈奴渾邪王殺休屠王以其衆置武威縣武威郡治官本曰按近刻脫治字 案朱脫趙增刊誤曰閻若璩云漢武帝太初四年以休屠王地置武威縣爲武威郡治縣居班志之第二武威郡下落治字趙釋曰齊氏召南曰本紀元狩二年置武威酒泉郡志云武威郡太初四年開則不同時矣疑當以紀爲是一清按功臣表昆邪以元狩二年封則志誤也善長又誤仍之 王莽更名張掖地理志曰谷水出姑臧南山北至武威入海屆此水流兩分一水北入休屠澤俗謂之

爲西海一水又東逕朱趙有字一百五十里入豬野世

謂之趙有爲字東海通謂之都野矣趙釋曰全氏曰漢志武威郡姑臧縣南山谷水所出北至武威入海行七百九十里道元以爲通謂之都野是也考蒼柗縣南山柗陝水所出北至揟次入海休屠縣都尉治熊水郭谷水柗陝水熊水皆澤之所屬也柗師古曰古松字也陝音下陝反兩山之間也柗陝陝名

合離山在酒泉會水縣東北

合黎山也趙釋曰一清按元和志合黎山俗名要塗山在張掖縣西北二百里括地志云蘭門山一名合黎誤行都司志合黎山在甘州衛北四十里迤邐至鎮夷所出石硤口三百里一作合離禹貢錐指漢會水縣故城在今肅州衛東北十六國春秋呂光遣呂纂討段業戰於合離羌谷水北至張掖縣合黎山下與弱水合故因山爲名曰合黎水是合黎水即弱水也

流沙地在張掖居延縣東北

居延澤在其縣故城東北官本曰按近刻脫北字案朱脫趙增刊誤曰東下落北字以漢志註校補

尚書所謂流沙者也形如月生五日也弱水入

流沙流沙沙與水流行也官本曰按沙與水近刻脫沙字案朱脫趙增刊誤曰流沙下當重一沙字

亦言出鍾山西行極崦嵫之山在西海郡北趙釋曰全

氏曰此漢獻帝時曹氏所置之西海郡非新莽置於金城者也山有石赤白色以兩石相打則水潤打之

不已潤盡則火出山石皆然炎起數丈逕趙作經日不滅有大黑

風自流沙出奄之乃滅其石如初言動火之事發疾經年故不

敢輕近耳流沙又逕浮渚歷鑿市之國又逕于鳥

山之東朝雲國西歷崑山西南出于過瀛之山趙釋曰一清按以上所引本之大荒經而有脫失拈本文歷鑿市又有國曰氾葉曰鳥山曰淮山曰朝雲之國注中過瀛之山四字不知所出蓋道元旁撮以成文大荒

西經云西南海之外流沙出焉逕夏后開之東官本曰按近刻脫此二字　案朱趙無開上三嬪于天得九辯與九歌焉趙釋曰一清按郭璞解上三嬪于天謂獻美女于天帝朱子以爲當是啓夢賓天吳任臣曰夏啓三夢上賓于天得傳天帝之樂如秦穆聽鈞天之奏壹王效霓裳之舞也楚辭啓棘賓商九辯九歌正作賓字開卽啓避漢景帝諱然大荒西經之文曰西南海之外赤水之南流沙之西有人珥兩青蛇乘兩龍名夏后開開上三嬪于天得九辯與九歌焉則非夏啓也道元蓋抄變其詞

又歷員丘不死山之西官本曰按近刻脫山字　案朱脫趙增刊誤曰不死下落山字山海經校補趙釋曰一清按此句員丘二字出郭璞註非山海經文全氏曰漢志張掖酒泉敦煌多有水道道元不之詳而泛濫于山海經甚矣其蔽也入于南海朱箋曰據宋本補六字

三危山在燉煌縣南趙燉改敦下同刊誤曰燉煌之敦不從火

山海經曰三危之山三青鳥居之是山也廣圓百里在鳥鼠山西即尚書所謂竄三苗于三危也

趙釋曰禹貢錐指曰正義云三危山必是西裔未知山之所在鄭玄引地說曰三危之山在鳥鼠之西南當岷山則在積石之西南地說乃妄書言未必可信要之三危山必在河之南也按水經兩引山海經以證尚書之三危與地說略同鳥鼠之西南當岷山則在今臨洮府南岷州衛北矣又云在積石之西南殊不可辨山南帶黑水蓋以扶州之黑水出素領山入白水者當之也妄言無疑三危山自當以在沙州者為是肅州舊志云白龍堆沙東倚三危北望蒲昌是為西極要路推其地望可以得三危之形勢矣地理今釋云梁州黑水即今雲南之金沙江其源發于西蕃諾莫渾五巴什山分支之東曰阿克達母必拉南至塔城關入雲南麗江府境亦曰麗水東南流至姚安府大姚縣之左邨鄉北打沖河自鹽井衛來會之又東入四川境逕會川衛南又東至東川府西折而東北流逕烏蒙府西北馬湖府南又東逕敘州府南入岷江雍州黑水出陝西甘肅塞外南流至河州入積石河今俗名大通河是也導川黑水即今雲南之瀾滄江其源發于西蕃諾莫渾五巴什山分支之西曰阿克必拉南流至你那山入雲南界東岐一支為漾備江東南流分注大理府之西洱海經流入順寧府境其正支南行絕雲龍江而東南至雲州北之分水嶺仍與漾備合又南流至阿瓦國入南海案金沙瀾滄一為梁州之黑水一為導川之黑水然皆非四大水之黑水也昔人謂蕃名山川皆以形色西南夷地水色多黑故悉蒙黑名如打沖金沙瀾滄俱得稱黑水也而真黑水之源去瀾滄之西三百餘里蕃名哈拉烏蘇色禽經蒙蕃怒彝猓猓界由緬甸入南海即佛書所謂黑水出阿耨達山東是也禹跡之所不至蓋中國在阿耨達之東故名震旦所入大水唯黃河一支可見黑水出阿耨達之東實在中國之西南未嘗流入內地故從古無人知其源委也又云案黑水之辨諸家紛如今考地圖禹貢之黑水有三正不必強合水經注所謂黑水出張掖雞山至于燉煌此雍州之黑水也漢書地理志犍為郡南廣縣注云紛關山符黑水所出北至僰道入江唐樊綽亦以麗江為古黑水云羅些城北有三危山其水從山南行上流出吐蕃界薛季宣謂瀘水為黑水引酈道元說黑水亦曰瀘水即若水出姚州徼外吐蕃界中山海經黑水之間有若水是

也以麗江之說爲非不知打沖河至大姚縣卽合金沙江會流入岷江薛氏之說原與漢志相合此梁州之黑水也宋程大昌以瀾滄江爲黑水李元陽黑水辨亦云隴蜀無入南海之水唯滇之瀾滄足以當之而元史載勸農官張立道使交趾並黑水以至其國吳任臣山海經注亦以瀾滄爲古黑水此導川之黑水也蓋雍州之黑水其源在黃河之北梁州及導川之黑水其源皆在黃河之南有截然不相紊者第以張掖燉煌尙在內地可以尋源而求而推其委而不得遂託爲越河伏流之說夫崑崙爲地軸其山根連延起頓包河南接秦隴直達長安爲南山黑水自燉煌而南縱可越大河之伏流其不能越河以南之南山也明矣若狃于雍州三危旣宅之說此是言雍州分域以內今終南鳥鼠皆在河之南而三危更無鳥鼠之南其與雍州之黑水又何涉邪然主瀘水麗江瀾滄之說者亦皆以意度未能確指水之分合不知瀘水麗江源異而流同麗江瀾滄源近而流別分合言之梁州之黑水有兩支而與導川之黑水實出一地也而古未有及之者蓋以二水僻在蕃界隔敵南山阻奧從古未通中國卽魏之法顯唐之元奘元世祖之南征邱處機之西遊皆繞出崑崙以外歷西域諸國至于滇南總未嘗經其地但從入中國之支流以古今分域配之料約爲某水某水而已今海內一統西南徼外咸入版圖爰遣使臣徧歷其地究源討委寫圖以誌支派經絡瞭如指掌諸家浮說有所折衷矣

春秋傳曰允姓之姦居于瓜州瓜州地名也杜林曰燉煌古瓜州也州之貢物地出好瓜民因氏之瓜州之戎幷于月氏者也朱氏作氏趙改刊誤曰月氏音支不作氏漢武帝元鼎六年官本曰按此四字近刻訛作後元二字　案朱同趙增年字刊誤曰後元下落年字趙釋曰齊氏召南曰本紀分武威酒泉爲張掖敦煌在元鼎六年置郡久矣曰後元年者志之誤也分酒泉置南七里有鳴沙山故亦曰沙州也

朱圄山在天水北冀城南官本曰按城近刻訛作縣　案朱訛趙改刊誤曰冀縣當作冀城注故云卽冀縣

卭冀縣山有石鼓開山圖謂之天鼓山九州害起則鳴有常應

又云石鼓山有石鼓于星爲河鼓星動則石鼓鳴石鼓鳴則秦

土有殃鳴淺殃萬物鳴深則殃君王矣

岷山在蜀郡湔氏道西

漢書以爲瀆山者也

熊耳山官本曰按近刻訛作嶓冢山　案朱趙同趙釋曰全氏曰三字誤說見下在弘農盧氏縣東官本曰按近刻訛作南　案朱趙作南

是山也穀水出其北林也趙釋曰全氏曰按嶓冢山當作墦冢林見山海經且穀水出弘農黽池與盧氏無涉桑經酈注于穀水篇悉本山經之舊至此寧遂忘之此篇專釋禹貢山水澤地所在墦冢林非禹貢之所有篇中獨失去熊耳山則嶓冢二字卽熊耳二字簡策零斷行間失次後人率意塡寫又假作注文以附會之未可知也漢志弘農郡盧氏縣下云熊耳山在東東近于南不至相懸說地理者當以班志爲據

荊山在南郡臨沮縣東北

東條山也趙釋曰朱氏謀㙔箋曰東條未詳一清按禹貢錐指曰漳水注亦引地理志曰禹貢東條荊山在臨沮縣之東北是六朝漢書誤本道元襲用之耳然既以臨沮之荊山爲東條矣顧于嶓冢下云南條山也曾不思禹貢導嶓冢至于荊山本相連屬乎從導汧至敷淺原舊說有三條之目地理志云禹貢北條荊山在褱德南條荊山在臨

沮而臨洮之西頃不云是中條既不襲用馬融王肅之說酈氏前遵馬王又雜采班氏然以荊山為東條則大謬矣三條鄭玄又分為四列導汧為正陰列西頃為次陰列嶓冢為次陽列岷山為正陽列胡渭曰四列長于三條或嫌其陰陽之名近怪曰陰陽只作南北字用朱子據導字分南北實本康成而又參以一行山河兩戒之說然則究無東條也

卞和得玉璞于是山楚王不理懷璧哭于其下王後使玉人理之官本曰按近刻脫王字使字　案朱脫趙增王使二字於後下刊誤曰後下全氏校增王使二字所謂和氏之玉焉

內方山在江夏竟陵縣東北

禹貢注章山也趙釋曰顧氏祖禹曰章山在安陸府東四十里古文以為內方山左傳定公四年蔡侯吳子唐侯伐楚舍舟于淮汭自豫章與楚夾漢圖經云豫章即章山也一名障山晉太安二年華宏討義陽賊張昌于江夏敗于障山即此

大別山在廬江安豐縣西南朱箋曰禹貢內方至于大別孔傳云二山在荊州漢所經也荊州大別山在江夏郡此廬江大別疑非一山趙釋曰一清按大別是魯山即古翼際山不在安豐也

外方山崧高是也趙釋曰一清按漢志云古文以崈高為外方山此條與首條參互

桐柏山在南陽平氏縣東南

陪尾山在江夏安陸縣東北趙釋曰一清按胡渭曰禹導陪尾寶為泗水泗出陪尾見博物志然則不在江夏安陸也

衡山在長沙湘南縣南（趙大別下至此連爲一條）
禹治洪水血（趙作用白二字）馬祭衡山于是得金簡玉字之書按省玉字
得通水理也
九江地在長沙下雋（朱趙作雋）縣西北（趙釋曰全氏曰據漢志九江在廬江尋陽縣南王伯厚謂以九江爲洞庭
本于水經胡朏明因之指此條也予觀經之所據當是楚地記所云巴陵瀟湘之淵在九江之間者
善長注曾不及之寧有遺忘其疏九江專主劉歆湖漢九水之說一見于江水篇再見于贛水篇至
湘水篇絕不以九江與之將無謂善長于經有異同耶則宜糾正之矣今不論列一言何也夫九江
與東陵相首尾以九江爲湖漢則東陵當在廬江以九江爲洞庭則東陵當在巴陵無兩可也今水
經云九江在長沙下雋而又云東陵在廬江金蘭自相矛盾有是理乎殆不學之人見行間脫爛從
而妄補之而不能掩其敗闕也至于九江之不當爲洞庭則夏柯山已疑之而胡梅礀尤疑之北宋
以來大儒數十輩考正審定而終不得其是抑九江固不可以言地若九江地果是經文則如大伾
地善長亦必指其失也一清按全氏之說甚辨但此條決非後人添補道元專附班固故不以洞庭
爲九江而又不敢顯斥水
經存而不論未可知也）
雲夢澤在南郡華容縣之東
東陵地在廬江金蘭縣西北（朱九江至金蘭縣西北爲一條箋曰前後漢志廬江郡無金蘭縣按漢志廬江郡注
云金蘭西北有東陵鄉水經三十二卷注中有金蘭縣趙釋曰一清按漢志廬江郡下云金蘭西北
有東陵鄉顧祖禹曰金蘭縣亦見漢志蘇林註檢今本漢書註非蘇林也又曰或以爲三國魏所置
縣晉廢蓋在大蘇山東胡渭曰金蘭漢初有是縣中廢故志不書晉宋間復置故酈注據以爲言當
在固始西南直黃梅之北矣今考善長注所說金蘭縣見決水篇而晉宋志則又無之宛溪東樵

所言均未的也

敷淺原地在豫章歷陵縣西趙西改南刊誤曰西當作南漢志註校改師古亦云在豫章歷陵南趙釋曰一清按

漢志豫章郡歷陵傅昜山傅昜川在南古文以爲傅淺原而水經不載此川

彭蠡澤在豫章彭澤縣西北官本曰按近刻脫西字　案朱脫趙增刊誤曰漢志分註云在西師古曰在西北從

之又朱敷淺原至此連爲一條趙九江地至此連爲一條

尚書所謂彭蠡既豬陽鳥攸居也

中江在丹陽蕪湖縣西南官本曰按近刻脫西字　案朱脫趙增刊誤曰漢志註作西南今校增

東至會稽陽羨縣入于海

震澤在吳縣南五十里

北江在毗陵北界東入于海趙釋曰一清按水經此條是本漢志以成書非禹貢之三江也班志會稽郡吳縣下

云具區澤在西古文以爲震澤南江在南東入海揚州川以震澤爲南江殆是誤讀班書耳酈道元沔水注亦以其區爲南江且合石城分江水爲一條蓋承其繆孔安國導江傳云有北中有南可知導漾傳云自彭蠡江分爲三入震澤夫彭蠡未嘗分爲三也且亦未嘗入震澤也夫江流衹一川耳禹貢漾水下之北江卽江水下之中江所謂江漢朝宗于海者也故師古于北江曰自彭蠡江分爲三遂爲北江而入海又于中江下云亦自彭蠡出班志之所謂中江出蕪湖西南至陽羨入海者的是後來人力爲之斷非禹跡也禹貢雖指曰蘇氏曰豫章江入彭蠡而東至海爲南江岷江江之經

流會彭蠡以入海爲中江漢自北入江會彭蠡爲北江蘇氏之說人或疑之及閱徐堅初學記引鄭康成書注以爲三江曰左合漢爲北江右會彭蠡爲南江岷江居其中則爲中江故書稱東爲中江者明岷江至彭蠡與南北合始得稱中也始知蘇氏所說東漢時固已有之又曰越語子胥曰吳之與越也三江環之民無所移韋昭注云三江松江錢塘浦陽江也又范蠡曰與我爭三江五湖之利者非吳邪三江亦當從韋解然此但可以解國語耳水經沔水下篇注引郭景純曰三江者岷江松江浙江也愚謂以此當國語之三江更長于韋何也漢志毗陵縣季札所居北江在北是岷江正環吳之境而韋獨遺之酈元云浙江于餘暨東合浦陽江是浦錢塘運瀆入海而韋强分爲二故以岷易浦陽較長也然終不可以釋禹貢蓋松江乃震澤之下流以松江爲中江浙江爲南江與導水之文相背戾矣又曰職方氏荊州曰其川江漢揚州曰其川三江與禹貢同蓋荊州未會彭蠡故但稱江漢及至揚州則江漢與彭蠡參會故有三江之目二經若合符節又朱趙自中江下至此連爲一條

嶧陽山在下邳縣之西

羽山在東海祝其縣南也趙嶧陽下至此連爲一條縣即王莽之猶亭也趙釋曰一清按此文與淮水篇複出尚書殛鯀于羽山謂是山也山西有羽淵禹父之所化其神爲黃熊朱趙作能以入淵矣故山海經曰洪水滔天鯀竊帝之息壤以堙水不待帝命帝令祝融殺鯀羽郊者也

陶丘在濟陰定陶縣之西南

陶丘丘再成也

菏澤在定陶縣東

雷澤在濟陰成陽縣西北

菏水在山陽湖陸縣南趙釋曰全氏曰菏澤在定陶班志語也菏水在湖陸孔傳及許氏說文語也二菏有上下之分故水經兼引之而胡渭曉曉于此抑昧矣

蒙山在太山蒙陰縣西南

大野澤在山陽鉅野縣東北

大邳地在河南成皋縣北朱趙自菏澤下至此連爲一條

爾雅曰山一成謂之邳然則大邳山名非地之名也朱箋曰禹貢東過洛汭至于大伾鄭玄注云大伾在脩武武德之界張揖云成皋縣山也臣瓚漢書注云脩武武德無此山而成皋山又不一成今黎陽縣山臨河是大伾也

明都澤在梁郡睢陽縣東北趙釋曰一清按漢志梁國睢陽縣禹貢盟諸澤在東北

益州沱水在蜀郡汶江縣西南其一在郫縣西南皆還入江

荆州沱水在南郡枝江縣趙釋曰全氏曰汶江縣之沱爲開明所鑿郫縣之沱是湔堋江李冰所堰皆非禹跡也顧祖禹嘗疑之而不能指沱之所在豈益州無沱水乎予謂江水篇都安縣下注云郫江水出焉武陽縣下注云鄣江水入焉鄣江出江入江與沱義合禹貢錐指亦曰江原縣鄣江水近世謂之大皁江者岷江之正流而班氏以爲首受江故鄭康成云沱之類以此當禹貢梁州之沱或庶幾焉荆州之沱惟枝江足以當之一清按全氏此言亦未的梁荆二州之沱當主夷水故皆有沱潛既道之文而導江云東別爲沱又東至于澧直以江沱與澧水相接連而導漾下不別出沱水是其明證也詳見夷水篇

三澨地在南郡邔縣北沱官本曰按原本及近刻竝訛作三澨地之南在邛縣之北考邔縣地理志南郡之屬縣孟康曰音忌又注稱經云邔縣北沱可據以訂經之訛舛今改正　案朱沱並作池三澨云云訛同官本案語箋曰池當作沱漢志蜀郡汶江縣注江沱在西南東入江南郡枝江縣注江沱出西東入江邛縣誤漢志南郡有邔縣疑轉寫訛也趙池改沱三澨云云作三澨池在南郡邔縣之北釋曰禹貢錐指曰水經三澨池今本作地字爲是然自酈道元時已譌觀註云池流可見傅寅集解引此亦作池明地字乃近世所改一清按水經自明正嘉以來屢經各家校刊改池爲地池雖誤文實古本也故不從俗改作地字耳趙刊誤曰當作三澨池在南郡邔縣之北地字是後人所改詳本卷

尚書曰導漢水過三澨地說曰沔水東行過三澨合流觸大別山阪官本曰按近刻訛作陂　案朱訛趙改刊誤曰阪何焯校改阪故馬融鄭

玄王肅孔安國等咸以爲三澨水名也許慎言澨者埤增水邊土人所止也按春秋左傳朱趙有曰字文公十有六年楚軍次于句澨以伐諸庸宣公四年楚令尹子越師于漳澨定公四年左司馬戌敗吳師于雍澨昭公二十三年司馬薳越縊于薳澨朱譌薳作蓬趙刊誤曰箋曰左傳作薳澨按胡渭云蓋以上文有薳字而誤宋紹興間括蒼李如篪作東園叢說引左傳正作蓬澨可知世本之非當據六朝舊典以正之也服虔或謂之邑又謂之地京相璠朱趙有曰字杜預亦云水際及邊地名也趙釋曰一清按春秋成十五年傳則決睢澨杜預注曰澨水涯今南陽淯陽二縣之間淯水之濱有南澨北澨矣而諸儒之論水陸相半又無山源出處之所津途闕路惟鄭玄及劉澄之言在竟陵縣界經云邔縣北沱然沱流多矣朱趙二沱字並作池趙刊誤曰箋曰孫云池當作沱按徐鍇說文解字繫傳曰沱沼之沱通用此字今別作池非是觀楚金所釋則古字通作沱故曹粹中詩傳皐麓篇以出皐山之池水爲沱水也此與江沱之沱聲畫並同而義異論者疑焉朱趙論上有而字

而不能辨其所在趙而改亦刊誤曰而孫潛校改亦趙釋曰一清按此篇惟釋禹貢山水澤地所在不及其他而忽出沚字所以後人改三澨沚爲三澨地也索隱引水經亦云三澨地名今竟陵有三參水俗云是三澨水參音去聲方輿紀要亦曰三汊水在竟陵南三十里汊讀曰叉卽禹貢三澨故地也最爲低窪然道元又明明注爲沚字則非傳寫之誤可知而不能正其繆殆强弩之末博學好奇或未致思耳

右禹貢山水澤地所在凡六十趙釋曰全氏曰按六十之目芟去隴山之誤文改正嶓冢山之訛字暫定三澨沚之標目斯爲脗合前人讀水經注者至此大氐以將畢業神疲力索不復細討于是隴山竄入熊耳嬰職而三澨沚且爲寄公矣可發一笑也

水經注卷四十

水經注附錄上　長沙王氏校本

仁和趙一清誠夫錄

水經三卷郭璞注　水經四十卷酈善長注隋書經籍志

水經三卷郭璞撰　又四十卷酈道元撰舊唐書經籍志

桑欽水經三卷一作郭璞撰　酈道元注水經四十卷新唐書藝文志

水經三卷漢桑欽撰郭璞注　水經四十卷酈道元注通志藝文略

水經四卷右漢桑欽撰成帝時人本經三卷後魏酈道元注郡齋讀書志

一清按水經郭注三卷酈注四十卷歷考史志無云四卷者晁氏所題誤矣或是四十卷脫去十字耳

水經四十卷晁氏曰漢桑欽撰陳氏曰欽邯鄲書目以爲漢人晁氏言成帝時人當有所據文獻通考

隋志水經三卷郭璞注唐志桑欽三卷舊志云郭璞撰酈道元注四十卷後魏人字善長博采地志窮述水源隋志不言桑欽晁志云漢桑欽撰成帝時人玉海

李吉甫刪水經十卷新唐書藝文志

一清按前人極重水經如陸龜蒙詩云水經山疏不離身是也東坡寄周安孺茶詩云嗟我樂何深水經亦屢讀李宏憲撰元和郡縣志河南府新安縣白超壘知超爲漢末人禦黃巾賊築此壘以自固非秦之白起足正中尉改白超爲白起之繆

漢開四方之境款殊俗之附文約之所沾漸風聲之所周流幾將日所出入處也著自山經水志者

亦略及焉後漢書南蠻西南夷傳論

長安南下杜樊鄉酈元注水經實樊川也延翰外曾祖司徒岐公之別墅在焉裴延翰樊川文集序

自沈瑩著臨海水土周處撰陽羨土風厥類衆夥諒非一族是以地理爲書陸澄集而難盡水經加注酈元編而不窮蓋方物之事盡在是矣史通

漢書地理志注文選注史記正義引水經後漢書注引水經注玉海

一清按史記正義曰酈元注水經云鄗水上承鄗池北流入鄗

今按鄗水入永通渠蓋酈氏誤矣檢渭水篇注鄗水自入渭其流注鄗者滮池水也豈有鄗復入鄗之云張氏所引容有乖爽

桑欽水經所引天下之水百三十七江河在焉酈善長注水經引其枝流一千二百五十二唐六典注

水經引天下之水百三十七江河在焉酈氏注引
枝流一千二百五十二通典謂晉郭璞注三卷後
魏酈道元注四十卷皆不詳撰者名氏不知何代
之書二云濟水過壽張則前漢壽良縣光武更名又
東北過臨濟則狄縣安帝更名荷水過湖陸則湖
陵縣章帝更名汾水過永安則彘縣順帝更名故
知順帝以後纂序也愚按經二云武侯壘又二云魏興
安陽縣注謂諸葛武侯所居魏分漢中立魏興郡
又改信都從長樂則晉太康五年也然則非後漢
人所撰隋志二云郭璞注而不著撰人舊唐志二云郭
璞撰愚謂所載及魏晉疑出於璞也新唐志始以
爲桑欽而又二云一作郭璞蓋疑之也經二云河水又
北薄骨律鎮城注二云赫連果城也乃後魏所置其

鄺氏附益與按前漢儒林傳古文尚書塗惲授河南桑欽君長晁氏讀書志謂欽成帝時人意者欽爲此書而後人附益如山海經禹益所記有長沙零陵桂陽諸暨之名本草神農所述有豫章朱厓趙國常山奉高真定臨淄馮翊之稱爾雅作於周公而云張仲孝友倉頡篇造於李斯而云漢兼天下皆非本文顏之推嘗論之矣通典又謂景純注解疏略多迂怪今郭注不傳困學紀聞

一清按王伯厚所見是元祐以後刊本故多譌文而亦不能正其失也

晉裴秀客京相璠撰春秋土地名其說多見於水經注水經引黃圖今本所無仝上

水經世以爲桑欽撰予讀易水注云易水逕其東

南合滱水故桑欽曰易水出北新城西北東入滱
自下滱易互受通稱矣又廣陽縣溪水亦引桑欽
說且水經正文皆無此語恐非桑欽撰當別有書
也古書散亡良可歎已西溪叢語

一淸按西溪叢語是宋姚寬撰所引酈注廣陽溪水是濡水篇

温溪下非廣陽溪水也姚氏誤記

酈元水經曰魚龍以秋日爲夜按龍秋分而降則
蟄寢於淵龍以秋日爲夜豈謂是乎埤雅

一淸按陸農師所引注語未知在何篇也

水經注所載事多他書傳未有者其敘山水奇勝
文藻駢麗比之宋人臥遊錄今之玉壺冰豈不天
淵予嘗欲抄出其山水佳勝爲一帙以洗宋人臥
遊錄之陋未暇也又其中載古歌謠如三峽歌云

巴東三峽巫峽長猿啼三聲淚沾裳又云朝見黃牛暮見黃牛三朝三暮黃牛如故又云灘頭白勃堅相持倏忽淪沒別無期記輭道謠云楢溪赤水盤蛇七曲盤羊烏櫳勢與天通皆可以入詩材丹鉛總錄

水經引南中行紀不出姓氏考嵇含南方草木狀始知陸賈作乃知前人或略後有考焉升菴全集

桑欽水經祖禹貢而父山海然與圖經等耳其傳以酈注酈蓋借經而見己博該者也然徧該而旨未洽橫蒐而詞未修以備稽考則優孟志怪以耀世引遐搜僻以示異將使人應接不暇莫知所以根據雖宏富贍給而靡所取裁以之鑽味弗堪矣

詹氏小辨

一清按詹氏小辨明詹景龍東圖撰其所云大氏本之杜君卿

而又甚焉

酈道元博極羣書識周天壤其注水經也於四瀆
百川之源委支派出入分合莫不定其方向紀其
道里數千年之往蹟故瀆如觀掌紋而數家寶更
有餘力鋪寫景物片語隻字妙絕古今誠宇宙未
有之奇書也時經千載讀之者少錯簡脫字往往
有之然古玉血斑愈增聲價但其書詳於北而略
於南世人以此少之不知水道之宜詳正在北而
不在南也余在都門爲崐山定河南一統志稿遇
古今之沿革遷徙盤錯處每得善長一語渙然氷
釋非此無從問津矣北方爲二帝三王之舊都二
千餘年未聞仰給於東南何則溝洫通而水利修

也予謂有聖人出經理天下必自西北水利始水利興而後天下可平外患可息而教化可興矣西北水道莫詳備於此書水利之興其粉本也雖時移世易遷徙無常而十猶得其六七不熟此書則胸無成竹雖有其志何從措手有斯民之志者不可不熟讀而亟講也廣陽雜記

水經注千年以來無人能讀縱有讀之而歎其佳者亦只賞其詞句爲游記詩賦之用耳然亦千萬中之一二也吾友虞山黃子鴻獨能沈酣此書參伍錯綜各得其理好學深思心知其事吾於子鴻見之矣千載之後復有子雲善長抑何幸與更得宋人善本正其錯簡脫誤支分縷晰各作一圖其用心亦云勤矣惜其專於攷訂而不切實用尺有

所短無可如何予東歸後思以此本照宋板割裂
改正裝褫成書命門人鈔錄其圖并二十一史輿
地志考而顧景范有讀史方輿紀要傳是樓有一
統志稿皆亟錄之以爲疏水經注之資云仝上
古書有注復有疏疏以補注之不逮而通其壅滯
也酈道元水經注無有疏之者蓋亦難言之矣余
不自揣蚊思負山欲取酈注從而疏之魏以後沿
革事蹟一一補之有關於水利農田攻守者必攷
訂其所以而論之以二十一史爲主而附以諸家
之說以至於今日後有人與西北水利者使有攷
正焉予既得景范子鴻以爲友而天下之山經地
志又皆聚於東海此書不成是予之罪也當與宗
夏勉之仝上

意將楚水圖記所標古今沿革城池里至隄防等更摘水經注中有合於今日者更錄一通分爲四冊以江漢湘沅爲之經而諸水緯之亦可觀矣全上

龜山有鍾子期聽琴臺不知在何許古蹟繆妄概不足訪昔神禹導漢水至於大別會於江俗呼大別爲龜山以形似也隔江有山蜿蜒東去俗曰蛇山遙遙相望半生以來登覽之勝無有踰於此者蓋山雖不高而當江漢之匯四顧空闊瀉沱數重環拱於此支交脈會左右盤據目窮於接應矣按尚書禹貢漢水南至大別入江左傳定公四年吳師伐郢楚子常濟漢而陳自小別至於大別京相璠春秋土地名曰大別漢東山名也在安豐縣南杜預釋例曰二別近漢之名無緣乃在安豐也桑

欽水經沔水自沌陽縣北又南至江夏沙羡縣北
南入於江酈道元曰沌陽處沌水之陽沔水又東
逕林嶂故城北晉建興二年太尉陶侃爲荆州都
督鎮此庾仲雍曰夏口一名沔口矣按地說漢水
東行觸大別之阪南與江合則與尚書杜預相符
但今不知所自矣予嘗謂酈善長天人也其注水
經妙絕今古北方諸水毫髮不失而江淮漢沔之
間便多紕繆酈北人南方之水非其所目及也小
別不知所在俟更考也仝上
水道遷流最難辨晰河渠溝洫班馬僅紀大端而
餘史或缺焉其詳爲之辭者惟酈氏水經注而杜
佑甚病其荒繆蓋河源紆遠尚依史漢舊文而江
漢以南又皆意爲揣測宜其未盡審也若其掇拾

遺聞參稽往蹟良爲考古之助余嘗謂酈氏之病

在立意修辭因端起類牽連附合百曲千回文采

有餘本旨轉晦使其據事直書從源竟委恐未可

多求也後世河防水利之書作者相繼至於晚近

記載尤多浮雜相仍鮮裨實用川瀆一書略仿水

經之文仰追禹貢之義務期明確無取辭費讀史方輿紀要

通典以水經所載地名有東漢順帝更名者知出

順帝以後纂序王伯厚又因而廣之下及魏晉地

名疑舊唐志作郭璞撰者近是余請一言以折之

曰璞注山海經引水經者八此豈經出璞手哉卽

酈氏於濟水引郭景純曰又云經言固亦判而二

之近黃太沖撰今水經序文竟實以璞著惜不及

寄語此尚書古文疏證

一清按郭璞注山海經引水經者八南山經青邱之山註云亦有青邱國在海外水經云郎上林賦云秋田於青邱西山經積石之山註云水經引山海經云積石山在鄧林山東河所入也北山經碣石之山註云水經曰碣石山今在遼西臨渝縣南水中或曰在右北平驪成縣海邊山中山經末山末水出焉北流注於沒註云水經作沫海內東經漢水出鮒魚之山註云書曰嶓冢導漾東流爲漢按水經漢水出武都沮縣東狼谷經漢中魏興至南鄉東經襄陽至江夏安陸縣入江別爲沔水又東爲滄浪之水又沅水註云水經曰沅水出牂柯且蘭縣又東北至鐔成縣爲沅水又東過臨沅縣南又東至長沙下雋縣又洛水註云書云導洛自熊耳按水經洛水今出上洛冢嶺山東北經宏農至河南鞏縣入河成皋縣亦屬河南也又濟水下註云諸

水所出又與水經違錯以爲凡山水或有同名而異實或同實
而異名或一實而數名似是而非似非而是且歷代久遠古今
變易語有楚夏名號不同未得詳也凡此八條濟水下二云二條
郭自撰述中惟沅水碣石二條合於水經耳他如青邱之文今
本脫亡疑是注非經也青邱在高麗境服虔曰青邱國在海東三百里晉天文志有青邱七星在軫東南蠻夷之國也唐討高麗置青邱道行軍總管此句疑是溳水注之逸文非齊景公畋于青邱在漢千乘縣北地名青水泊之青邱也漢水所引鉛舉大略南鄉魏
興之名又非桑氏所知蓋後來經注混淆之故洛水下引水經
云出上洛冢嶺山今攷水經云出京兆上洛縣讙舉山酈注乃
云出冢嶺山耳東北經宏農之文亦不見經至於積石末水一
在四十卷禹貢山水澤地所在注中一在二十二卷渠出滎陽
北河注中其爲酈注無疑而景純引之景純以晉明帝大寧二
年爲王敦所害下迨拓跋孝昌之朝幾二百餘載大氐容有歸
入之辭非其舊矣寧可執是以爲左證耶然水經本非璞撰璞

但有註三卷且太沖亦不云是璞但引圭齋之語耳潛邱竟未

審視也

困學紀聞曰三禮義宗引禹受地記王逸註離騷

引禹大傳豈即太史公所謂禹本紀者與禹本紀

見太史大宛傳漢書張騫傳註竝未指爲何書惟

杜君卿言天子案古圖書名河所出山曰崐崙疑

所謂古圖書即禹本紀最是而郭璞引禹本紀除

見史漢之外多卻去嵩高五萬里蓋天地之中也

二語酈注禹本紀與此同則知是漢武以至道元

皆曾見此書特唐士耳璞注引禹本紀又引禹大

傳固亦判而二之王伯厚疑爲一書者非仝上

唐人地理之學的有源委去西漢未遠元和志容

有牴牾酈道元則近而加核矣水經注曰漢武帝

元朔二年開朔方郡治窳渾縣縣居班志之第六又云元朔二年取河南地爲朔方郡築朔方城王莽曰武符似又以此城爲郡治縣居班志之第二漢高帝元年爲殷國二年爲河內郡治懷王縣縣居班志之第十三唐縣中山郡治漢高祖立縣居班志之第四無終縣秦置右北平郡治田疇傳舊北平郡治在平岡漢李廣爲郡於此縣居班志之第二漢武帝元鼎二年改爲天水郡似指隴西郡言治上邽縣縣居班志之第二上蔡縣漢高祖四年置汝南郡治縣居班志之第二十四其第一縣平輿云東漢汝南郡治睢陽縣漢高祖五年爲梁國治縣居班志之第八其第一縣碭曰秦立碭郡秦始皇郎句踐故都爲瑯琊郡漢因之班志於瑯琊縣下注云句踐嘗

治此則瑯琊郡治瑯琊縣縣居班志之第十二秦
惠王置漢中郡南鄭縣卽郡治漢因之縣居班志
之第三其第一縣西城則云屬縣也漢武帝蜀郡
初治廣漢之雒縣元鼎二年始徙治成都雒縣縣
居班志之第四漢高祖六年分巴蜀置廣漢郡治
乘鄉王莽曰廣信卽廣漢縣縣居班志之第六漢
高祖六年置江夏郡治安陸縣縣居班志之第八
漢武帝元鼎六年置合浦郡治合浦縣縣居班志
之第三漢武帝元鼎六年開日南郡治西捲縣縣
居班志之第四泉陵縣零陵郡治漢武帝元鼎六
年分置縣居班志之第八漢武帝太初四年以休
屠王地置武威縣爲武威郡治縣居班志之第三
而卽治書先第一縣者則隴西郡之狄道縣也金

城郡之允吾縣也安定郡之高平縣也五原郡之
九原縣也雁門郡之善無縣也上郡之膚施縣也
宏農郡之宏農縣也千乘郡之千乘縣也平原郡
之平原縣也太原郡之晉陽縣也河東郡之安邑
縣也濟陰郡之定陶縣也濟南郡之東平陵縣也
山陽郡之昌邑縣也臨淮郡之徐縣也清河郡之
清陽縣也魏郡之鄴縣也趙國之邯鄲縣也鉅鹿
郡之鉅鹿縣也信都國之信都縣也河閒國之樂
成縣也涿郡之涿縣也上谷郡之沮陽縣也廣陽
國之薊縣也漁陽郡之漁陽縣也遼東郡之襄平
縣也元菟郡之高句驪縣也樂浪郡之朝鮮縣也
河南郡之雒陽縣也武都郡之武都縣也潁川郡
之陽翟縣也淮陽國之陳縣也楚國之彭城縣也

沛郡之相縣也泰山郡之奉高縣也東平國之無
鹽縣也魯國之魯縣也東海郡之郯縣也城陽國
之莒縣也甾川國之劇縣也齊郡之臨淄縣也高
密國之高密縣也九江郡之壽春邑也廣陵國之
廣陵縣也南陽郡之宛縣也六安國之六縣也蜀
郡之成都縣也巴郡之江州縣也南郡之江陵縣
也越巂郡之邛都縣也益州郡之滇池縣也牂柯
郡之故且蘭縣也鬱林郡之布山縣也九真郡之
胥浦縣也交阯郡之羸𨻶縣也蒼梧郡之廣信縣
也南海郡之番禺縣也長沙國之臨湘縣也桂陽
郡之郴縣也豫章郡之南昌縣也王二云舊朔方郡
治臨戎舊定襄郡治善無故河內郡治懷舊代郡
治高柳故天水郡治冀故瑯琊郡治開陽竝指東

漢而言驗諸司馬彪志而一一扶同矣潛邱劄記
郡國志云凡縣名先書云郡所治也此惟東漢時
則然而西漢不爾歷攷志傳以證之爲治者二十
有六江陵也平襄也宛也陽翟也薊也彭城也邯
鄲也臨淄也雒陽也廣陵也昌邑也吳也壽春也
郯也相也成都也長子也濮陽也無鹽也魯也江
州也涿也僰道也故且蘭也邛都也滇池也不爲
治者三梁國先書碭卻不爲治治睢陽王國以內
史治其民而梁孝王武傳內史韓安國從王於睢
陽也左馮翊先書高陵亦不爲治治長安城中以
趙廣漢傳及景帝紀注百官公卿表注知之而韓
延壽傳云爲左馮翊出行縣至高陵尤明證也汝
南郡先書平輿亦不爲治治上蔡以翟方進傳知

之此顧亭林黃子鴻所未分晰節錄以廣異聞又胡身之注通鑑地理號稱佳者然亦不知西漢第一縣非必郡治如云班志襄平縣遼東郡治所猶可而云漢中郡治西城縣豈可乎又云漢五原郡即秦九原郡治稒陽不知班志明云東部都尉治稒陽太守不與都尉同一治所齊孝王孫澤謀發兵臨淄殺青州刺史雋不疑此是青州刺史適在臨淄非必治所胡氏乃云臨淄青州刺史治不知西漢刺史稱傳車居無常治不比東漢乎全上

莫詳於酈道元之水經注而文士但以爲薈蕞之書不知其沿波討瀾窮端竟委瑣而不失之雜也

李振裕禹貢錐指序

地理志引桑欽者七上黨屯留下云桑欽言絳水

出西南東入海平原高唐下云桑欽言漯水所出泰山萊蕪下云禹貢汶水出西南入泲桑欽所言丹陽陵陽下云桑欽言淮水出東南北入大江張掖刪丹下云桑欽以爲導弱水自此西至酒泉合黎敦煌效穀下云本魚澤障也桑欽說孝武元封六年濟南崔不意爲魚澤尉教力田以勤效得穀因立爲縣名中山北新城下云桑欽言易水出西北東入滱今按儒林傳言塗惲授河南桑欽君長古文尚書欽成帝時人班氏與劉歆皆崇古學故有取焉隋經籍志有兩水經一三卷郭璞注一四十卷酈善長注皆不著撰人名氏舊唐書始云郭璞作新唐志遂謂漢桑欽作水經一云郭璞作今人云桑欽者本此也先儒以其所稱多東漢三國

時地名疑非欽作而愚更有一切證酈注於漯水
引桑欽地理志又於易水濁漳水並引桑欽其說
與漢書無異乃知固所引即地理志初無水經之
名水經不知何人所作注中每舉本文必尊之曰
經使此經果出於欽無直斥其名之理或曰欽作
於前郭酈附益於後或曰漢後地名乃注混於經
並非蓋欽所撰名地理志不名水經水經創自東
漢而魏晉人續成之非一時一手作故往往有漢
後地名而首尾或不相應不盡由經注混淆也禹貢
錐指例略
一清按地理志引桑欽者七說本深寧叟玉海何義門曰地理
志引桑欽言者六敦煌郡效穀下乃小顏注也玉海第二十卷
並載之故閻丈亦作七胡東樵曰效穀下今漢書本有師古曰

三字蓋後人所妄加此言非師古所能引也竊謂胡說爲長
酈道元博覽奇書掇其菁華以注水經得從來所
未有唐初名不甚著逮其中葉杜佑撫河源濟瀆
二事以詆之李吉甫則有删水經十卷不知取舍
如何是書傳習者少錯簡闕文訛字不可勝計宋
初猶未散逸而崇文總目云酈注四十卷亡其五
則仁宗之世已非完書南渡後程大昌撰禹貢論
頗舉以相證而終不能得其要領金蔡正甫撰補
正水經三卷元歐陽原功爲之序謂可以正蜀板
遷就之失今其書亦不傳近世文人則徒獵其雋
句僻事以供詞章之用而山川古蹟一概不問孰
知爲禹貢之忠臣班志之畏友哉唯子鴻深信而
篤好之反覆尋味每水各寫爲一圖兩岸翼帶諸

小水無一不具精細絕倫余玩之不忍釋手百詩有同嗜焉昔善長述宜都山水之美沾沾自喜曰山水有靈亦當驚知己於千古至今讀之勃勃有生氣吾三人表章酈注不遺餘力亦自謂作者有靈當驚知己於千古也全上

一清按述宜都山水記語出袁山松非道元也東樵蓋誤會耳

南人得水皆謂之江北人得水皆謂之河因目岷江曰大江黃河曰大河此後世土俗之稱非古制也富順熊過曰黃帝正名百物未嘗假借後世乃通之耳愚謂禹貢主名山川亦未嘗假借江河自是定名與淮濟等一例非他水所得而冒唯漢水彭蠡水與江水會始稱三江沅湘等水入洞庭與江水會始稱九江蓋皆以岷江爲主而總其來會

之數以目之其未合時不得名江也後世漢江章
江湘江沅江等稱殊乖經義九河亦然徒駭至鬲
津舊有此水道及禹自大伾引河北行過降水至
於大陸乃疏爲九道以殺其勢因謂之九河入海
處復合爲一與海潮相迎受故謂之逆河河未由
此入海亦不名河也水經篇題概曰某水絕不相
假借深得禹貢之意予愛之重之全上
水經注凡二水合流自下互受通稱其在禹貢則
漾與沔合亦稱沔水漳與絳合亦稱絳水是也又
有隨地異名非由合他水而然者沇東流爲濟漾
東流爲漢又東爲滄浪之水是也有大水分爲支
流而異其名者江別爲沱漢別爲潛河別爲漯是
也有伏流顯發而異其名者濟溢爲滎是也小水

合大水謂之入大水合小水謂之過二水勢均相
入謂之會此又正名辨分之義高出地志山經者
矣山體不動其盤基廣大者亦不過占數郡縣若
水則源遠流長往往灌注於千里之外伏見離合
曲直向背變化無方名稱不一故撰山經易撰水
經難仝上

一清按經仿禹貢總書爲過注以經字代之以此例河濟江淮
諸經注混淆百無一失

濟爲河亂久矣至東漢而河南之濟盡士賴水經
悉載其故瀆後世因此略知古濟之所行杜佑輒
詆之非篤論也禹貢錐指

曾氏曰爾雅水自河出爲灉許慎曰河灉水在宋
又云汳水受陳留浚儀陰溝至蒙爲灉水東入於

水經注附錄卷上

指闡之不勝獨往恨一時無從購耳 胡渭禹貢圖說

參經酈注古今水道條分理解如堂觀庭如掌見

漳浦何楷平子撰禹貢圖一卷上自山海經下逮

故特記之

一書挍合首尾亦有所引誤本水經宋時已然據之解經寧非大謬

獲益雝雝獲一字之誤 仝上

泗水經汳水出陰溝東至蒙爲狙獾水經並無狙

水經注附錄下

長沙王氏校本

仁和趙一清誠夫錄

洪适水經注碑錄跋曰右東漢及魏正始以前碑見于水經者如此周秦先漢刻石皆用篆故不錄有不著歲月疑似難明者亦竝載之道元罔羅四方異聞所涉獵者廣博傳疑書疑宜有譌誤而轉寫歲久後人更失其真時無善本雌黃不可妄下若袁梁王紛之類則又仍其舊也其碑到今不毀者十財一二凡歐趙錄中所無者世不復有之矣姑聚其說以見思古之意夫物莫壽于金石而大書顯刻光沈迹絕者不可勝計獨傳之竹帛猶可久此君子所以取乎編類之書也水經曰上郡王次仲變倉頡舊文爲隸秦皇三召不至令檻車送

之次仲化爲大鳥落翮于居庸山中又曰篆字文
繁無會劇務秦用隸人之省謂之隸書或云即程
邈于雲陽增損者孫暢之嘗見青州刺史說臨淄
人發古冢得桐棺隱起爲字言齊太公六世孫胡
公之棺惟三字是古餘同今隸書證知隸自出古
非始于秦其說固已二三案齊胡公以周孝王時
卒歷數世至宣王時始有大篆又數百年至秦有
小篆既云隸出于篆不應篆未萌而隸先作也書
傳多以隸爲程邈所造兩漢書亦云然當据正史
爲是異端之說非所惑也隸釋
楊慎水經碑目引曰陸士衡曰碑披文以相質持
此言也以觀于先秦兩漢之石刻其辭用韻如劉
熊碑末之三詩皆四言費鳳別碑石子才所製終

篇皆五言尤爲奇儁披文之類也其敘事如邊韶滎口碑劉靖碑可稗史傳廣遺逸相質之類也余嘗錄金石古文起三代訖漢又觀酈道元水經注博收古碑惜其不盡見撮取其目而考評之以詒好古同懷云昧者攬末觸手而輒強言曰歐陽趙明誠所錄已具矣斯非同懷之人知言之選也請賜置之本書

一清按升菴節錄水經注碑目編成一帙其孫宗吾爲之梓行然其書別無發明且于酈注所載尚多遺漏而云撮取其目而考評之殆虛語耳又跋云道元水經注天下之碑皆載焉言夏景驛途疲而莫究則凡所書皆目覩若以屬人豈有同懷知己者噫好古若道元今實鮮矣又云道元收錄古碑巨細不遺至于林邑外夷亦在紀述可謂詳矣其心折如此

王褘水經序曰水經漢桑欽所作藝文志缺弗錄
而隋經籍志有兩水經一本三卷郭璞注一本四
十卷酈善長注善長道元字也然皆不著撰人氏
名舊唐志乃云郭璞作宋崇文總目亦不言撰人
爲誰但云酈注四十卷亡其五新唐志始謂爲桑
欽作又言一云郭璞作蓋疑之也按前漢書儒林
傳古文尚書塗惲授河南桑欽君長晁氏讀書志
謂欽成帝時人也今以其書考之濟水過壽張卽
前漢壽良縣光武所更名又東北過臨濟卽狄縣
安帝所更名菏水過湖陸卽湖陵縣章帝所更名
汾水過永安卽彘縣順帝所更名則其書非作成
帝時若順帝以後人所爲矣又其書言武侯壘又
云魏興安陽縣注謂武侯所居魏分漢中立魏興

郡又云江水東逕永安宮南則昭烈託孤于武侯之地也又其言北縣名多曹氏時置南縣名多孫氏時置是又若三國以後人所爲也又云改信都從長樂則晉太康五年也又河水北薄骨律鎮城注云赫連果城則後魏所置也此其書又若晉後魏人所爲也意者欽本成帝時人實爲此書及郭酈二氏爲傳注咸附益之而璞晉人道元後魏人也是故山海經禹益所記也而有長沙零陵桂陽諸暨之名本草神農所述也而有豫章朱厓趙國常山奉高真定臨淄馮翊之稱爾雅作于周公而云張仲孝友倉頡篇造于李斯而云漢兼天下要皆後人所附益非復其本文然則水經爲欽作無疑蓋久而經傳相淆而欽之本文亡矣本文雖亡

可不謂欽作哉通典謂郭注多疎略迂怪而已不傳今酈注四十卷固完而舊本往往失於遷就間有錯簡金蔡正甫氏嘗作補正三卷而亦不傳今唯酈注舊本猶行而已夫天地之間唯水爲多故水者地之脈絡也大川相間小川相屬而凡郡縣州道瓜列棋布皆因水以别焉地理之書始於禹貢而禹貢之分九州必主山川以定經界誠以山川之形緜亙無易州縣之設更革不常故兗州可移而濟河之兗不能移也梁州可遷而華陽黑水之梁不能遷也此禹貢所以爲萬世不易之書也後世史家主于州縣以爲書州縣更革其書亦遂以廢而不傳以彼之易于不傳則水經之書其果得而廢之與大抵此書所引天下之水百二十有

七江河在焉而酈氏注引枝流一千二百五十二其源委之吐納沿路之所經纏絡枝煩條貫系夥搜渠訪瀆靡或漏遺總其槩而覽之天下可運于掌矣故自禹貢以後此書爲近古而不可廢豈亦所謂萬世不易者與顧世之爲地理學者莫不卽邇而昧遠就簡而憚煩而卒亦紛紜而無所據桑氏之學廢不復講久矣不亦惑哉故予因爲序論以致予意抑予之力豈能重其書覽者考其迹求其故而觀其會通必有能識其要者矣王忠文公集

楊慎水經序曰漢桑欽水經舊錄凡三卷紀天下諸水首河終斤江凡一百十有一曰出曰過曰逕曰合曰分曰屈曰注曰入此其凡例也而水道如指掌矣又紀禹貢山水澤地所在凡六十以卷終

限華夷判疆域利灌溉通輓運具考是焉蓋不刊之典也故以經名有宋陳振孫者獨評其爲未精審遂啓疑于後人謂河源一派漢使終不能窮九河故道淤塞無稽欽所記徧域中豈必一一皆信也余竊以其說爲不然昔在陶唐水失其行神禹平之史官紀其濬導之績于是乎禹貢作焉厥後好事者因禹跡之廣旁及異域圻壤悉載俶詭畢陳于是乎山海經作焉原欽此志蓋祖述禹貢而憲章山海者也職方王會之遺圖溝洫河渠之雜志輶車觀風之赴告謠俗聞見之傳信其不爲無稽之籍可知已豈必地至方問而後筆哉以余嘗所經歷驗之自吾西蜀至北都水浮荊楚陸走秦趙且萬餘里名川支津問津者無慮此書之十二

徵往所載與今所見無至泰忤用是例其未經者
雖天下可知也謂其未精審者無乃厚誣與夫禹
貢者聖人作之聖人訂之然其間如東匯澤爲彭
蠡東迤北會爲匯傳者摘其爲記者之誤至于山
海經之牴牾多有之而學者猶不廢也則此書顧
不足爲禹貢之義疏山海經之補逸乎乃獨久湮
于肆篋者亦由知之者鮮爾余近得之惜其紙敝
墨黦乃重爲校輯止存欽之本文若酈氏注衍爲
四十卷厭其枝蔓太繁頗無關涉首注河水二字
汎引佛經怪誕之說幾數千言亦贅已今之史傳
類文引用例稱爲道元水經遂使欽之用心與其
名姓俱泯焉誠可嘅夫亦猶習禮者汰儀禮而反
任曲禮之傳爲經說春秋者不知據經以按傳而

反因傳以疑經皆貴諷說賤本始是末師而非往古可重覺者類此故特去之而詳著其說焉嗚呼得吾說而通之不獨可以讀水經也已升菴文集

一清按楊子可謂失言矣水經一書歷古志記莫能定爲何人所作乃云桑欽姓名由道元而泯亦甚誣矣道元歷覽奇書掇其菁華薈萃此編大半爲末學小生所未見即其造句驚人遣辭則古六朝文士終當斂手避席自可成一家之言固無專藉于經而猶依據舊典以附麗己說蓋不欲徑當作者之稱耳若夫獺祭之徒或喜其文采絢爛取爲詩材賦料之用至比之玉壺冰臥遊錄雕蟲小技烏足數哉不知其有功于神禹之故迹而爲來學之津梁世之竊比之心窮經博史之彥罕有深味其言者然水經所引天下之水百三十七注引其支流至一千二百五十二較之本經不啻什百譬諸人身官骸雖具而無筋絡

血脈以貫通之能全其生者鮮矣誠使讀是書者專壹于經而不釋之以注楊子雖敏能通其義否與楊子且援儀禮之于曲禮春秋之于三傳以爲說吾即以春秋而論孔子修魯史之舊文筆則筆削則削苟東三傳于高閣憑臆見而逞淫辭乖違聖心不知幾萬里而遙也況水經成非一時一手豈得上與聖經同日而語哉幸有道元爲之詮次缺者補之繆者正之杜佑通典訾毀百端識者已極辨其非矣彼陳振孫者于書錄解題中徒拾君卿之唾餘而楊子又逐陳氏之後塵何哉今本水經注目起河水迄斤江水百十有六較唐六典注所稱亡二十一篇楊子云凡一百十有一是于書錄之明白易曉者舛戾若是悠悠之口烏足信乎厥孫宗吾又爲之梓行吾是以歎明人刻書而書亡而正楊之作不可以已也

盛夔題水經後曰右水經三卷撰于漢桑欽氏而

校輯于升菴楊先生溯源達支縷析無遺一展卷間不必跡禹之跡而天下了然在目余嘗因是考之柳子云歸墟之泄非出天地之外也水入東而復繞西又滲縮上升而下流于東耳其說亦近似然以理驗之則天地之化往者消而來者息非以往者之消復爲來者之息也水流東極氣盡而散如沃焦釜非若未盡之水山澤通氣而流注不窮也古之聖賢有見于斯川上之歎觀瀾之喻源頭活水之咏獨亹亹焉欽之見未必識此乃能幽探廣采會博歸約窮千古於管端移萬里於几席其用心亦密矣視彼胸吞雲夢袖藏東海有不足言者雖然有先生爲之表章而欽之著述始顯否則湮沒弗傳與物澌盡矣寥寥百世其心孰從而白

耶噫浦珠煥劍失而復全鬼神尚呵護之而況斯
帙有裨治理者焉造物不終棄之而待於今謂非
有數存乎哉先生涵泳聖涯此特緒餘耳顧余何
能測其浩瀚縱覽之餘繕本而梓之亦得以竊一
勺之潤本書

一清按盛夔無錫人號筠谷道人

楊慎跋新刻水經注曰吳中新刻酈道元水經規
制裝潢甚精但誤字苦多矣誤而相似魯魚帝虎
猶可改也所恨爲淺陋妄庸者以意匠擅加筆削
如立碑樹桓本桓楹之桓今乃妄改爲松柏之柏
杜人本山名杜人已見哀江南賦今乃改杜爲桂
弱年嵬子嵬子改切楚人謂子曰嵬今不知嵬字
妄改爲弱年女子熒山刊石妙在熒字今乃改爲

焚何異小兒語耶

黃省曾刻水經注序曰水之為德大矣哉道生天一職統材五發始西極產母隅也折赴東墟趨子方也瀸涌昭化妙之初質流瀾符於穆之神用厚氣肇之升盛露雨由之感澤象曜資之光朗元黃本之浮載穹灝倚之配密雲漢會之紀戒圖書託之輿瑞祇軸寄之融絡是以寓目者歎其渾逝臨淵者頌其靈長且兆類非此無以脉阜萬里非此無以犨平醴饔非此無以烹膳而育年壤墟非此無以灌溉而輿穀法其形勢而樹都廟因其限隔而分州域舳艫輿而窮遐互通堤鑿成而墒瘠咸利鍾匯之區則珠玉以登枯絕之野則林鬱不毛函夏泰和則皇波達貫坦平國紀封原劃畫則百

川斷裂洋然險防況其精通天步體轄人事海安
而知內寧河清而期聖出徙焉卜廢竭以表士則
代運之隆衰而姓庶之災吉亦可觀也但卑赴其
常決疏爲順平成之績粲在夏書其宣導也必探
夫源首其排入也必極夫歸納以奠以敷號名俱
炳厥後九邱不傳四岳薙緼周官存藪浸之略爾
雅開崑崙之端若司馬遷之載河渠庾仲雍之筆
江記偏係一方匪兼八表況王澤寖消地象俱廢
樂廣闕者湮其溝洫便私謀者壅其湍泉公家釃
激巨右改張是以啓塞靡恆陵谷皆變洪鉅者失
其包帶微纖者亂其營緯紜紜訛訛莫之質竟也
已故漢之桑欽特創此作追法貢體錄爲新經羅
并四際總勒一典凡所引天下之水百三十有七

苟非經流不在記注之限錯陳舊纂以備參鉤派
畫條科以罄脈衍務討異奇同蔚宗之旨趣嚴標
郡縣省班固之鋪設是乃曠絕之觚翰也然規綱
則舉節解未彰迨于後魏酈道元因景純之濫觴
足君長之簡逸以博洽之宏襟擅圖輿之顓學隨
經抒述掇籍宏鋪剖說十倍于前文揮述半陟其
躬履或衆援以明譌或極辨而較是或衰逖以昭
邈或廓無而續有故凡過歷之皐維夾竝之坻岸
環閬之亭郵跨俯之城陸鎮被之巖嶺迴注之谿
谷瀨枕之鄉聚聳映之臺館建樹之碑碣沈淪之
基落靡不旁萃曲收左摭右采豈曰桑欽之詁釋
實所以粉飾漏闕銓次彊隅乃相濟而為編者也
省曾又覽古山海經十八卷亦宇中之通撰也一

則主于敘山而水歸詳綴一則專于紀水而山頗
寓列蓋山者水之根柢水者山之委枝故談伊洛
者必連熊外語漆沮者遂及荆岐亦自然之偶屬
而不可判離者也故并合以傳庶好古之賢無秤
輯之煩勤爾客謂二經所記于今矛盾矣其將舍
旃可乎予解之曰子何榆枋之安而蟪蛄之拘也
其伯益之覽疏猶之炎農之辨味也桑酈之括纂
猶之姒禹之告成也今卉藥非簠簋之稽案成賦
豈驕華之志掌亦將擯本草以詭誕斥禹貢之遠
闊可乎況山殊稱目而盤峙之形不眩焉水異分
合而就下之情不惑焉粵溯往牒則遠方圖物夏
鼎之鑄象也聶耳雕題湯令之備獻也白民黑齒
成王之作會也出受八千管仲之蒐揚也殘遺秦

杜蕭何之顯布也獵廣窮長王充之嗜信也以至孔疏據之以釋經漢志錄之而麗史齊瀓演之而聚書唐典繫之而建部守節屢登于正義應麟富戢于地鈔江淹補之而不能吉甫刪之而頓躓古人崇好文獻足徵苟欲指核希怪狀寫物靈暢探荒極理驗遷圮裁量利害差剖離翕鑒度率畛宅定中外作起民緒咨諏帝采則一一經者亦寰內不刊之珍典也五嶽山人集

王世懋水經注序曰蓋水經一書黃先生省曾序之詳矣其言閎肆麗矞大都條其功用與兩家之宜傳云爾第校讎未精亥豕時混人非邢邵疇能取適新安太學吳君絕愛此書志存嘉惠乃延江都陸君至白下假以歲月窮其搜剔於是梓匠殫

技觀者厭心書成陸君以屬世楙爲之序曰物于
天地間最鉅而最夥者莫如水其於經紀法界浸
溉萬靈功至矣譬之人身津液精血流貫注伏皆
是物也治身者不循其血脈意醫無所藉手治水
者不辨其條紀意匠無所施功詎可無傳述於世
令荒度者受成乎子長號爲良史書止河渠蠡測
一勺耳後之作者竟無述焉世所憑依見天地之
血脈者桑欽氏一書而已欽書雖多詿漏體嚴詞
雅故是作經法也後魏道元疏之旁引百家時發
雋語流溼之外贅行紀異博雅之士倚以爲談然
經言不典者已經道元多所刪定今去道元不能
千載而余所覩記源流或盩何也蓋其說有三焉
首楞嚴義云見水身中與浮幢王剎諸香水海等

無差別是知人之一身從少至老其間枯溢流壅
種種不一行天地間而欲令千載一轍乎自魏迄
今詎能無變此其解一也時代陵谷聚落耗登或
名在而邑徙或地是而名非道元所以著新莽之
稱良有意矣今之郡邑豈盡元氏舊疆即波流不
改而名號已殊安所定爲故都纚其繆指此其解
二也河出崑崙傳之載籍尋源勝國星宿始聞故
知身所未經絡爲貴耳道元雖稱多歷未便偏行
魏疆況澤國在南天塹見限安能取信行人之口
悉諳未見之都此其解三也然則言在先民鑒惟
來哲好古者尚其奧博經世者貴其變通若謂書
不足馮則負械之尸彭侯之怪何以見驗于文人
若謂書可盡信則禹貢之山川毛詩之鳥獸草木

何以頓殊于今日學者會而通之足明是書之足
傳矣若乃桑欽立言良史不著其名道元多奇蘵
史貶過其實譚藝之士以爲遺恨而諸君子能爲
表章羽翼傳之通邑大都足使千載而上靈鬼骨
香千載而下文人氣吐詎非方輿之珍覽寰宇之
一快乎吳君名琯陸君名弼皆一時嫻于文詞人
也王奉常集

朱謀㙔水經注箋序曰在昔志地者禹貢而下代
有撰述迄于齊梁至二百四十四家陸常侍澄任
太常昉先後集爲一部名地理書極稱該博隋唐
之際圖史散失陸任所纂已不可得而別集自行
者猶五十餘家乃今所傳僅山海佛國十洲神異
數種而已然而奇編奧記往往散見水經注中造

語命詞殊爲虍炳則知水經一注擷彼二百四十
四家菁英居多豈不誠爲六朝異書哉顧傳寫旣
久錯簡譌字交棘口脗至不可讀余甚病焉間嘗
紬繹割正十之六七已與友人綏安謝耳伯婺源
孫無撓商榷校讎十得八九則懼古今聞見互有
異同未敢輕致雌黃也乃援引載籍以爲左劵名
曰水經注箋篋而藏之萬歷甲寅齊安李公分陜
江右旣及奏最政教恢卓風化穆清甘棠之頌洋
溢郡國閒於退食之暇延見紳帶表章幽微一日
詢古先逸典於太學生李嗣宗嗣宗偶以不佞水
經注箋對公遽索觀之慨然歎曰是書脫誤可憾
幾致淪廢乃今箋校精詳殆還酈氏舊物可無與
當世好古之士共覩乎遂損鍰梓之仍屬嗣宗董

校其事極深研幾閱五月而告成嗟乎水經一書原本山川而作非有道業名理可味也又非當世博士家言所急也李公一見輒命梓之豈無繫于中哉夫水在天地間猶乎世之貨財也發源名山流成江河趨爲四海蒸爲雲氣還雨天下以浸潤萬物未嘗少壅也一有少壅即至泛溢民皆墊患破四方猶之高府之財瓊林大盈之藏蓄而不散納而不出理極勢窮潰決留礙此則不觀川壅而潰之顯也有國有家者能使因是水經之理引申觸類以施于政何患不地平而天成乎然則公之刻此用意甚深遠矣非規規小識所能測度矣本書

李長庚水經注箋序曰水經在楊用修時以爲久湮撥刻方始而去其注近方有吳鈔一刻並注處

行于世惜其中尚不無譌謬嘗謂古書一有譌謬便成廢書然在他書譌者猶可以理測可以意更且一字之譌未必能累篇一篇之譌未必能累卷惟水經有譌非足跡所履非圖籍所載不敢擅定且出過注入之異勢也江淮河漢之異名也一字之譌涇派稍異分合頓殊此無以通彼無以受譬之人身脈絡之閒一節有礙卽爲痿廢故是書校刻之難尤倍他書南州鬱儀氏專攻此書有年而架帙甚富腹笥更廣又與四方博雅之士所得於遐搜遡覽者互相參糾蘄歸於是遂成此書忠臣李生克家佐有勞勩一日持以相過余往讀是書每遇疑處不能自通輒爲寘卷今得聞所未聞喜而刊之于署因歎古人著書立言皆于古無所沿

於人無所倚或窮天文陰陽之變或索輿地廣闊之形或藉之名山大川或馮之耳目手足或闢千古特立之見或創從來未有之書故終其身著一家言以成名而今人載籍滿目勘訂甚易乃不能爲古人保已成之緒則何古今人之不相及也世界有四大水居其一然古今至變者亦莫如水乃有疑是書與今水不無相迕者不知此適以明其變耳又有疑桑欽於史缺其名者夫司馬遷之傳以史記也至於漢書一傳不過寫其自序文耳何足重遷班固之傳以漢書也亦不以范史之一傳重也欽以水經傳奚必以史重於經邪又有謂酈注太贅者經固宜簡注固宜煩經宜據實以書注宜旁引以證彼疑其任傳而疑經者不曰郭之注

劉之注裴之注非注也各自爲一書以行也何獨疑於酈乎況其鉤采羣書宏鋪抒述新益見聞尚慮是書之易竟矣今注箋一出而變者可定缺者可信博者可該疑者可證是經之功不在禹下而箋校之功亦不在欽下矣李生謂是書成當一序之余笑曰水經無容序也水經而贅之以序猶序書經而贊其政事之嘉序詩經而稱其風雅之致也不幾于爝火而助日月之光乎古今序水經者皆複語也可無序也惟序其所以箋校水經者如此其諸君子姓名則俱載編首之下 本書

一清按中尉爲明寧獻王權之諸孫曰石城王奠堵奠堵之諸孫曰石城鎮國將軍宸浮中尉宸浮之曾孫也名謀㙔字鬱儀其父奉國將軍多熑端謹好經術親課中尉經史遂貫串羣籍

通朝家典故諸王孫好學敦行自周藩中尉睦㮮而外莫能及
也萬歷二十二年廷議增設石城宜春管理命中尉理石城王
府事典藩政三十年宗人咸就約束暇則墐戶讀書著述凡百
十有二部皆手自繕寫病革猶與諸子說易至夜分有星光大
如斗墜里中棲鳥皆悲鳴越二日而逝明史有傳水經注箋乃
其生平力學之驗後之論者如顧亭林以爲三百年來一部書
見尚書古文疏證而馮定遠云朱鬱儀號爲多學者也校水經精審之極
然直以俗本爲據意有不安惟小註云宋板作某字耳何尤乎
不學之小生見鈍吟雜著黃太冲云鬱儀毛舉一二傳寫之誤無所發
明見今水經序可謂切中其弊然較之黃氏吳中之刻吳氏白下之編
大不侔矣謝耳伯名兆申孫無撓名汝澄李嗣宗名克家三子
與有功焉同時鍾伯敬譚友夏亦開梓是書兼爲評點不過標
取字句之藻飾供儉腹者之謏聞膚受耳近年真州重又鏤板

頗稱工緻然竊朱箋以爲乙有中多刪節尤乖旨趣俗學疑焉
故表出之
譚元春刻水經批點敘曰自水經有注而桑氏書
眞爲經矣注行而孤吟遙想之夫開物寄道之士
若有所恃以自證其山水之好端坐深讀若奇石
佳木舟馬相澹若森森礚礚麗我瞻矚又若塔廟
碑版光我目蒼我思有高人眞僧迢迢待我可舉
足提杖而一往也予少時卽知好之聞一名家前
輩歲輒一閱深歎其勤求得其書觀之筆如槁木
無復冥奧似爲考核醜記而已私語士友鍾子曰
如是則是書亦可不著也頗與鍾子空濛蕭瑟于
其中庶幾想酈子當日作注之意而蜀朱無易先
生者淵人也來官我楚揖我而坐臥于桑酈之閒

生有影鈔宋刻水經注與吾家藏本相同後多宋
錢曾酈道元注水經四十卷跋曰昔者陸孟鳧先
也
求之不幸而與類書同功嗚呼則是書亦可不著
是癖且獨著一書而死而世人猶執考校醜記以
一緒以力致其泛濫蕭瑟之情于世而胸中獨抱
萬卷書行盡天下山水以抒幽異摛奇光彩歸于
注者自泛濫蕭瑟之外真無一物而獨吾善長讀
同志合刻全注以為雅人資糧夫子之所得于酈
林不妄交一人獨好余輩所聞書而與聞子將諸
予評遂逸去不復能自愛惜矣予友嚴忍公宋武
真有如留次亦所云若干是有鍾朱一家之選而
當是時師友淵源通理轉徙外慕等夷內據排發

校題跋一葉末不著名氏余因錄之其跋云水經舊
有三十卷刊於成都府學宮元祐二年春運判孫
公始得善本於何聖從家以舊編校之纔載二分
之一耳乃與運使晏公委官校正募工鏤板完缺
補漏比舊本凡益編一十有三共成四十卷其篇
帙小大次序先後或以何本爲正元祐二年八月
初一日記詳觀跋語是本在當時蓋稱完善惜後
人無翻雕之者今余故備錄此跋以告世之藏書家

一清按錢曾字遵王有述古堂藏書翻所載無名氏跋語則知
水經注宋刻所行都非足本故歐公集古錄跋咸陽靈臺碑以
水經注無完書毋辨虎汜也而樂史言寰宇記所引每多逸篇係宋本
故纂修是雅賜本有全書耳然崇文總目已亡其五朝家所藏

如是草澤之士烏從得覩足本邪元祐二年之刻大氏與今書
相仿而經注淆混又必始於蜀版遷就之失非鄧王此記何從
悉其源委耶何聖從名郯見宋史列傳八十一卷本陵州人從
成都歷官侍從提舉玉局觀以尚書右丞致仕王荆公有呈聖
從侍制詩卽其人也

歐陽元補正水經序曰金禮部郎中蔡正甫作補
正水經三卷翰林應奉蘇君伯修購得其書將版
行之屬余序其篇端案隋經籍志有兩水經一本
三卷郭璞注一本四十卷酈善長注善長卽道元
也然皆不著撰人姓名唐杜佑作通典時尚見兩
書言郭璞疎略於酈注無所言撰人則槩未之考
也舊唐志始云郭璞作宋崇文總目亦不言撰人
爲誰但云酈注四十卷亡其五然未知兩水經之

一在一七已見于斯時否也新唐志乃謂漢桑欽
作水經一云郭璞作今人言桑欽者本此也崇文
總目作于宋景祐與新唐書同時又未知新志何
所據以爲說也余嘗參訂之說者疑欽爲東漢順
帝以後人以堯一縣疑之也今經言江水東逕永
安宮南永安宮昭烈託孤于孔明之地也今特著
於斯又若因其人而重者得非蜀漢間人所爲也
不寧惟是其言北縣名多曹氏置南縣名多孫氏
置余又未暇一二數也斯則近代宇文氏全祖望曰宇文氏殆是大學士
宇文虛中以爲經傳相淆者此說近之也然必作經作傳
之人定而後可分也或者又曰豈非欽作於前二
氏附益於其後他書或然也而此未必也西漢儒
林傳言塗惲授河南桑欽君長尚書晁氏言欽成

帝時人使古有兩桑欽則可審爲成帝時欽則是書不當見遺于漢藝文志也抑余又有疑于斯水經述作往往見于南北分裂之時借曰舊唐志可據則作者南人注者北人在當時皆有此疆彼界之殊又焉知其詳略異同不限於一時聞見之所逮也嗟夫古今有志之士思皇極之不作傷同風之無時又焉知其不寓深意於是書也然則景純也道元也正甫也是或一道也然以余觀正甫之博洽多識其見于他著作者蓋有劉原父鄭漁仲之風中州士之巨擘也是書雖因宇文氏之感發而有以正蜀版遷就之失其詳於趙代間水此固景純之所難若江自潯陽以北吳淞以東則又能使道元之無遺恨者也伯修生車書混一之代身

爲史官年學俱富於今人放失舊文多所收攬而
是書又有關于職方之大者故余亦願附著其說
焉而不自知其妄也元文類

蘇天爵題補正水經後曰補正水經者金禮部郎
中蔡公珪所述也蔡氏世家真定父祖皆仕於金
公生長富貴雅好著述予自蚤歲訪公遺書得其
文集五十五卷晉陽志十二卷燕王墓辨一卷補
正水經三卷其他補南北史志六十卷古器類編
三十卷續歐陽公金石遺文六十卷竝跋尾十卷
皆已不存而文集乃高丞相汝礪模本晉陽志墓
辨水經皆寫本也至順三年春予爲江南行臺御
史橐水經將板行之適奉詔錄囚湖北七月歸至
岳陽與郡教授于欽止覽觀山川欽止言洞庭西

北爲華容而縣尹楊舟方校水經念其文多訛闕予因以補正示之今所刻者是也夫以蔡公問學之博考索之精著述文字之富兵難以來散失無幾余酷好訪求前代古文遺事而僅得此則知世之君子善言懿行泯沒而無聞者多矣可勝惜哉予與公同居鄉郡潭西故宅已爲釋氏所廬邱壟在滹沱之西太保莊者翁仲石獸猶存昔嘗過之有懷賢不勝之感公之行事則具祕書少監郭長倩所述墓誌銘滋溪文集

一清按蔡正甫金史有傳附其父松年後云有補正水經五篇考元遺山中州集是水經補亡四十篇也圭齋序云三卷蓋補酈注之亡卷每一篇至王蘇滋溪刊行釐爲三卷史云五篇誤矣

黃宗羲今水經序曰古者儒墨諸家其所著書大

者以治天下小者以爲民用蓋未有空言無事實
者也後世流爲詞章之學始修飾字句流連光景
高文巨冊徒充汗惑之聲而已由是而讀古人之
書亦不究其原委割裂以爲詞章之用作者之意
如彼讀者之意如是其傳者非其所以傳者也先
王體國經野凡封內之山川其離合向背延袤道
里莫不講求水經之作亦禹貢之遺意也酈善長
注之補其所未備可謂有功於是書矣然開章河
水二字注以數千言援引釋氏無稽於事實何當
已失作者之意余越人也以越水證之以曹娥江
爲浦陽江以姚江爲大江之奇分若水出山陰縣
具區在餘姚縣沔水至餘姚入海皆錯誤之大者
以是而槩百三十有七水能必其不似此與歐陽

原功謂郭璞作經酈善長作注璞南人善長北人當時南北分裂故聞見有所不逮余以爲不然璞旣南人而習南水矣其南水又不應錯誤至此後之爲水經之學者蔡正甫補正水經惜不獲見朱鬱儀水經注箋毛舉一二傳寫之誤無所發明馮開之以經傳相淆閒用朱墨分勾乙未曾卒業若鍾伯敬水經注鈔所謂割裂以爲詞章之用者也余讀水經注參考之以諸圖志多不相合是書不異汲冡斷簡空言而無事實其所以作者之意豈如是哉乃不襲前作條貫諸水名之曰今水經窮源按脈庶免空言然今世讀是書者大抵鍾伯敬其人則簡樸之誚有所不辭爾本書

西元二〇二〇年四月一日重製一版

王氏合校水經注 冊四（清 王先謙 合校）

平裝四冊基本定價三仟元正
（郵運匯費另加）

發行人：張 敏 君

發行處：中 華 書 局

臺北市內湖區舊宗路二段一八一巷八號五樓（5FL., No. 8, Lane 181, JIOU-TZUNG Rd., Sec 2, NEI HU, TAIPEI, 11494, TAIWAN）

客服電話：886-2-8797-8396

公司傳真：886-2-8797-8909

匯款帳戶：華南商業銀行西湖分行
179100026931

印 刷：維中科技有限公司
海瑞印刷品有限公司

No. N1021-4

國家圖書館出版品預行編目(CIP)資料

王氏合校水經注 / (清)王先謙合校. -- 重製一版.
-- 臺北市 : 中華書局, 2020.04
冊 ;　公分
ISBN 978-986-5512-04-0(全套 : 平裝)

1.水經注 2.注釋

682　109003702